LA LUMIÈRE DE LA DIVINITÉ

RÉVÉLATIONS

DE

LA SOEUR MECHTILDE

(DE MAGDEBOURG)

TRADUITES EN FRANÇAIS POUR LA PREMIÈRE FOIS

PAR LES PÈRES BÉNÉDICTINS DE SOLESMES

H. OUDIN FRÈRES, ÉDITEURS,

POITIERS | PARIS
4, RUE DE L'ÉPERON, 4. | 51, RUE BONAPARTE, 51.

MDCCCLXXVIII

LA LUMIÈRE DE LA DIVINITÉ

RÉVÉLATIONS

DE LA SŒUR MECHTILDE

(DE MAGDEBOURG).

POITIERS. — TYPOGRAPHIE DE H. OUDIN FRÈRES.

LA LUMIÈRE DE LA DIVINITÉ

RÉVÉLATIONS

DE

LA SŒUR MECHTILDE

(DE MAGDEBOURG)

TRADUITES EN FRANÇAIS POUR LA PREMIÈRE FOIS

PAR LES PÈRES BÉNÉDICTINS DE SOLESMES

H. OUDIN FRÈRES, ÉDITEURS,

POITIERS	PARIS
4, RUE DE L'ÉPERON, 4.	68, RUE BONAPARTE, 68.

MDCCCLXXVIII

PRÉFACE

Sainte Gertrude put assister de ses prières et de ses consolations spirituelles plusieurs de ses Sœurs du monastère d'Helfta, qui la prévinrent dans le palais de l'Époux divin. Parmi ces âmes dont elle vit aussi la gloire et les épreuves, il en est trois qui, à son témoignage, passèrent immédiatement du séjour de cette terre aux félicités éternelles : ce furent l'abbesse Gertrude, la digne Mère du monastère, sainte Mechtilde, sa sœur, la chantre bien-aimée de la *Louange divine*, enfin une troisième nommée aussi Mechtilde, dont sainte Gertrude recommande un livre de révélations, comme il suit. (*Le Héraut de l'amour divin.* v. 7.)

En effet, aux derniers moments de cette sœur Mechtilde, sainte Gertrude pria le Seigneur de vouloir bien lui accorder, au moins après sa mort, la grâce des miracles en témoignage de la divinité de ses révélations et pour confondre ceux qui refusaient d'y croire. Le Seigneur, prenant le livre entre deux doigts, dit : « Est-ce que je ne remporterai pas la victoire sans armes ? Je me suis soumis autrefois les nations par des miracles et des prodiges ; ceux qui reçoivent des grâces pareilles y croient facilement chez les autres ; mais je ne souffrirai pas les contradictions de ces écrits ; j'en triompherai comme des autres. »

A son tour sainte Mechtilde relève en plus d'un endroit le don de révélation de la sœur Mechtilde (*Livre de la grâce spéciale*. II. 42. v. 6 et 7.) Nous nous trouvions déjà heureux d'avoir pu joindre à la publication des révélations de sainte Gertrude, celles de sainte Mechtilde, beaucoup moins connues ; mais à la lecture des témoignages que nous venons de citer, nous nous sentions un grand désir de faire également connaître ce livre si hautement recommandé, mais qu'il nous fallait d'abord retrouver. Or, après un silence de cinq cents ans, au moment où cette préoccupation s'était emparée de notre esprit, en Suisse, en Allemagne, des travaux conçus à des points de vue bien différents convergeaient à la résurrection de l'œuvre que le Seigneur avait prise sous sa protection et à la glorification parmi les hommes de son auteur, de cette sœur Mechtilde depuis si longtemps oubliée, ignorée.

Quelle est cette personne? nous ne pouvons encore le savoir que par les faibles données éparses dans les trois manuscrits de son livre connus à ce jour et dans les livres de sainte Gertrude et de sainte Mechtilde. Nous y lisons donc que la sœur Mechtilde reçut sa première révélation en la douzième année de son âge (*Prologue*). Elle ne tarda pas, à la suite, de quitter sa patrie, restée inconnue, pour se rendre dans une ville qu'elle ne nomme pas, mais que la suite de son livre fait reconnaître pour être celle de Magdebourg. Ses révélations duraient depuis plus de trente ans, dit-elle, lorsqu'elle écrivit dans quelles conditions elles lui avaient été communiquées. Mais il ne faudrait pas restreindre à ce laps de temps ces faveurs extraordinaires qu'elle a consignées dans ses écrits, selon l'ordre qu'elle en reçut et de l'Esprit qui les lui communiquait et de ses confesseurs.

Elle vivait donc à Magdebourg, exilée de son pays, seule, sans parents, sans amis, une seule personne exceptée, qu'elle n'a pas désignée et dont elle craignait encore que l'affection ne la retardât dans les voies de l'amour divin. Pendant ce long séjour à Magdebourg, la sœur Mechtilde vécut isolée, mais en suivant la règle, à ce qu'il paraît, des Béguines, c'est-à-dire des personnes dévotes qui, sans entrer dans un monastère, restant dans le monde, s'en tenaient néanmoins éloignées et par l'habit et par la conduite de vie, toute consacrée à des œuvres de piété. Elle eut alors pour directeurs de sa conscience des Frères-Prêcheurs, ou Dominicains. Ce fut à leur école qu'elle puisa naturellement la grande vénération qu'elle accuse pour saint Dominique, l'appelant son bien-aimé père. On en conclut qu'elle avait appartenu à l'Ordre de ce grand saint ; mais son livre nous la montre isolée jusqu'à sa vieillesse ; alors, selon le Frère Henri, qui traduisit ses écrits en latin, elle se retira, après beaucoup de tribulations, dans le monastère bénédictin d'Helfta, où elle embrassa la vie de moniale qu'on y professait.

L'affection qu'elle portait à saint Dominique lui fit procurer l'entrée dans l'Ordre des Frères-Prêcheurs à son frère Baudoin, qui devint sous-prieur du couvent de Halle. Il y écrivit un exemplaire de la sainte Bible dont on se servait pour les lectures au réfectoire. Il mourut avant sa sœur Mechtilde.

Les relations des Frères-Prêcheurs avec le monastère bénédictin d'Helfta, relations accusées plus d'une fois dans le livre de sainte Mechtilde, ménagèrent sans doute à la pauvre voyante son entrée dans le cloître. Les vifs reproches qu'elle n'epargnait pas aux séculiers ni aux ecclésiastiques de Magdebourg, dont la vie était peu chrétienne, lui attirèrent des persécutions. Pour échapper à ses reproches trop fondés, on accusait l'authenticité de ses révélations : les uns parce qu'elle les condamnait, les autres parce qu'ils étaient jaloux de ces faveurs, trouvaient insupportables les censures d'une pauvre femme sans famille et sans protection. Même ses confesseurs lui tinrent rigueur, et l'un d'eux dut expier par un long purgatoire la faiblesse qu'il avait eu d'écouter les détracteurs de sa pénitente. Au moins dans le monastère d'Helfta elle trouva d'abord un abri pour sa vieillesse, une sûreté contre ses ennemis, et ensuite des consolations conformes à ses dispositions. Il se rencontrait pour elle parmi les moniales bénédictines d'Helfta des associées aux faveurs extraordinaires qui lui avaient aliéné le monde et ses sectateurs divers. La charité dont l'abbesse Gertrude ne manqua pas d'user à son égard, et l'estime que surent faire de ses dons surnaturels sainte Gertrude et sainte Mechtilde, lui rendirent courage. Alors, quoique âgée et malade, elle écrivit de nouvelles pages tout à fait dignes de ses premières. Ce sont elles qui forment le VII⁵ et dernier livre de ses écrits, et qui se trouvent dans le seul manuscrit allemand d'Einsiedeln.

La sœur Mechtilde passa donc les douze dernières années de sa vie dans le monastère d'Helfta, après avoir embrassé la vie religieuse, *vita sanctimonialium in Helpede assumpta*, comme s'exprime son traducteur. Il est donc inutile, après un texte aussi exprès, de vouloir la compter parmi les filles spirituelles de saint Dominique, comme l'ont fait ceux qui, les premiers, après de longs siècles il est vrai, ont révélé son nom et en partie ses œuvres au public. Elle n'est pas non plus cette Mechtilde qui, avec une certaine Jutta, fut abbesse du monastère de Sainte-Agnès, près de Magdebourg. D'abord béguine ou femme dévote à Magdebourg, la sœur Mechtilde finit par être bénédictine avec les Gertrude et les Mechtilde et dans le même monastère.

Sainte Gertrude avait reçu à l'âge de vingt-cinq ans, en 1281, son don de révélation, lorsqu'elle put en user à la mort de la sœur Mechtilde. De même sainte Mechtilde parle de sa sœur homonyme comme étant morte et reçue dans la gloire éternelle, lorsqu'elle fit connaître ses propres révélations pendant sa maladie en 1291. La petite Préface du Codex d'Einsiedeln rapporte d'autre part que la sœur, à partir de l'an 1250, eut révélation pendant quinze ans de ce qui est consigné dans son livre Nous avons vu que ces révélations lui vinrent à l'âge de douze ans, et qu'elles durèrent plus de trente ans. Toutes ces dates nous conduisent à placer son entrée au monastère d'Helfta vers l'an 1281, et sa mort douze ans après, vers l'an 1293. Cette courte notice donne à peu près tout ce que l'on connaît aujourd'hui de la vie de la sœur Mechtilde. A peine trouvera-t-on dans son livre quelque détail à ajouter et qui puisse jeter un peu plus de lumière sur une existence restée, selon les desseins de Dieu sur cette âme, toujours humble et ignorée du monde.

Son livre lui-même a longtemps partagé l'obscurité de son auteur, puisqu'il est resté depuis l'an 1300 environ jusqu'à l'année 1861 absolument inconnu du monde religieux ou littéraire. A cette époque, Mgr Greith, alors doyen de la cathédrale de Saint-Gall dont il devait être évêque, prit heureusement connaissance du manuscrit en haut allemand du XIV° siècle du livre en question, que l'on conserve à la bibliothèque de l'abbaye de N.-D. d'Einsiedeln en Suisse. Frappé du mérite de l'œuvre, il en inséra plusieurs fragments dans son livre sur la *Mystique allemande* dans l'Ordre des Frères-Prêcheurs, auquel il croyait que sœur Mechtilde avait appartenu. Un savant littérateur de Munich, M. Wilhelm Preger, qui lut ces extraits, publia à son tour une étude sur Mechtilde de Magdebourg, ainsi qu'il l'appelait, en 1869, puis un second mémoire sur la même en 1873. Mais déjà le savant bibliothécaire de l'abbaye d'Einsiedeln, D. Gall Morel avait donné au public le vieux texte allemand du Codex de sa bibliothèque, avec une traduction en allemand moderne, l'un et l'autre travail imprimés chez Manz, à Ratisbonne.

L'exemplaire de la bibliothèque d'Einsiedeln est venu du monastère des Waldschwester, ou Sœurs de la Forêt, près d'Einsiedeln, qui l'avaient reçu en legs de Marguerite Ebner de Bâle, ou Marguerite à l'anneau d'or. Cette Marguerite le tenait de Henri de Nœrdlingen, qui, dans une lettre écrite en 1345, annonce qu'il n'a jamais lu en langue allemande un livre qui s'exprimât avec autant de profondeur et de piété sur l'amour divin, qu'il l'a traduit de bas allemand en haut allemand. Le premier de ces idiomes était usité dans le nord, tandis que le second l'était dans le sud de l'Allemagne. Ce n'est donc pas l'original que ce Codex allemand d'Einsiedeln, mais une traduction. Seulement on doit remarquer que d'un dialecte à un autre de la même langue, le génie et le caractère particuliers de l'original sont mieux conservés. C'est pourquoi, si nous n'avions des renseignements assez fondés pour établir que c'est ici une traduction, nous n'aurions fait aucune difficulté d'attribuer ce livre ou son texte à la sœur Mechtilde, tant il présente de naturel, de vigueur, d'accent, tel qu'on peut l'attendre d'une personne simple et sans instruction, mais richement douée de facultés naturelles, merveilleusement inspirée dans les matières sublimes où elle se joue avec autant d'aisance que de sûreté.

Une traduction latine du livre de la sœur Mechtilde avait été faite peu de temps après sa mort par un Frère Henri de l'Ordre des Frères-Prêcheurs. C'est cette traduction qui se trouve dans deux exemplaires de la bibliothèque de Bâle : l'un du XIV⁰ siècle et l'autre du XVI⁰. La traduction quant au sens est fidèle et sert très-bien pour la lecture du vieux texte allemand d'Einsiedeln ; mais le caractère et le style ne sont plus les mêmes. Le traducteur a voulu souvent arrondir sa phrase, retrouver les assonances qui donnent à l'original, transparent dans la traduction allemande, une forme et une allure poétiques. Pour cela il ajoute plus ou moins heureusement des mots, pris quelquefois dans les textes de l'Écriture, peu familiers à la sœur, ou dans les formules de l'École, dont elle avait encore moins d'idée. Néanmoins, dans le prologue et çà et là dans l'ouvrage, le Frère Henri donne quelques notions sur divers personnages qu'on ne trouve pas dans l'allemand, soit qu'il les connût de lui-même, soit qu'il eût dans les mains des matériaux primitifs où il put puiser. C'est à lui, par exemple, que nous devons la notion si importante de la retraite de la sœur Mechtilde à Helfta, et de son admission parmi les moniales Bénédictines de ce monastère. Cependant le livre VII⁰ tout entier manque dans la traduction du Frère Henri ; ce qui semble accuser qu'il avait seulement à sa disposition les pages écrites par la sœur avant son entrée au monastère. Ces pages, vraies feuilles volantes, écrites au jour le jour, avaient été une première fois recueillies et mises en ordre par un autre Frère-Prêcheur, également nommé Henri, appelé de Halle, lecteur à Rupin, lequel avait précédé la sœur Mechtilde dans la tombe. Il est à remarquer en passant qu'une difficulté pour se reconnaître dans l'histoire de la sœur Mechtilde et de son livre, avec si peu de renseignements, est cette multiplicité de personnages du même nom de Henri, et souvent de la même profession. L'un meurt saintement le jour de Pâques, (Liv. II. 17.) l'autre, celui dit de Halle, recueille les écrits de la sœur. (Liv. II, 22.) Le troisième est notre traducteur, qui dans le Prologue raconte les dernières années de la sœur Mechtilde. Tous les trois appartenaient à l'Ordre de Saint-Dominique. Maintenant dans l'histoire du livre, c'est d'abord le prêtre Henri de Nœrdlingen qui le traduit de bas allemand en haut allemand, et l'envoie aux Sœurs de la Forêt, près d'Ensiedeln, puis un autre Henri de Rumerschein qui recommande le livre à ces mêmes sœurs. Assez pour ce point.

Il est temps que nous en venions à l'appréciation du livre lui-même. Après les plus précieux suffrages que lui rendent sainte Gertrude et sainte Mechtilde, nous noterons en passant ceux des traducteurs, Henri, le Frère-Prêcheur, et Henri de Nœrdlingen, ainsi que ceux des âmes pieuses des XIVe et XVe siècles, qui faisaient leurs jouissances de ces pages si pénétrantes. Puis un long silence se fait sur le livre et sur l'auteur; les tiraillements du XVe siècle, les déchirements du XVIe avec leurs suites brutales et funestes, jettent une large partie de l'Allemagne hors de la voie; les mystiques sont oubliés et peu estimés. Ce n'est que dans un temps de répit précaire et de curiosité rétrospective qu'on reprend l'étude de cette classe spéciale d'écrivains.

En 1861, Mgr Greith, alors doyen de Saint-Gall, fait paraître son livre sur la *Mystique allemande*. Entre autres auteurs il y fait une large part à la sœur Mechtilde, et il l'apprécie en ces termes : « Elle a tiré la matière de ses chants, de ses contemplations et de ses enseignements de la foi chrétienne et de ses expériences dans la vie mystique. Elle célèbre les rapports intimes de Dieu et de l'âme, fondés sur l'amour, et plus bas ceux de l'âme et du corps, que la concupiscence place en face l'un de l'autre comme deux ennemis irréconciliables. Ses maximes se multiplient sur les vertus et les vices, les perfections et les défauts de l'âme, et sur son pèlerinage vers la vie supérieure. Elle aime à employer la forme du dialogue entre Dieu et l'âme, entre l'âme et l'amour, entre l'amour et la connaissance, etc., et sait parfaitement conduire le fil de ses idées dans ces alternatives de conversation. Mais les *révélations* qu'elle recevait à des heures de contemplation s'étendent aussi sur les régions au delà de cette vie, de l'Enfer, du Purgatoire et du Ciel, avec une vigueur singulière. Puis elle déplore la décadence de la religion avec les accents d'une Hildegarde. » Nous pouvons ajouter qu'elle le fait avec plus de larmes peut-être, mais avec moins d'amertume que saint Pierre Damien, saint Bernard, et que, semblable à sainte Catherine de Sienne, c'est vers Rome que du fond de la Germanie elle se tourne et demande au Souverain Pontife seul le remède. (Liv. III. 7.) « Les lumières qu'elle a reçues, elle ne les doit pas à la science humaine, avec laquelle, dit-elle heureusement, il y a beaucoup à gagner, mais aussi beaucoup à perdre. » (Greith, *Mystique allemande*, p. 207.)

Le savant Père Gall Morel se montre non moins épris de la valeur du trésor que renfermait sa bibliothèque, et il en fait part au public par sa double édition de 1869. Le docteur Wilhelm Preger, de Munich, étudie cette œuvre à son tour. Il en reconnaît les beautés transcendantes, il félicite sa patrie de posséder un génie poétique aussi élevé, d'une profondeur de regard si pénétrante, qui remplace heureusement le vide que la critique a fait, dit-il, dans la liste des poëtes allemands du moyen âge, en retranchant la célèbre Hroswitha ; il ne trouve à lui comparer à cette époque que notre sainte Gertrude dans le second livre de son *Héraut de l'amour divin*. Non content de ces premiers hommages, M. Preger s'est remis à l'œuvre, et invitant les savants de son pays à le seconder, il cherche à établir que c'est dans le livre de la sœur Mechtilde que Dante a puisé ses meilleures inspirations pour décrire les lieux d'au delà la tombe, et notamment l'Enfer. Il pense que c'est elle que le poëte a voulu désigner sous le nom de *Matelda* dans le chant du Purgatoire. Tel n'est pas notre avis sur ce dernier point ; nous réservons cet honneur à sainte Mechtilde ; mais nous inclinons à croire que Dante eut connaissance aussi du livre de la *Lumière divine*, et qu'il s'en inspira plus d'une fois. Oserons-nous dire notre pensée ? C'est que dans cette lutte l'avantage n'est pas toujours resté au grand poëte. On connaît sa célèbre inscription au-dessus de la porte de l'Enfer : « Par moi l'on va dans la cité dolente ; par moi l'on va dans l'éternelle douleur ; par moi on traverse la race perdue... Laissez toute espérance, vous qui entrez. »

Posons en regard la définition que donne du même lieu la sœur inconnue, Mechtilde de Magdebourg : « Je vis une cité : elle s'appelle *haine éternelle*. » Et c'est tout, puis elle décrit avec la même vigueur l'affreuse cité ; mais je le demande : à qui ce mot si profond et si vrai, *haine éternelle*, ne laisse pas une impression terrifiante, où l'on sent mieux l'action divine en exercice, tandis que chez Dante, c'est un retour sur le malheur des damnés, un sentiment humain, presque personnel.

La sœur Mechtilde a pour habitude d'enfoncer le trait aussi profondément que possible ; quel que soit le sujet qu'elle traite, elle va d'un seul essor à l'extrême. Je ne crois pas cependant qu'on puisse signaler chez elle une vraie exagération ; mais certaines expressions ne laissent pas que de surpendre et réclament quelque explication. Ainsi presque toujours elle désignera par le terme abstrait d'*humanité* la seconde personne dans la sainte Trinité, et cela parce que la sœur la considère toujours dans les desseins éternels de Dieu comme unie à cette nature humaine qu'elle ne devait revêtir qu'au temps déterminé.

Parlant de la sainte Vierge Marie, elle dit : Son Fils est Dieu, et elle est déesse. En un autre endroit elle appelle l'âme de l'homme la déesse de toutes les créatures. Ce qui dans l'un et l'autre cas ne doit pas s'entendre d'une participation essentielle de la divinité faite soit à Marie, soit à l'âme, mais d'une excellence relative, résultante de l'union que le Verbe a voulu contracter spécialement avec sa *divine* Mère, comme tous les siècles la désignent, et avec l'âme dont l'Esprit-Saint a dit, et N.-S. répété en s'adressant aux hommes : *je l'ai dit, vous êtes des dieux*. (*Ps.* 81. 6. *Jean.* x. 34.) Remarquons aussi combien la sœur exalte l'homme au-dessus de l'ange au point de vue de l'Incarnation, et de la future destinée qui attend l'humanité dans N.-S. et un grand nombre de ses saints.

Les prophéties, si on peut ainsi les appeler, de la sœur Mechtilde sur les derniers temps, pourraient aussi offusquer quelques esprits. Cependant pour le fonds elles ne s'écartent en rien de ce que les Écritures ou la tradition en ont dit. On reportera l'objection peut-être sur les détails : l'institution de cet Ordre nouveau de Prêcheurs, leur manière de vivre, leur costume, etc. Il nous semble que ces détails ne doivent pas être pris dans un sens positif, mais plutôt allégorique, et que par là sont indiqués plutôt l'esprit et le principe qui dirigera les derniers combattants du Seigneur, que leurs actes pris en eux-mêmes. Mais nous le répétons, rien même dans ces détails n'est en contradiction avec la foi et les idées reçues à cet égard dans l'Église, et somme toute, personne ne sait comment en particulier les choses se passeront, et ne peut condamner d'une manière absolue la description qu'en a donnée la sœur Mechtilde.

La citation que nous avons faite de Mgr Greith donne un précis exact des matières traitées par la sœur. Ce n'est pas qu'elle ait établi d'elle-même une pareille division du sujet. Loin de là ; elle écrivit, d'après l'ordre de son confesseur, ce qui lui était communiqué, au moment qu'il lui était communiqué. Le Frère Henri de Halle, qui recueillit ces feuilles, les distribua d'après un certain ordre, qui est peut-être celui du texte d'Einsiedeln ; mais cela n'est pas certain. Le traducteur à son tour perfectionna cette division plus rigoureusement. Cependant, si elle a gagné au point de vue théorique, elle a peut-être perdu au point de vue historique, et des morceaux se trouvent ainsi rapprochés à raison de l'analogie des matières qu'ils traitent, lesquels ont été écrits par l'auteur à des époques bien différentes, et accusent mieux le mouvement de ses pensées et de ses sentiments. Quoi qu'il en soit, les six premières parties ont été écrites lorsque la sœur était encore dans le monde, à Magdebourg. La septième dans plusieurs chapitres trahit la présence de sœur Mechtilde dans un cloître devenu sa demeure, et comme sa dernière ressource spirituelle et temporelle.

Après avoir donné dans notre édition latine du livre *Lux divinitatis* la traduction si autorisée du Frère Henri dans l'ordre qu'il y avait établi lui-même, nous avons dans cette traduction suivi le même ordre, en renvoyant toutefois, chapitre par chapitre, aux numéros du texte allemand, afin qu'on pût contrôler plus facilement notre œuvre. En effet, bien persuadés que le texte allemand, encore qu'il soit une traduction d'un autre dialecte de la même langue, était plus conforme à l'original, pour le naturel, la précision, le caractère, la fidélité du sens, nous nous sommes attaché à rendre ce vieux style dans sa couleur originelle, lui conservant cette saveur franche qui saisira, nous l'espérons, d'une manière aussi forte que suave le sentiment des lecteurs. Ce n'est pas une jouissance littéraire, néanmoins, que nous voulons ainsi préparer ; ce serait bien vain et de petit profit. Oserons-nous le dire, la simple béguine de Magdebourg que nous avons comparée avec le grand poëte florentin, nous rappelle, à nous Français, l'allure fière, indépendante, sublime et touchante à la fois de l'aigle de Meaux. C'est surtout dans ses élévations, ses écrits mystiques, car Bossuet fut aussi un mystique, dans ses lettres de direction, que nous retrouvons une analogie frappante entre deux personnages si éloignés de position, d'éducation, de pays et de siècles, que le savant Bossuet et la sœur Mechtilde. Donc, ce livre sera une source de forte et saine spiritualité pour les âmes qui voudront s'en délecter. Elles apprendront à s'y élever jusque dans les hauteurs des conseils divins, à y prendre le fil conducteur à travers les âges, depuis le commencement jusqu'à la fin, dans la contemplation de Celui qui s'est appelé l'*alpha* et l'*oméga*, le principe et la fin ; elles le suivront dans son incarnation au sein d'une Vierge, dans la glorification de son humanité divinisée ; elles comprendront la part que prirent et les anges et la Vierge, et depuis, les saints l'Église, dans l'exécution de ces desseins que l'amour infini inspira à la sainte Trinité envers quelqu'un qui ne fut plus elle-même.

Mais cet amour, il faut maintenant le suivre dans ses inventions, ses luttes, ses victoires sur l'âme ; comment il la poursuit, la fatigue, la prend, la lie et l'emporte comme une proie pour en jouir à son gré. Nous y verrons comment les diverses puissances de l'âme et des sens sont appelées à jouer leur rôle dans ce drame qui doit être celui de notre vie spirituelle. Et le pauvre corps! est-il assez écrasé, malmené, puis caressé, mais seulement par des promesses d'avenir? car pour le présent il n'a que des rigueurs à attendre. Rien de plus élevé que les leçons de ce livre, rien de plus pratique ; rien de plus hardi dans l'imagination, rien de plus logique dans l'exercice des facultés de l'homme ; rien de plus simple dans l'expression, quelquefois populaire et vive comme un trait, rien en même temps de plus poétique, comme image, pensée, tournure ; tous les genres y sont représentés : le didactique, le drame, l'épopée, l'ode, l'élégie y font entendre tour à tour leurs accents et leurs surprises. Mais c'est avant tout une œuvre pieuse, saine, vigoureuse, pratique, qui presse, qui attire, dirige, soulève les volontés pour les faire concorder avec cette volonté suprême qui seule doit commander et tout se soumettre dans le temps et dans l'éternité.

LES RÉVÉLATIONS
DE LA SŒUR MECHTILDE
VIERGE DE L'ORDRE DE SAINT-BENOIT
AU MONASTÈRE D'HELFTA EN SAXE.

LA LUMIÈRE DE LA DIVINITÉ
S'ÉPANCHANT DANS LES CŒURS VRAIS ET DROITS.

INTRODUCTION.

I.

PROLOGUE DE FRÈRE HENRI, LECTEUR DE L'ORDRE DES PRÊCHEURS.

Nous lisons au livre des Juges (JUGES, IV, V.) *que la sainte femme Debbora, épouse de Lapidoth, remplie de l'esprit de prophétie, s'établit solitairement dans une tente, sous un palmier, sur le mont d'Ephraïm, pour ne plus vaquer qu'à Dieu seul; et le peuple de Dieu, Israël, montait là pour lui demander toutes ses décisions. Dans le quatrième livre des Rois nous voyons également à Jérusa-*

lem la prophétesse Olda, instruite des jugements secrets de Dieu, avertir le saint roi Josias des futurs fléaux qui menaçaient le peuple. (IV. ROIS, XXII, 14.) *Ce roi juste et pieux avait envoyé vers elle des Prêtres et des Lévites, afin qu'elle consultât pour lui le Seigneur sur ces malheurs imminents, et qu'elle fît des prières. Il y avait sans doute alors des Pontifes de la famille d'Aaron, des prêtres et d'autres lévites de race sacerdotale, bien versés dans la loi et d'une conduite exemplaire : toutefois ce ne fut pas à eux que le Saint-Esprit manifesta le secret de ses conseils, mais il choisit au contraire dans le sexe faible de saintes femmes pour ses révélations. Le Tout-Puissant choisit très-souvent ce qu'il y a de faible dans le monde pour donner à ce qui est fort une confusion salutaire. Qu'on ne s'étonne donc pas, qu'on ne reste pas incrédule, si Dieu au temps de la grâce renouvelle ces merveilles, et révèle ses mystères à un sexe fragile, puisqu'au temps de la loi mosaïque il a daigné miséricordieusement tenir une conduite semblable. Or, le peuple d'Israël, pour avoir cru à la prophétie de Debbora, fut délivré de l'oppression et remporta la victoire sur ses ennemis ; et le roi, fidèle adorateur de son Dieu, mérita aussi de trouver miséricorde et consolation dans les prières et les conseils de la prophétesse Olda. Il en sera de même pour ceux qui liront ce livre, si toutefois ils le font avec une intention pure ; ils y trouveront un accroît de grâce et de consolation, ainsi que le Seigneur en a consigné dans ce livre même la promesse.*

Le présent écrit doit être lu pieusement et religieusement entendu, ainsi que l'on fait des saintes Écritures, sainement et fidèlement : de la sorte le lecteur n'y rencontrera point de scandale ni rien qui l'offense, et le livre lui-même n'encourra aucun reproche de mauvaise joi. Il a tout aussi bien pour auteur le Père, le Fils et le Saint-Esprit; il traite du Christ et de l'Eglise, de Satan avec son corps. Sa manière est à la fois historique et mystique; son but est de régler la vie présente, d'inspirer un souvenir utile du passé, et d'insinuer quelques données prophétiques sur l'avenir. La pieuse créance des fidèles acceptera sans peine, en témoignage de la véracité de ces écrits, la dévotion sincère et la simplicité de colombe de la personne qui nous les a fait connaître.

Dès son enfance elle mena une vie pure et innocente, et dans sa jeunesse, sur un avis du Seigneur, elle abandonna tout ce qu'elle pouvait posséder, pour vivre exilée en une terre étrangère, dans la pauvreté volontaire. Enfin, après de nombreuses tribulations, lorsqu'elle était déjà parvenue à la vieillesse, elle prit la vie des religieuses à Helfta, où elle passa encore douze ans dans la perfection de toutes les vertus, ainsi que le prouve le témoignage qu'elles en ont rendu, pratiquant principalement la charité, l'humilité, la patience et la douceur. Toutefois elle s'attacha par-dessus tout à la contemplation, et fut favorisée d'illuminations divines et de révélations, où elle mérita de recevoir du Seigneur la communication prophétique de plusieurs mystères secrets de Dieu sur le passé, le présent et l'avenir. Maintenant que l'époux des vierges l'a prise à lui, cette vierge sainte jouit de celui qu'elle a aimé, et dont l'admirable charité a favorisé son amante d'un grand nombre de miracles.

Les Révélations et visions que le Dieu tout-puissant daigne manifester à ses élus, commencent et s'établissent d'abord dans la simplicité de la foi, attendant et requérant la pureté du cœur; enfin la sainteté de vie y apporte l'authenticité et la confirmation nécessaires. C'est à de telles âmes que sont révélés les secrets célestes, et c'est ainsi que leurs témoignages obtiennent foi chez ceux qui les entendent.

Avant de commencer ce livre écrit dans une langue barbare, où se trouvent contenus des mystères admirables et encore inconnus, j'ai jugé qu'il était à propos de donner quelques détails sur la sainteté de la personne à qui ces révélations ont été faites, en sorte que des paroles vraiment admirables puissent s'appuyer sur des actions plus admirables encore. Mais qui nous exposera mieux la perfection des élus que ceux-là mêmes en qui et par qui Dieu a accompli ses œuvres? Qui aurait mieux notifié à l'Église la perfection de Paul que Paul lui-même? C'est ainsi que cette sainte personne va nous dire ce que le Saint-Esprit a opéré en elle et avec elle à sa louange et gloire. Nous la laissons parler elle-même.]

II.

DE L'INSTRUCTION QUE CETTE PERSONNE REÇUT POUR ENTREPRENDRE SON LIVRE.

LA première notion que Dieu me donna après m'avoir touchée d'amour et pénétrée de désir, me vint par la tristesse. Je considérai ce qui était beau et ce qui m'était cher, et alors je commençai à soupirer et à pleurer, puis songeant en moi-même, je dis en gémissant à toutes choses : « Oh non ! prends garde, cela n'est pas ton bien-aimé, qui est venu saluer ton cœur, éclairer tes sens, et s'attacher ton âme par des liens si doux, que toutes ces délices de la terre ne peuvent te séparer de lui ; tout au plus, dans la noblesse des créatures, leur beauté et leur utilité, ne chercherai-je que Dieu seul, et jamais moi-même.

Avant de me mettre à écrire ce livre, et lorsqu'il n'était pas encore venu une seule parole de Dieu jusqu'à mon âme, tous les jours de ma vie avaient été ceux de la personne la plus simple qu'on eût jamais vue dans la vie spirituelle. Je ne savais rien de la méchanceté du démon, je ne connaissais rien de la misère du monde, non plus que de la fausseté des hypocrites. Je dois parler pour la gloire de Dieu et aussi pour la doctrine de ce livre. J'étais dans la douzième année de mon âge, quand indigne pécheresse, comme j'étais seule, je fus prévenue d'une telle effusion du Saint-Esprit, que je ne pus dès lors souffrir de consentir même à péché véniel. Cette douce prévenance était journalière, et par une impression d'amour me rendait pénible de plus en plus toute la gloire et l'honneur du monde : cela dura ainsi plus de trente et un ans.

Je ne savais de Dieu rien de plus que ce qu'enseigne la foi chrétienne, m'appliquant avec diligence à garder la pureté de mon cœur. Dieu m'est témoin que je n'eus jamais la volonté ni le désir de lui demander les dons qui sont consignés dans ce livre ; je ne pensais pas même que cela pût arriver à quelqu'un, et tant que je demeurai avec mes parents et mes amis, je n'eus aucune notion de ces choses. Alors j'avais depuis longtemps demandé d'être méprisée, sans qu'il y eût de ma faute ; c'est pourquoi je me rendis dans une ville [1] où je n'avais d'amis qu'une seule personne, avec qui je craignis

---

1. Magdebourg. De même sainte Gertrude fut éloignée de sa famille quand elle vécut à Helfta. *Voir son Livre*. Liv. I, c. 16.

encore d'avoir à partager la sainte abjection, et le pur amour que je voulais avoir pour Dieu. Mais lui ne me laissa pas seule; il me fit entrer dans une si délicieuse douceur, dans une connaissance si sainte, et dans une voie de merveilles si incompréhensibles, que je ne pus dès lors que bien peu jouir des choses de la terre.

Tout d'abord mon esprit fut ravi dans la prière entre le ciel et l'air, où des yeux de l'âme je vis dans les célestes délices la belle humanité de notre Seigneur Jésus-Christ, et reconnus dans sa face auguste la sainte Trinité, l'éternité du Père, le travail du Fils, et la suavité du Saint-Esprit. Alors je vis l'ange à qui j'avais été confiée en mon baptême, et aussi mon démon. Et notre Seigneur dit : « Je vais te retirer cet ange et t'en donner deux autres à la place qui prendront soin de toi dans cette voie extraordinaire. » Et quand l'âme vit ces deux anges, avec quelle humble dévotion fut-elle prise d'effroi, et se jeta-t-elle aux pieds de notre Seigneur, le remerciant et se plaignant à lui d'être trop indigne d'avoir d'aussi hauts princes à son service. L'un de ces anges était un Séraphin qui allume l'amour, et devient la sainte lumière de l'âme abandonnée; l'autre ange était un Chérubin, dont l'office est de conserver les dons et de régler la science dans l'âme aimante.

Alors notre Seigneur fit venir aussi deux démons, tous deux grands maîtres et pris dans l'école de Lucifer, d'où ils étaient rarement sortis. Quand l'âme vit ces horribles démons, elle trembla quelque peu, puis se tournant avec joie vers notre Seigneur, elle les accepta volontiers. L'un de ces démons était un insigne trompeur, avec les beaux dehors d'un ange : oh! combien dans les commencements ne m'a-t-il pas tendu de pièges ! Il vint une fois pendant la messe, comme s'il descendait du ciel et dit : « *Vois comme je suis beau, veux-tu m'adorer?* » L'âme répondit : « *On doit adorer Dieu seul dans la prospérité comme dans la nécessité.* » Il dit : « *Veux-tu au moins me regarder pour voir qui je suis?* » Alors il apparut une sorte de belle clarté, mais fausse, comme suspendue en l'air, laquelle a séduit tant d'hérétiques, et il parla ainsi : « *Tu seras assise sur le trône, la plus élevée des vierges, et moi comme le plus beau des fiancés auprès de toi.* » Mais l'âme répondit : « *Ce serait manquer de sagesse, quand on aspire à ce qu'il y a de meilleur, de prendre ce qu'il y a de pire.* » Il reprit : « *Puisque tu ne veux pas te donner à moi, tu es si sainte et moi si humble que je veux t'adorer.* » Elle répondit : « *Tu ne retireras aucun avantage d'avoir adoré un peu de poussière.* » Il lui fit voir alors les cinq plaies représentées dans ses pieds et dans ses mains, puis il dit : « *Maintenant tu vois bien qui je suis ; si tu veux vivre à mon gré, je te donnerai de grands honneurs ; tu feras connaître cette grâce au monde, et il t'en reviendra de grands avantages.* » Encore qu'elle fût très-ennuyée de ces discours inutiles, elle les écoutait cependant volontiers, afin d'en devenir plus instruite ; elle lui dit donc : « *Tu me dis que tu es Dieu ; dis-moi quel est ce fils du Dieu vivant qui est là maintenant dans les mains du prêtre?* » Il voulut alors esquiver, mais elle lui dit : « *Au nom du Dieu tout-puissant je te somme de m'entendre. Je connais bien tes intentions : si j'allais dire au monde ce qu'il y a dans mon cœur, ce serait bon pour quelque temps, mais bientôt tu t'appliquerais à changer le jeu, pour me jeter ensuite dans le doute et la tristesse, puis dans l'incrédulité et l'impureté, et enfin dans la peine éternelle. C'est pour cela que tu veux que j'annonce au monde que je suis une sainte; c'est pour cela que tu es ainsi venu me trouver. Oui vieux menteur, tant que Dieu m'assistera, tu perdras toutes tes peines.* » Alors il s'écria : « *Ce sont là les armes de tes enchantements; laisse-moi partir, je ne veux plus jamais t'ennuyer.* »

L'autre démon qui me fut donné est un violateur de la paix, et un maître d'impureté secrète. Toutefois Dieu lui a interdit de venir lui-même me tenter. Il m'envoie donc des gens pervers, qui travestissent tout le bien que je puis faire, et m'enlèvent autant qu'ils peuvent de mon honneur par leurs discours. Il se glisse même parmi les gens de bien, quand ils se réunissent et tiennent des discours inutiles ou peu retenus, en sorte que, pauvre comme je suis, je n'y puis rester sans être troublée. Cela ne m'arrive jamais. Une nuit que dans ma prière je commençais à m'endormir, ce démon vint par les airs, et se rendit compte à loisir de ce qui se passait en cette terre de péché. Il était grand comme un géant, avec une queue courte, un nez crochu, la tête grosse comme un cuveau, jetant par la bouche des étincelles de feu à travers des flammes noires. Il avait l'air de ricaner, en faisant entendre une horrible voix. Alors l'âme lui demanda pourquoi il ricanait, ce qu'il cherchait et ce qu'il faisait. Il répondit : « *Je suis content de voir, lorsque je ne puis te tourmenter moi-même, qu'il y en ait tant qui paraissent des anges et te tourmentent à ma place.* » *Puis il ajouta :* « *Je suis le serviteur particulier des gens d'église, et j'essaye sur eux deux maladies qui plus que tout les séparent de Dieu. La première est l'impureté secrète. Quand un homme de sainte profession recherche sans qu'il y ait nécessité tout ce qui peut flatter sa chair et ses sens, il cesse d'être chaste, ce qui est vil et funeste, et refroidit le véritable amour de Dieu. La seconde est la haine cachée dans un dissentiment public. Ce sont des péchés dont je profite, tandis que je les trouve ainsi endormis et sans repentir : le gain que j'en retire est que c'est là un fondement de longue perversité et la perte de toute sainteté. »*

Alors l'âme dit : « Comme tu n'as rien naturellement de bon en toi, comment se fait-il que de ce fond de méchanceté tu me tiennes des discours aussi utiles ? » Il répondit : « N'importe où j'aille, Dieu me tient si ferme dans ses mains que je ne puis agir qu'autant qu'il me laisse faire. »

III.

COMMENT CETTE SAINTE FEMME AFFLIGEA ET CHATIA SON CORPS.

Malheureuse créature que je suis ! j'ai commis dans mon enfance de tels péchés que si je n'en avais eu de contrition et ne m'en étais confessée, j'aurais été dix ans dans le purgatoire. Maintenant, Seigneur bien-aimé, quand je mourrai, je souffrirai volontiers encore pour votre amour. Je ne parle pas ainsi selon mes sens ; c'est l'amour qui me commande ce langage. En venant à la vie spirituelle et prenant congé du monde, je vis que mon corps était armé contre ma pauvre âme de toute l'abondance qui provient de la puissance et de toutes les forces d'une nature complète. Je vis qu'il était vraiment mon ennemi ; et je vis encore que si je voulais éviter la mort éternelle, il me fallait le dompter, l'abattre. La lutte était ouverte, et je cherchai quelles étaient les armes de mon âme : c'était d'abord la noble passion de Notre Seigneur Jésus-Christ, dont je résolus de me munir. Ensuite je dus constamment me tenir en grande crainte, et pour me défendre de mes ennemis, accabler mon corps de coups, en m'appliquant à gémir, à pleurer, à me confesser, à jeûner, à veiller, à méditer, à me flageller, et à prier perpétuellement.

Telles étaient les armes de mon âme, avec lesquelles je fus si bien victorieuse de mon corps, que durant vingt ans, il n'y eut jamais un moment où je ne fus ou fatiguée, ou infirme, ou malade par suite de ma pénitence et de mes souffrances, aussi bien que de mes désirs du bien, et de mes travaux spirituels; à quoi il faut ajouter plusieurs infirmités et maladies naturelles. Mais l'amour survint avec toute sa puissance, et m'occupa si fort de toutes ces merveilles, que je n'osai plus garder à son sujet le silence. Seulement cela coûtait trop à ma simplicité. Alors je dis : « Hélas ! Dieu de bonté, qu'avez-vous vu en moi ? Vous savez bien que je suis une folle, une pécheresse, pauvre de corps et d'âme : accordez ces dons à des sages, vous en retirerez alors de la gloire. » Mais Notre Seigneur se fâcha très-fort contre moi, et il me proposa une sorte de jugement en ces termes : « Dis-moi, n'es-tu pas à moi ? » — « Oui, Seigneur, c'est là ce que je souhaite. » — « Ne puis-je pas faire de toi tout ce que je veux ? » — « Oui, mon bien-aimé, très-volontiers, dussé-je être réduite à néant. » — « Tu dois alors me suivre avec fidélité dans ces opérations; tu seras longtemps souffrante; mais je prendrai soin de toi moi-même, et te donnerai tout ce qui te sera nécessaire pour ton corps et pour ton âme. »

Je m'en allai toute tremblante, et dans une humble

confusion trouver mon confesseur, lui rapporter ces discours, et lui demander de m'instruire. Il me dit que je devais m'en aller avec joie, que Dieu qui m'avait ainsi attirée me préserverait. Puis il me commanda, ce dont je pleure souvent en rougissant, ne perdant pas de vue ma grande indignité, il commanda, dis-je, à une misérable femme d'écrire ce livre, comme venant du cœur et de la propre bouche de Dieu.

IV.

CINQ PROPHÈTES ÉCLAIRENT CE LIVRE.

Le Seigneur me promit d'éclairer ce livre de cinq lumières. La grande intimité de Moïse, ses saints travaux, et les singuliers mépris qu'il endura sans qu'il y eût donné lieu, ses éclatants prodiges, sa douce doctrine, ses paroles d'amour avec lesquelles il s'entretint avec le Dieu éternel sur le haut de la montagne; tout cela est une première lumière, et Dieu m'a donné et me donnera de passer à travers tous les piéges de mes ennemis sous sa protection, sans recevoir de confusion méritée, et sans me détacher de son amour, ainsi que Moïse avec son peuple passa la mer Rouge. Mais Pharaon et ses amis qui voudront nous poursuivre trop loin, ô malheur! comme ils sont noyés dans cette mer! Ah! doux Seigneur, soyez miséricordieux, et que nos ennemis se convertissent!

Le roi David est dans ce livre le second flambeau, avec son psautier, dans lequel il nous instruit, il pleure, il prie, il exhorte et chante les louanges de Dieu.

Les paroles de Salomon brillent, et non ses œuvres; lui-même en effet s'est obscurci; mais dans son Cantique des cantiques nous trouvons l'épouse tout enivrée et hardie, et l'époux qui lui dit avec amour: tu es toute belle, mon amie et il n'y a pas de tache en toi.

Jérémie brille aussi pour sa part lorsqu'il parle du mystère de Notre-Dame; Dieu en effet m'a dit aussi qu'il avait une parfaite pureté, l'amour le plus élevé, et qu'il souffrit le martyre pour la foi chrétienne, bien qu'il ne la vît point des yeux de sa chair.

Daniel est encore une autre lumière pour sa merveilleuse sagesse, lui que Dieu nourrit en son corps et en son âme au milieu de ses ennemis: ainsi m'est-il advenu à moi indigne dans mes nécessités; et mes ennemis qui s'en sont aperçus, ne peuvent le supporter, et me causent pour cela une infinité de peines.

Je ne puis au reste rien écrire en ce livre que je ne le voie des yeux de mon âme, ou que je ne l'entende des oreilles de mon esprit immortel, ni sans que je ressente dans tous les membres de mon corps la force du Saint-Esprit.

[Toutes les faveurs de Dieu qui sont écrites dans ce livre me sont parvenues par trois voies différentes: d'abord une délicieuse suavité, ensuite une haute familiarité, enfin des souffrances aiguës où je préfère de rester, quoique les deux premières voies soient d'elles-mêmes bonnes et précieuses. Toutefois elles sont si rares en cette vie qu'il n'est aucunement permis d'en parler, à ceux qui en ont fait une véritable expérience. Je crains surtout la douceur, parce que Jésus-Christ a supporté de si grandes peines et tribulations dans ce monde.]

V.

DU TRIPLE CONTENU DE CE LIVRE.

CERTAINES *personnes m'avertirent au sujet de ce livre et me dirent qu'on ne le conserverait pas, mais qu'on pourrait bien le brûler. J'agis alors ainsi que j'en ai l'habitude depuis mon enfance : quand je suis troublée, je me mets à prier. Je me tournai donc vers mon amour et je dis :* « *Hélas ! Seigneur, me voici dans le trouble. Pour votre gloire dois-je rester sans recevoir votre consolation ? M'avez-vous fait illusion en m'ordonnant d'écrire ce livre ? Alors Dieu apparut aussitôt à mon âme affligée, et tenant ce livre dans sa main droite il dit :* « *Ma bien-aimée, ne sois pas troublée à ce point ; on ne peut brûler la vérité. Celui qui me le prendra des mains devra être plus fort que moi*[1]. *Ce livre dans sa triple disposition ne désigne que moi seul. Ce parchemin qui l'enveloppe désigne mon humanité pure, blanche et juste, laquelle a souffert la mort pour toi. Les paroles désignent mon admirable divinité, elles tombent de temps en temps de ma bouche divine dans ton âme. Le son des paroles désigne mon esprit vivant, qui les pénètre entièrement de l'exacte vérité. Considère-les avec attention, et vois avec quel amour elles manifestent mes secrets, et ne doute plus de toi-même.* »

— « *Ah ! Seigneur, si j'étais un clerc instruit, en qui vous auriez opéré ces grandes merveilles, vous en pourriez retirer une gloire éternelle. Mais comment*

---

1. Cf. *Le Héraut* de sainte Gertrude, Liv. v. 7.

croira-t-on que sur une boue méprisable vous ayez élevé une maison d'or, et que vous y fassiez votre demeure avec votre mère, avec toutes les créatures et toute votre famille des cieux ? Ce n'est pas là que la sagesse de la terre viendra vous trouver. »

— « Ma fille, beaucoup de sages perdent leur or précieux par leur négligence à suivre la voie royale qui les aurait conduits à une école supérieure, obligatoire pour tous. J'ai agi de la sorte naturellement dans beaucoup de circonstances, en cherchant, pour leur donner mes grâces spéciales, les plus humbles, les plus petits, les plus cachés dans leur condition. Les hautes montagnes ne peuvent recevoir la révélation de mes grâces, car le courant de mon Esprit-Saint descend naturellement dans les vallées. Il y a plus d'un maître savant dans les Écritures, qui de lui-même n'est à mes yeux qu'un insensé. Je te dirai même encore que c'est pour moi une grande gloire, et que c'est pour la sainte chrétienté (l'Église) une force puissante, de voir une bouche ignorante donner des leçons aux langues érudites d'après mon Esprit-Saint. »

— « Hélas ! Seigneur, je vous prie avec ferveur et gémissement, pour ceux qui écriront ce livre après moi, de leur donner en récompense une grâce que vous n'ayez jamais accordée à personne ; car vos grâces, Seigneur, sont mille fois plus que vos créatures ne peuvent les recevoir. »

Alors notre Seigneur répondit : — « Ils l'ont écrit en lettres d'or ; c'est pourquoi toutes les paroles de ce livre paraîtront éternellement sur leurs vêtements dans mon royaume, écrites avec un or céleste, lumineux parmi tous leurs autres ornements : car l'amour libre doit chez l'homme tenir le premier rang. »

Tandis que notre Seigneur me disait ces paroles, je vis l'auguste vérité dans l'éternelle majesté : — « *Seigneur, m'écriai-je, je vous fais cette prière : préservez ce livre de l'œil d'une fausse critique, qui vient jusqu'à nous de l'enfer, et jamais ne peut nous conduire au ciel. Elle a son origine dans le cœur de Lucifer qui l'engendre ; elle prend naissance dans l'esprit de superbe, elle grandit dans la haine, et parvient à son entier développement dans un emportement de fureur, tel qu'il lui semble qu'il n'y a point de vertu qui puisse aller avec elle. Aussi les enfants de Dieu doivent-ils s'humilier et se laisser accabler de mépris, s'ils veulent parvenir avec Jésus au comble de la gloire. Observons-nous saintement nous-mêmes à tous les moments, pour nous préserver de toute faute. C'est avec charité que nous devons examiner nos frères en Jésus-Christ, et s'ils agissent mal, ne le dire fidèlement qu'à eux seuls ; ainsi nous éviterons bien des discours inutiles.*

VI.

DU NOM ET DE LA PERPÉTUITÉ DE CE LIVRE.

On doit bien accueillir ce livre dont Dieu parle ainsi : « *J'envoie ce livre à tous les gens d'église, bons ou mauvais, parce que si les colonnes se renversent, l'édifice ne peut plus se soutenir. Il n'annonce au monde que moi seul et révèle dignement mes secrets. Quiconque voudra comprendre ce livre, devra le lire neuf fois.* » *Alors je dis :* « *Hélas ! Seigneur Dieu, qui a fait ce livre ?* » — « *C'est moi qui l'ai fait, ne pouvant plus m'empêcher de répandre au dehors mes faveurs. »* — « *Mais, Seigneur, comment s'appellera ce livre*[1]*, uniquement pour votre gloire ?* » — *Il s'appellera* LA LUMIÈRE DE LA DIVINITÉ S'ÉPANCHANT *dans les cœurs qui vivent sans fausseté. »*

[« *Dans ce livre toutes les âmes désolées, troublées, trouveront leur consolation ; mais ceux qui chercheront ailleurs cette consolation recevront de ces paroles un trouble encore plus grand. Et ce livre sera à jamais inébranlable, dit le Seigneur, parce que le bon accueil et la charité que tous lui témoigneront, ainsi que la perfection qu'il contient, lui donneront une telle solidité, qu'aucune contradiction ne lui pourra résister. »*]

---

1. Comparez les recommandations analogues qui sont faites quelques années après celle-ci, des Livres de sainte Gertrude et de sainte Mechtilde. *Le Héraut.* Prologue. Liv. v, 33, 34, 35. *Le Livre de la grâce spéciale.* Prologue. Part. v. 24, 31.

LIVRE PREMIER

DU PRINCIPE DE TOUTES CHOSES; DE LA CRÉATION
DE L'HOMME ET DE LA RÉDEMPTION.

1.

O ROSÉE puissante de la noble divinité! ô petite fleur de la suave virginité! ô fruit bienfaisant de la belle fleur! offrande sainte du Père céleste, fidèle gage de la rédemption de tout le monde! Vous êtes, Seigneur, mon rafraîchissement, et vous me faites m'épanouir. Pour moi, Seigneur, vous vous êtes abaissé et soumis, et par vous je suis devenue grande dans la misère de ma méchanceté. Je vous offre, Seigneur, pour tous les jours, tout ce que j'ai en moi, et qui n'est que méchanceté; mais si vous y épanchez votre grâce, Seigneur, je pourrai surabonder d'amour.

2.

LA JOIE ET LE CONCERT DE LA SAINTE TRINITÉ.

[Dieu, premier principe, Père, Fils et Saint-Esprit, se suffisant à lui-même, et n'ayant besoin de personne, tout rempli et redondant de délices en lui-même, goûtait un bonheur suprême avant d'avoir rien fait à qui il pût communiquer de l'abondance de cette douceur dont il avait la jouissance.] Or, écoute maintenant, comment la sainte Trinité se loue elle-même avec sa sagesse sans commencement, sa bonté sans fin, avec son éternelle vérité et son absolue éternité. Ecoute cette très-suave, très-haute, toute délicieuse voix avec laquelle la sainte Trinité chante en elle-même, cette voix pleine, dont procèdent toutes les saintes et douces voix qui ont jamais résonné au ciel et sur la terre, et qui doivent encore résonner dans toute l'éternité.

La voix du Père exprime ainsi ses chants de louange : « Je suis une source exubérante, que personne ne peut épuiser. Toutefois, quelqu'un peut, par des pensées inutiles, se fermer son propre cœur, et la divinité qui jamais ne repose, qui sans travail toujours opère, ne pourra pas s'épancher dans son âme. »

Le Fils chante ainsi : « Je suis un trésor qui fait retour à son auteur, et dont personne ne peut arrêter le cours, car toute la tendresse qui s'écoule à tout jamais de Dieu ne lui revient que par son Fils. »

Le Saint-Esprit chante cette louange : « Je suis une force invincible de la vérité, que possède tout homme qui persévère louablement en Dieu en tout ce qui lui arrive. »

Enfin la sainte Trinité tout entière chante ainsi : « Je suis tellement forte dans mon indivisibilité, que personne ne peut me disjoindre ni me briser dans toute mon éternité. »

3.

INEFFABLE VERTU DU FEU DIVIN.

UNE indigne personne méditait en toute simplicité sur la noblesse de Dieu ; alors Dieu lui donna à connaître dans les sens et à voir des yeux de l'âme un feu qui brûlait sans interruption, bien au-dessus de toutes les choses créées. Ce feu brûle sans commencement, et doit encore brûler sans fin. Ce feu est le Dieu éternel qui possède en soi la vie éternelle, et l'a donnée de lui à toutes les créatures. Les étincelles qui en ont jailli d'abord furent les saints Anges. Les rayons en sont tous les Saints de Dieu qui ont répandu leur belle lumière sur la chrétienté. Les charbons de ce feu sont des charbons ardents, et ce sont les saintes âmes qui sur la terre sont embrasées d'un amour céleste, et luisent par le bon exemple, en sorte que celles qui se sont refroidies dans le péché peuvent encore se réchauffer auprès d'elles. Les cendres de ce feu sont les morts, dont les corps saints réduits à rien attendent encore dans la terre leur céleste récompense. La propriété et direction de ce feu apparaîtra plus tard, et c'est Jésus-Christ, à qui son Père céleste a remis d'abord la rédemption, et après, le jugement dernier. Au dernier jour, il fera de ces cendres les vases les plus beaux pour le Père céleste, qui, aux noces éternelles, y boira toute la sainteté que lui et son Fils bien-aimé ont versée dans notre corps et dans notre âme. Oui, je boirai de toi, et tu boiras de moi tout ce que Dieu aura mis de bien en nous. Heureux celui qui reste solide, et ne perd rien de ce que Dieu a versé en lui.

La fumée de ce feu, ce sont toutes les créatures dont l'homme use si souvent dans des plaisirs coupables. Elles paraissent si belles à nos yeux! elles chatouillent si agréablement notre cœur! Toutefois, elles renferment une secrète amertume, elles s'évanouissent comme une fumée, aveuglant les superbes et blessant les yeux des plus saints.

L'agrément qu'on retire de ce feu est ce plaisir délicieux que notre âme reçoit en son intérieur de Dieu, échauffée qu'elle est saintement du feu divin, que nous alimentons à notre tour de nos vertus, de sorte qu'il ne s'éteigne jamais. La rigueur de ce feu sera la parole que Dieu prononcera au dernier jour : « Retirez-vous de moi, maudits, allez au feu éternel. » La lueur de ce feu est la contemplation lumineuse de la face de la sainte Trinité, qui nous pénétrera corps et âme, en sorte que nous verrons et connaîtrons là cette béatitude merveilleuse dont nous ne pouvons nous faire ici une idée.

Voilà tout ce qui sort de ce feu, et qui y rentre, selon l'ordre et la disposition de Dieu, en louange éternelle. Quiconque en voudra parler davantage, qu'il se mette dans ce feu, et qu'il voie et goûte l'émanation de la divinité, l'effusion de l'humanité, l'opération de l'Esprit-Saint, qui vient forcer plus d'un cœur à donner à Dieu en mille manières son amour.

4.

POUR CONTEMPLER LA MONTAGNE (DE LA MAJESTÉ DIVINE), IL FAUT PRATIQUER SEPT VERTUS.

Je vis une montagne ; mais cette vision fut rapide, le corps n'aurait pu supporter que l'âme y fût durant une heure. Le bas de cette montagne était recouvert d'une nuée blanche, tandis que son sommet resplendissait des feux du soleil. Je ne pus jamais en découvrir le commencement ni la fin, et dans son intérieur elle se jouait comme un or brillant qui s'épanche dans un amour sans bornes. Et je dis : « Heureux les yeux qui contempleront éternellement ce débordement d'amour, et connaîtront cette merveille, à laquelle je ne saurai jamais donner un nom. » Et la montagne parla : « Pour que tes yeux puissent un jour me contempler, ils devront être munis de sept propriétés, sans lesquelles ils ne pourront jamais me voir. Pour cela il faut ne pas emprunter, payer volontiers, ne rien retenir à part soi, ne pas répondre fidèlement à la haine, mais opposer l'amour aux mauvais traitements, être pur de fautes, et se tenir prêt à recevoir. (*Explication donnée par le traducteur latin, le frère Prêcheur Henri :*)

Je vais m'exprimer plus clairement pour vous faire

mieux comprendre. Quand vous vous approchez pour contempler Dieu, purifiez d'abord les yeux de votre âme, c'est-à-dire l'intellect et l'affection. Quand vous aurez banni les désirs coupables, effacé la rouille de l'envie et de la haine, et la démence de la colère, l'œil de l'affection sera purifié. Faites pénitence, purgez votre conscience, chassez la paresse, embrassez la souffrance, et votre intelligence étant ainsi éclairée, levez les yeux vers cette montagne, et Dieu viendra à votre secours.

5.

CONSEIL DES PERSONNES DIVINES POUR LA CRÉATION DU MONDE.

O Père de tout bien, tout indigne que je sois, je vous rends grâces pour toute la fidélité avec laquelle vous m'avez attirée hors de moi-même pour me communiquer vos merveilles. C'est ainsi, Seigneur, que j'ai vu et entendu dans votre sainte Trinité le haut conseil qui s'y tint avant tous les temps, alors, Seigneur, que vous étiez renfermé en vous-même, et que personne n'avait part à votre inénarrable félicité. Alors les trois personnes brillaient si belles en un seul, que chacune d'elles resplendissait en l'autre, et néanmoins le tout ne formait qu'un.

Le Père se distinguait en lui-même par un sentiment viril de toute-puissance ; le Fils était égal au Père dans l'infinie sagesse, et l'Esprit-Saint égal à tous les deux dans la plénitude de la bonté. L'Esprit-Saint donc commence avec grande bonté la partie

dans la sainte Trinité, et s'adresse au Père en ces termes : « Seigneur, Père bien-aimé, je veux de vous-même vous donner à vous-même un avis d'amoureuse bonté, et nous ne serons plus inféconds désormais. Nous créerons un règne dont les premières créatures seront les Anges formés à mon image, c'est-à-dire, des esprits comme moi-même ; l'autre créature sera l'homme. Parce que, Père bien-aimé, on ne peut appeler joie que ce spectacle d'une grande multitude qui jouissent d'une indicible félicité sous vos regards. »
Le Père répondit : « Vous êtes un seul esprit avec moi, ce que vous désirez et proposez a mon entier agrément. »

Lorsque l'Ange eut été créé, vous savez ce qu'il arriva ; mais quand même la chute des Anges eût été évitée, l'homme aurait été néanmoins créé. Le Saint-Esprit communiqua aux Anges sa douce bonté, en sorte qu'ils nous servissent et se réjouissent de notre félicité.

Le Fils éternel prit à son tour la parole et dit avec grande modestie : « Père bien-aimé, je veux aussi avoir ma fécondité, et puisque nous voulons opérer une merveille, formons l'homme à mon image. Et bien que je prévoie de grandes douleurs, je ne laisserai pas d'aimer l'homme éternellement. »

Et le Père dit : « Mon Fils, moi aussi je ressens une puissante volupté dans mes entrailles divines, et je résonne tout entier d'amour. Nous serons féconds, afin que l'homme réponde à notre amour, et qu'il ait quelque connaissance de notre grande gloire. Je veux me créer une épouse qui puisse me saluer de sa bouche, et m'enchaîner par son aspect : alors pour la première fois il y aura un amour. » Le Saint-Esprit dit alors au Père : « Ce sera moi, Père bien-aimé, qui amènerai l'épouse à votre couche nuptiale. » Le Fils prit la parole : « Mon Père, je mourrai d'amour, vous le savez, néanmoins nous allons établir avec joie ces créatures dans une grande sainteté. » Alors la sainte Trinité s'inclinant créa l'univers, et nous fit corps et âme dans un indicible amour. Adam et Eve furent formés et noblement constitués dans leur nature, d'après le Fils, qui, sans avoir eu de commencement, est né de son Père. Et le Fils fit part à Adam de sa céleste sagesse et de sa puissance sur la terre, en sorte que l'homme avait dans un amour parfait une vraie connaissance, et des sens tout empreints de sainteté, et qu'il pouvait commander à toutes les créatures de la terre, avantage qui est devenu pour nous bien rare.

Dieu (le Fils) par un effet de son amour donna donc à Adam une vierge modeste, noble et délicate, qui fut Eve, et il fit part à celle-ci d'une affection conjugale, modeste, conforme à celle que lui-même portait respectueusement à son Père. Leurs corps étaient purs, car Dieu n'avait rien créé en eux qui pût inspirer de la honte, et ils étaient vêtus comme les Anges. Ils auraient eu des enfants, gages d'un saint amour, en la manière que le soleil brille en se jouant dans l'eau sans que le miroir de l'eau en soit brisé. Mais lorsqu'ils eurent mangé du fruit défendu, ils ressentirent de la confusion en leur corps, comme nous l'éprouvons encore nous-mêmes. Et si la sainte Trinité nous avait créés à la manière des anges, en vertu de la noble nature de notre création nous n'eussions eu jamais à en rougir.

Le Père céleste fit part à l'âme de son divin amour, et dit : « Je suis le Dieu de tous les dieux, tu es la déesse de toutes les créatures, et je te donne ma main en gage comme quoi je ne t'abandonnerai jamais. Si tu ne veux pas te perdre, mes anges te serviront sans fin. Je veux te donner mon Esprit-Saint pour camérier, afin que tu ne tombes pas dans un péché grave faute de connaissance, et je te donne aussi le libre arbitre. Ma bien-aimée par-dessus tout, vois maintenant à te conduire avec sagesse. Je ne t'imposerai qu'un léger commandement, pour te faire souvenir que je suis ton Dieu. L'âme qui se nourrira des fruits purs que Dieu lui a permis dans le paradis, y demeurera en grande sainteté avec son corps. Mais si elle mange du fruit désagréable qui ne convient pas à son corps pur, elle en sera tellement empoisonnée, qu'elle perdra la pureté des anges et oubliera sa virginale chasteté. »

Et l'âme plongée dans de profondes ténèbres poussera vers son bien-aimé, pendant de longues années, une clameur lamentable, et lui dira : « Seigneur bien-aimé, qu'est devenu cet amour plein de délices? Comment avez-vous abandonné la reine votre épouse? (C'est le sens des Prophètes.) O grand Seigneur, comment avez-vous pu souffrir si longtemps une telle nécessité, que vous ne puissiez donner la mort à notre mort? Toutefois, vous devez naître un jour ; en attendant, tout ce que vous avez voulu faire s'est accompli ; même votre colère. »

Alors il se tint un conseil suprême au sein de la bienheureuse Trinité. Et le Père éternel parla ainsi : « J'ai regret de mon ouvrage ; j'avais donné à ma Trinité sainte une épouse si parfaite que les anges les plus élevés ne devaient être que ses serviteurs. Lucifer lui-même, quand il serait resté dans sa gloire, l'aurait eue pour sa maîtresse [1] ; car elle avait seule droit à la couche nuptiale. Mais elle n'a pas voulu garder ma ressemblance ; la voilà devenue difforme et hideuse, et qui voudrait accepter un objet aussi méprisable? » Mais le Fils éternel s'agenouillant devant son Père, lui dit : « Père bien-aimé, ce sera moi; voulez-vous me donner votre bénédiction : Je prendrai avec joie cette humanité souillée de sang, et j'appliquerai de mon sang innocent sur les blessures de l'homme, et je banderai toutes ses plaies avec tous les mépris et le dénuement que je supporterai jusqu'à mon dernier moment; enfin, tendre Père, je paierai la dette de l'homme par la mort d'un homme. » Et l'Esprit-Saint prit la parole : « O Dieu tout-puissant, nous disposerons une magnifique procession en descendant en grande gloire et sans altérer notre nature du ciel jusque sur la terre. Ne suis-je pas le serviteur intime de Marie? » Alors le Père s'inclina en grande affection vers tous les deux, et dit au Saint-Esprit : « Vous porterez devant mon Fils la lumière dans tous les cœurs, qui se laisseront émouvoir à ses paroles ; et vous, mon Fils, il vous faudra prendre et porter la croix. Mais je veux vous accompagner dans toutes vos voies, et d'abord vous donner pour mère une vierge pure, afin que vous puissiez supporter avec plus d'honneur cette humanité si déshonorée. »

Et la belle procession descendit en grande allégresse au temple de Salomon, où le Dieu tout-puissant voulut durant neuf mois accepter l'hospitalité.

---

1. Le texte allemand dit *gottinen*, déesse.

6.

NAISSANCE DE NOTRE SEIGNEUR JÉSUS-CHRIST : NOBLESSE DE L'HOMME.

J'ai vu et je vois encore les trois personnes dans leur hauteur sublime, avant que le Fils de Dieu ne fût conçu dans le sein de sainte Marie. Elles étaient alors connues et distinctement contemplées par les saints anges, dans leur plénitude et leur nom, en tant que les trois ne sont qu'un seul Dieu. Mais si chairs que fussent les yeux des anges, ils ne voyaient pas toutefois, ni os, ni chair, ni couleur, ni le nom glorieux de Jésus. Tout cela leur était merveilleusement caché dans le sein du Père éternel. Ils appelaient le Père, le Dieu éternel incréé ; le Fils, la sagesse sans commencement ; pour l'Esprit des deux, ils le nommaient la science droite de la vérité. Les anges brûlants d'amour, qui se tiennent comme suspendus en l'amour de Dieu dans la respiration de la sainte Trinité, dans ce conseil sublime, aidèrent de leurs services et contemplèrent ce merveilleux dessein d'un Dieu qui allait devenir Dieu-homme. Gabriel porta seul ici-bas avec la salutation le nom de Jésus ; mais ce ne fut point par son entremise que nous furent donnés les os, la chair et le sang. La seconde personne qui toujours fut le Fils éternel, bien qu'elle n'eût pas encore revêtu l'humanité, nous appartint toujours, mais ne nous fut pas donnée avant que Gabriel n'eût accompli son message. Que si cette même seconde personne, avant l'Annonciation, eût été dans notre chair pour nous racheter, elle aurait eu ainsi un commencement, ce qui ne s'est pas fait.

Cette même seconde personne fut unie en nature avec l'humanité d'Adam, avant que celui-ci se fût dépravé par le péché. Alors il n'y eut que la nature d'Adam qui fût lésée et changée, et que sa part perdue à jamais ; mais celle de Dieu fut toujours intacte, d'où il nous fut et nous est encore possible de revenir à notre premier état. Dieu a conservé dans son intégrité sa noble nature aimante, et c'est pourquoi il ne peut se contenir (à notre égard). Dieu chassa aussitôt d'auprès de lui Lucifer et le précipita dans les cachots éternels ; mais il alla à la recherche d'Adam, lui demandant où il était, et le ramena sur la voie. Lucifer n'eut jamais qu'une simple nature en Dieu ; quand il la brisa, il ne put jamais la réparer.

L'homme a dans la sainte Trinité une nature complète, que Dieu se fit un plaisir de créer de ses mains divines ; et quand il vit ce travail si saint perdu, il fut contraint en lui-même, par une triple délectation, à faire des pieds et des mains pour nous ramener, si grande était notre union avec lui. Si l'homme était resté dans le paradis, Dieu eût été avec lui à toute heure d'une certaine manière, prévenant son âme et la saluant, et réjouissant son corps. C'est ainsi que j'ai vu Dieu venir du ciel dans le paradis, semblable à un grand ange. Cette même nature oblige encore Dieu à nous prévenir ici en nous donnant la connaissance, la dévotion intérieure, selon que nous y sommes préparés par les saintes vertus et une véritable innocence.

Quand je réfléchis que la nature divine a maintenant

avec elle un corps de chair et d'os, et une âme, je m'élève alors avec allégresse bien loin au-dessus de ma dignité. Sans doute que l'ange est en quelque manière formé d'après la sainte Trinité ; il est un pur esprit. L'âme avec son corps, dans la maison des cieux, est assise auprès du père de famille, lui ressemblant en toute chose. Là leurs yeux se rencontrent, l'esprit s'épanche dans l'esprit, la main touche la main, la bouche parle à la bouche, et le cœur répond au cœur. C'est ainsi que le maître de la maison honore celle qui en est la maîtresse, assise à son côté. Les princes et les premiers serviteurs, c'est-à-dire les saints anges, sont là devant les yeux du maître, et toutes les louanges, tout le service qu'ils rendent, ils le rendent à la maîtresse comme au maître ; et plus ici nous serons riches en vertus, plus au ciel seront nobles nos serviteurs.

7.

PRIÈRE DE LA SAINTE VIERGE MARIE EN VUE DE L'INCARNATION. NAISSANCE DE NOTRE-SEIGNEUR.

JE vis une vierge en sa prière, tenant son corps incliné vers la terre et son esprit élevé vers l'éternelle divinité. Et dans le temps avant que Jésus-Christ ouvrît le ciel avec la clef de la sainte croix, il n'y avait personne d'assez saint pour que son esprit pût à force de travail et d'efforts, de désirs et de transports d'amour pour la sainte Trinité, s'élever à ces hauteurs éternelles. Ainsi l'esprit de cette Vierge pure ne pouvait entrer dans le ciel ; Adam avait poussé le verrou trop avant.

Cependant Dieu s'inclinait et se rapprochait si fort de la terre qu'il y consolait ses amis et leur faisait connaître ses volontés : les Prophètes élevaient la voix, et invitaient notre Seigneur à descendre ; mais ce fut surtout cette vierge qui l'attira ici-bas d'une voix douce de son âme. Elle parlait en effet ainsi dans sa prière étant seule : « Seigneur Dieu, je me réjouis de ce que vous devez venir d'une si noble manière qu'une vierge soit votre mère. Seigneur, je veux vous servir avec ma chasteté, et tous les autres dons que j'ai reçus de vous. » Elle priait ainsi quand l'ange Gabriel descendit au milieu d'une lumière céleste ; cette lumière enveloppa la vierge ; et les vêtements de l'ange étaient d'une telle finesse que je n'ai jamais rien vu de pareil sur la terre. Quand cette lumière frappa ses yeux elle se leva aussitôt avec un certain effroi ; mais lorsqu'elle aperçut l'ange, elle retrouva dans son visage la ressemblance de sa chasteté ; elle se tint donc en grande modestie, inclina ses oreilles et tint ses sens attentifs. Alors l'ange la salua et lui annonça la volonté de Dieu ; ses paroles plurent au cœur de la vierge, remplirent ses sens et embrasèrent son âme. Elle interrogea toutefois avec modestie, selon ce que lui inspirait sa pudeur virginale et son amour pour Dieu. Dès qu'elle fut bien instruite, elle ouvrit son cœur en bonne volonté de tout son pouvoir : elle s'agenouilla et dit : « Je suis la servante du Seigneur selon votre parole. »

Alors la sainte Trinité tout entière avec la puissance de la divinité, le bon vouloir de l'humanité, la noble conformité du Saint-Esprit, pénétrant son corps virginal, entra dans son âme embrasée par la bonne volonté ; elle s'établit dans le cœur de sa chair très-pure et s'unit avec tout ce qu'il y trouva, en sorte que la chair de l'une devint la chair de l'autre, et ainsi fut formé dans son sein un enfant parfait, et ainsi fut-elle véritablement mère de sa chair, tout en restant une vierge immaculée ; et depuis qu'elle le porta ainsi dans son sein, elle devint plus lumineuse, plus belle, plus avisée de jour en jour. Elle se levait alors et disait : « Seigneur, Père, je vous loue de m'avoir fait grande, et de ce que ma race sera grande au ciel et sur la terre. »

Lorsque le temps approcha, tandis que les autres femmes s'y trouvent attristées et incommodées, Marie était plus allègre et joyeuse. Cependant elle portait véritablement dans son sein le Fils de Dieu dans toute sa perfection. Elle ne connut le moment précis où Dieu naîtrait d'elle que lorsqu'elle le vit sur son sein comme elle était en voyage, au milieu de la nuit, à Bethléem dans une étable, où elle n'était qu'une pauvre étrangère qui n'avait nulle part reçu l'hospitalité.

Le Dieu tout-puissant avec sa sagesse, le Fils éternel avec sa vérité d'homme, le Saint-Esprit avec sa délicate suavité pénétrèrent tout le corps de Marie de délices exubérantes et sans la moindre douleur. Il en fut en quelque sorte comme du soleil qui brille avec une douce tranquillité dans la goutte de rosée. Lorsque Marie vit son bel enfant, elle inclina la tête sur sa petite figure et lui dit : « Soyez le bien-venu, mon innocent enfant, et mon puissant Seigneur, à qui toutes choses appartiennent. »

En la conception de notre Seigneur, et durant

l'attente de sa mère, en sa naissance, et sur le sein maternel, avant d'être posé dans la crèche, il y avait la puissance de la sainte Trinité, et Marie était tellement embrasée d'un feu céleste, que l'esprit infernal qui parcourt le monde, et connaît tout ce qui s'y passe, ne put jamais assez approcher de la région et de la ville où se trouvait Marie, pour connaître la merveilleuse manière dont cet enfant était venu ici-bas.

Marie prit dans les bagages de Joseph une étoffe grossière que l'âne portait entre le bât et son échine, puis une moitié de sa tunique sur laquelle elle déposa notre Seigneur, gardant l'autre moitié qu'elle enroula autour de son propre corps. Ainsi la petite vierge enveloppa avec ces étoffes, notre grand Sauveur et le déposa dans la crèche. Et tout aussitôt il pleura, comme pleure un enfant nouveau-né, car tant qu'ils ne peuvent parler, les enfants ne pleurent jamais sans une juste nécessité. Ainsi fit notre Seigneur, lorsque d'une manière qui convenait si peu à sa haute noblesse, il fut si rudement couché dans une étable d'animaux à cause de la malice des péchés. Il pleurait sur tout le genre humain, tenant cachées toute sa félicité et toute sa puissance. Alors la Vierge s'affligea de voir l'enfant souffrir de la faim et du froid, et la mère dut apaiser son fils, puisque telle était la volonté de son Père et le bon plaisir du Saint-Esprit. Avec une affection maternelle, et une virginale modestie, la Vierge s'inclina vers son enfant souffrant, et lui donna les mamelles que réclame l'enfance.

Elles étaient gonflées de la rosée du ciel telle qu'il convenait à la nourriture d'un tel enfant dont le corps divin exigeait un aliment supérieur. L'enfant trouvait sa joie dans les mamelles de sa mère, et celle-ci dans la condescendance et l'amour de son Fils. Les Anges chantaient gloire et louanges au plus haut des cieux ; car c'était un fait inouï que de voir qui était ce petit enfant dans l'humanité, et de voir une vierge mère conserver son honneur dans l'enfantement.

Ecoutez maintenant une merveille : ses beaux yeux brillent d'un éclat nouveau, une spirituelle beauté s'épanouit sur sa figure virginale, son cœur pur est inondé d'une douceur inconnue, et sa noble âme se joue dans un torrent de délices : il en est ainsi de par la volonté du Père, et la nécessité du Fils, et le bon plaisir du Saint-Esprit, dans son cœur virginal. Et le doux lait s'écoule de son cœur pur sans douleur. L'enfant fait homme étanche sa soif, et sa mère s'en réjouit intérieurement. Les Anges chantent à Dieu un hymne de louanges : les bergers vinrent, ils cherchèrent et trouvèrent le vrai gage de notre rédemption.

Je demandai alors à Marie où était Joseph. Elle me répondit : « Il est allé à la ville nous acheter quelques petits poissons et un peu de pain commun, sans oublier de l'eau pour nous désaltérer. » Et je dis : « O notre Dame, vous devriez manger le plus beau pain, et boire le vin le plus précieux. » — « Non, dit-elle, ce sont là les mets des gens riches, que notre pauvreté nous interdit d'avoir. »

Lorsque l'étoile étrange apparut, Satan vint à Bethléem en grande hâte à la suite des trois rois, et regarda l'enfant d'un œil très-soupçonneux. Mais quand il vit quels grands honneurs on lui rendait en lui offrant des présents si élevés, ses pensées en devinrent toutes troublées, et il se parla ainsi à lui-même : « Malheureux ! qu'est-ce qui vient de t'arriver ? Ne serait-ce pas là cet enfant dont les Prophètes ont écrit, et que ton maître Lucifier t'a si longtemps et si souvent recommandé de surveiller, t'enjoignant de venir à sa conception pour la rendre impure, afin que tout le monde sans exception partageât avec nous les tourments de l'enfer ? A moins d'avoir été conçu et d'être né sans péché, cet enfant ne m'aurait pas échappé. Maintenant j'y ai perdu toute ma science ; il me faut retourner à mon maître et lui dénoncer ce malheur, car cet enfant est trop grand pour nous. Il s'élèvera au-dessus de nous ; comment supporter un tel affront ? Il n'est point né d'enfant à qui cet honneur fût jamais accordé. »

Quand Lucifer apprit cette nouvelle, cet ennemi fondamental et cruel en grinça des dents avec une telle fureur que le feu de sa colère en brilla au-dessus de tout l'enfer. Et il dit : « Est-ce un homme qui sera notre juge ? Alors il nous faudra trembler à jamais devant tous les hommes qui l'imiteront dans sa conduite. Satan, pars aussitôt, et prends pour auxiliaires les princes du pays, les docteurs des Juifs, et leur enseigne comment ils pourront le tuer dans son enfance, avant même qu'il aille à l'école. » Alors Satan vint trouver Hérode, et dans cet homme pervers il retrouva l'image de Lucifer, l'envie, l'orgueil, la convoitise. Par ces trois voies, le grand démon entra dans son cœur spacieux, s'établit dans tous ses sens, et rendit ce roi si sanguinaire, qu'il accomplit bientôt la volonté du diable, en massacrant les innocents, qui maintenant sont de glorieux saints au royaume des cieux.

Je demandai à Marie ce qu'elle avait fait de ces

présents, qu'elle n'en avait pas acheté d'agneau pour l'offrir au temple. Elle me répondit : « Une sainte et excessive libéralité, la pitié pour les malheureux, et ma pauvreté volontaire, ont absorbé ces trésors. Mon agneau d'oblation fut Jésus-Christ, le Fils du Dieu tout-puissant, le fils de mes entrailles, lui que représentent aux yeux de son Père tous les agneaux sans tache, qui ont jamais été offerts et amenés au temple; selon le commandement de son Père, c'est lui qui fut mon agneau d'offrande. Je ne devais pas en avoir un autre. Quant aux présents offerts à mon fils, j'en ai disposé en faveur de tous les nécessiteux que j'ai pu rencontrer : pauvres orphelins, ou vierges dans le besoin, qui ainsi purent se marier et n'être point exposées à être lapidées. Joignez-leur les pauvres malades, les vieillards, qui devaient jouir de ces richesses que Dieu leur avait réservées. Mais après avoir soulagé toutes ces nécessités, il me resta encore trente marcs d'or, que j'employai à faire un voile pour le sanctuaire, devant lequel le peuple viendrait faire sa prière, vu qu'il portait en lui une grande sanctification. Ce voile était moitié blanc, moitié noir. Au côté nord du temple le voile était noir, ce qui indiquait l'obscurité de la première alliance ; des images y étaient brodées en vert ; car bien que l'alliance fût obscurcie de grands péchés, il s'y rencontra cependant quelques personnages qui ne se desséchèrent pas en péchant, bien qu'ils fussent enveloppés de ténèbres avec les coupables. Les images qui s'y trouvaient représentées exprimaient toutes les fautes et les misères qui poussa le grand Dieu à faire périr le monde sous les eaux, Noé, l'homme juste, étant seul sauvé avec sa famille.

Dans son autre partie, ce voile du temple était d'une blancheur éclatante, image de la virginité pure, brillante de sainte Marie, par qui nous pouvions encore surmonter tous nos malheurs. On y voyait brodés en or les oiseaux que Noé avait fait sortir de l'arche : d'abord l'avide et infidèle corbeau, qui représentait tous ceux qui cherchent leur consolation sur la terre ; mais on y voyait aussi la pure colombe avec son rameau vert, qui revint innocente, s'étant bien gardée de toucher de son bec les cadavres : elle désignait ces âmes qui viennent à Dieu chaque jour avec une vertu nouvelle, et qui se maintiennent dans leur fidèle essor, attirées qu'elles sont par l'Esprit saint. Tout le long de la couture qui réunissait les deux parties s'étendait une lisière d'or, traversée par le milieu du voile d'une broderie de couleur verte ornée de pierres précieuses : ce qui désignait le noble bois qui porta le corps de notre Seigneur, avec lequel fut enfoncée la porte du ciel, battue par les marteaux qui chassèrent enfin le verrou dont Adam l'avait fermée. Quoique personne n'en connût le mystère, ces deux ornements présentaient néanmoins une croix magnifique.

Sur cette croix était représenté un agneau blanc destiné au sacrifice, qui était aussi orné de pierres précieuses, d'or brillant comme s'il eût passé par le feu. Ce que cela signifiait fut en effet accompli, lorsque l'innocent Agneau de Dieu souffrit par amour une mort cruelle au haut de la croix. C'est pourquoi ce voile (suspendu dans le temple) tomba avec l'agneau mourant, lors de la passion de notre Seigneur, parce que l'agneau de Dieu ne devait plus être adoré vivant dans cette ville.

Marie fit à son enfant Jésus une robe de telle sorte, que si elle lui devenait trop courte ou trop étroite, elle pût s'allonger ou s'élargir. Cette robe était de couleur brune, et d'un fil retors assez dur. Joseph, pauvre charpentier, ne pouvait gagner que peu d'argent pour leurs besoins ; mais Marie filait et cousait des vêtements pour tous trois.

Quand ils s'enfuirent en Egypte, l'ange du Seigneur les enveloppa d'une telle lumière céleste, que le diable ne sut pas ce que l'enfant était devenu, jusqu'à ce qu'il eût grandi, et que, parvenu à l'âge de trente ans, il fut un homme parfait. Alors il se tourna vers les docteurs juifs, qui intérieurement étaient très-méchants, bien qu'ils prissent les plus belles apparences. Il leur apprit à faire opposition à Jésus par des discours ambigus, à ne jamais accepter sa doctrine, au contraire, à rester inébranlables dans leur alliance judaïque.

Cependant Satan s'en vint à Lucifer et lui dit : « Malheur à nous, maître, c'est fait de notre gloire ! J'ai trouvé en cette terre de péché un homme plus fort et plus entendu que nous tous, même avant notre chute ; j'ai mis toute mon adresse pour lui inspirer une seule pensée de péché, et ç'a été en vain. » Alors Lucifer grinça des dents comme un chien, et se mordant les lèvres de rage, il dit : « Il faut que tu lui tiennes tête avec tous les hommes ; s'il est plus qu'eux tous, alors seulement il peut échapper au péché. » — « Maître, nous sortirons bien de ce mauvais pas, car je trouverai sans peine nombre de gens pour nous défaire de l'homme. » — « Non, dit-il, j'ai peur que cela ne tourne mal pour nous ; car celui qui par la puissance du Dieu suprême guérit ainsi les maladies corporelles, et délivre de la mort naturelle, si nous lui enlevons la vie, je crains encore plus que son âme ne descende chez nous et ne délivre les siens. C'est déjà quelque chose bien au-dessus de notre pouvoir, que sur la terre il délivre, contre les lois de la nature, de la maladie et de la mort, quoiqu'il doive lui-même, à cause du péché originel[1], descendre aux enfers. Mais si lui-même reste pur de tout péché, et qu'on lui ôte la vie malgré son innocence, il ne peut alors appartenir à l'enfer. Jamais il n'y eut ange ni homme de condamné sans sa faute, et si lui seul reste noble et libre, ce qu'il veut doit arriver, sans que nous y puissions rien faire. Tout ce que tu peux exécuter de plus habile, c'est que nous ayons en enfer la grande majorité. Toutefois tu t'appliqueras à le faire accabler des plus hauts mépris, et à lui faire souffrir les plus cruels tourments. S'il n'est qu'un homme, il en tombera dans le désespoir, et dans ce cas il est à nous. »

8.

QUATRE CHOSES QUI FRAPPENT A LA PORTE DU CIEL. — LE SANG DU CŒUR DE J.-C.

Dans la grosse maladie qui m'accablait, Dieu se révéla à mon âme et me montra la plaie de son Cœur en me disant : « Vois quel mal ils m'ont fait ! »

---

1. Il faut remarquer que c'est le diable qui parle ainsi.

Et mon âme répondit : « Hélas ! Seigneur, pourquoi avez-vous souffert tant de maux ? Lorsque votre sang pur se répandit avec tant d'abondance dans votre oraison, il y en avait assez pour racheter tout le monde. »
— « Non, dit-il, mon Père n'était pas ainsi satisfait : la pauvreté, les travaux, toutes les souffrances et les mépris, ne furent qu'un coup frappé à la porte du ciel, jusqu'à ce que le sang de mon Cœur eût été répandu sur la terre ; alors seulement fut ouvert le royaume des cieux. » Et l'âme dit : « Seigneur, quand cela arriva, vous étiez déjà mort ; je m'étonne encore qu'un mort puisse répandre du sang. » Notre-Seigneur répondit : « Mon corps avait souffert la mort naturelle, quand le sang de mon Cœur avec le rayon de la divinité coula par la plaie de mon côté. Ce sang fut produit par la grâce en la même manière que le lait que je suçai de ma mère virginale. Ma divinité résidait dans tous les membres de mon corps, durant tout le temps que je restai mort, comme auparavant et après. Mon âme en attendant se reposait dans ma divinité après sa longue tristesse ; enfin il y avait encore une image spirituelle de mon humanité, telle que sans commencement elle avait à jamais flotté dans mon éternelle divinité. »

9.

LES SAINTS QUI RESSUSCITÈRENT AVEC NOTRE-SEIGNEUR.

Au jour solennel de Pâques, où se manifesta avec un si grand éclat notre délivrance, quand Jésus-

Christ ressuscita avec tant de puissance et rendit si glorieux son tombeau, que juifs et païens y perdirent leur force et leur honneur, tandis que les vrais chrétiens furent bénis à jamais par la volonté du Père, par la puissance du Fils, et sanctifiés par l'enseignement du Saint-Esprit ; alors ressuscitèrent avec Notre-Seigneur soixante-dix hommes qui avaient observé avec soumission les commandements de Dieu, et avaient soutenu les combats du Seigneur, d'où ils furent trouvés justes, parce que dans l'épreuve d'une soif ardente, ils s'étaient contentés de porter l'eau à leur bouche avec leurs mains. Dieu leur rendit leur âme dans leur corps, mais en telle sorte qu'on reconnût qu'ils avaient été parmi les morts. Quant à ce venin de péché devenu naturel à l'homme, qu'Adam avait pris de la pomme, et qui circule encore dans nos membres, et ce sang maudit qui de la même pomme s'est produit chez Ève et chez toutes les femmes, ni l'un ni l'autre ne leur furent alors rendus, parce que leur action devait être toute divine, et qu'ils devaient être avec Dieu des témoins comme quoi la mort éternelle était bien morte. C'est pourquoi ils ne moururent pas une seconde fois, attendu qu'ils n'avaient pas en eux ces deux causes fatales. Toutefois leur âme se sépara de leur corps sans peine ni douleur ; leurs corps resplendissants de beauté reposent au-dessus des airs et des étoiles ; puisqu'en effet ils n'ont plus subi la mort éternelle, leurs corps n'ont pu être rendus à la terre.

Adam avait ainsi reçu en lui cette sève empoisonnée, et avec lui tous les hommes. Ève et toutes les femmes eurent un sang d'ignominie. C'est là uniquement ce qui fait souffrir notre chair et nos sens, et qui finalement doit mourir en nous avec souffrance ; car

Jésus-Christ après la chute d'Adam ne nous a enlevé que la peine éternelle, nous ouvrant le retour, mais par la pénitence. Il nous a laissé toutefois mainte consolation, des conseils et des enseignements qui nous permettent de tourner à bien toutes nos infirmités.

10.

ASCENSION DE NOTRE-SEIGNEUR.

Lorsque Notre-Seigneur monta de cette terre de combats au ciel, séjour de la paix, le Père éternel reçut son fils avec ces paroles : « Sois le bienvenu, mon glorieux Fils ; je vois ma propre main dans tes œuvres, ma gloire dans ta puissance, ma force dans tes combats, ma louange dans ta victoire, ma volonté dans ton retour, mes merveilles dans ton ascension, ma colère dans ton jugement. L'épouse sans tache que tu m'amènes, t'appartiendra toujours, et vous ne serez plus jamais séparés. Ma divinité est ta couronne, ton humanité est ma fille, notre esprit est une seule volonté, un seul dessein, une seule puissance en toutes choses, sans commencement ni fin. Ton âme sera l'épouse intime de nos trois personnes. »

Oh ! quelles délices l'âme du Christ ne goûte-t-elle pas au sein de la Bienheureuse Trinité ! elle s'y joue, comme une étincelle merveilleuse, dans les clartés du soleil, mais que d'excellents yeux seuls peuvent apercevoir.

11.

HUIT JOURNÉES DE LA VIE DE NOTRE-SEIGNEUR.

L'ANNONCIATION de Notre-Seigneur est une journée de désir et de sainte joie. La Nativité du Christ est une journée de repos et de tendresse amoureuse ; le grand jeudi est un jour de confiance et de bienheureuse union. Un jour de grande libéralité et d'amour intime, c'est le vendredi saint : Jour de puissance et de sainte allégresse que celui de la Résurrection ; jour de louange et de lamentation d'exilés, le jour de l'Ascension ; jour de vérité et de consolation ardente, celui de la Pentecôte ; jour de justice où chacun aura sa vraie place, c'est le jour du jugement dernier. Dans cette semaine, il y a sept jours que nous devons célébrer avec persévérance. Quant au dernier jour, Notre-Seigneur le célébrera lui-même avec nous tous réunis.

12.

PASSION DE L'AME AIMANTE, JUSQU'A SA RÉSURRECTION ET SON ASCENSION.

DANS le véritable amour, l'âme aimante est *trahie* en soupirant vers Dieu ; elle est *vendue* lorsqu'elle pleure saintement vers son amour : on va à sa *recher-*

che dans cette profusion de larmes versées à la recherche de son cher maître, qu'elle désire tant de trouver. Elle est *prise* au premier abord, alors qu'elle reçoit le baiser de Dieu dans une douce union. Elle est *saisie* de maintes pensées saintes, dont elle mortifie sa chair, de crainte qu'elle ne faiblisse. Elle est *liée* par la violence de l'Esprit-Saint, et ses délices augmentent ; mais elle est *souffletée* dans la grande impuissance où elle est de ne pouvoir jouir sans relâche de la lumière éternelle. Elle est *traduite* devant le tribunal, quand elle tremble de confusion, en voyant que les taches de ses péchés éloignent Dieu si souvent d'elle. Elle *répond* secrètement et modestement en toute circonstance, et ne peut souffrir de querelle avec personne. Elle est *souffletée* devant le tribunal, quand elle est tentée spirituellement par le diable. Elle est *envoyée à Hérode*, quand elle se reconnaît pour vile et indigne, et qu'elle se méprise avec ses pensées présomptueuses. Elle est *renvoyée à Pilate*, quand il lui faut s'occuper des choses terrestres ; elle est battue, cruellement *flagellée*, quand elle doit revenir à son corps (pour le soulager). Elle est *revêtue de la pourpre* du bel amour, *couronnée* suavement avec mille marques d'attention, quand elle désire que Dieu laisse sans récompense toutes ses douleurs, afin d'en exalter plus sa gloire. Elle est *moquée* pour cause de sainte légèreté, lorsqu'elle est tellement absorbée en Dieu qu'elle en oublie la sagesse humaine. On *fléchit* dérisoirement le genou devant elle, quand, dans un excès d'humilité, elle se met sous les pieds de tout le monde. L'ignobilité de son corps lui *voile les yeux* d'un bandeau, tant elle souffre d'être captive dans ses ténèbres. Elle porte sa croix et suit avec gaîté sa voie, quand elle s'en remet à Dieu dans toutes ses peines. Elle est *frappée d'un roseau* à la tête, quand on traite sa dévotion de folie. Elle est *attachée* à la croix par les coups de marteau d'un si puissant amour, que les créatures ne pourront plus la rappeler jamais. Elle *a soif* sur la croix de l'amour, parce qu'elle boit avec délices du vin pur des enfants de Dieu ; tous viennent alors lui présenter le *fiel*. Son corps *meurt* dans l'amour vivant, quand son esprit est élevé au-dessus des sens de l'homme. Après cette mort, elle *descend aux enfers* avec sa puissance, et console les âmes affligées, en priant et invoquant la bonté divine, sans que son corps en sache rien. Elle a le *cœur percé* d'un coup de lance aveugle que lui porte un innocent amour, ce qui en fait sortir plus d'un saint enseignement. Elle reste *suspendue* en l'air calme du Saint-Esprit, en face du soleil éternel de la vivante divinité, à la croix de l'amour sublime, pour s'y dessécher des choses de la terre. Dans une sainte fin elle est *détachée* de sa croix. Alors elle s'écrie : Mon Père, recevez mon esprit. Maintenant tout est consommé. Elle est *portée dans le sépulcre* fermé de la profonde humilité, en se montrant toujours comme la plus indigne de toutes les créatures. Elle *ressuscite* aussi joyeusement en son jour de Pâques, quand elle a doucement gémi avec son bien-aimé dans l'intérieur de la chambre nuptiale. Elle *console au matin ses disciples* par Marie (Madeleine), quand elle reçoit l'assurance que Dieu a effacé tous ses péchés dans une pénitence amoureuse. Elle se *rend au milieu des disciples*, les *portes fermées*, quand elle propose si fréquemment à ses sens les saints enseignements de Dieu. Elle *sort de la Jérusalem* de la sainte chrétienté, accompagnée d'une troupe nombreuse de vertus, tandis que le corps se trouble dans le désir qu'il aurait d'agir à sa volonté selon l'indignité de sa nature ; mais elle dit : « Je suis votre maître, vous me suivrez et m'obéirez en tout. Si je ne m'en vais à mon Père, vous resterez insensés comme vous êtes. » Elle *monte au ciel,* quand Dieu dans une sainte conversion lui enlève toutes les choses de la terre. Elle est *reçue dans une nuée blanche* qui est la protection céleste, lorsqu'elle marche avec joie et s'avance dans l'amour, et revient sans éprouver de peine ni d'ennui d'aucune sorte. Alors *les anges viennent consoler les gens de Galilée,* quand nous nous rappelons les saints amis de Dieu et leurs pieux exemples.

Toute cette passion est éprouvée par toute âme qui dans toutes ses actions est inspirée d'un véritable amour de Dieu.

13.

COMMENT L'AME FIDÈLE SE CONFORME A JÉSUS-CHRIST.

[Un jour que toutes les Sœurs se hâtaient pour aller entendre la parole de Dieu, la Sœur Mechtilde resta seule enfermée dans une cellule. Prise alors d'une grande tristesse [1], elle parla ainsi intérieurement : « Je suis bien malheureuse, Seigneur, d'être empêchée par la maladie d'entendre votre parole. »

---

1. Comp. *Le Héraut* de sainte Gertrude. Liv. III. c. 51.

Aussitôt le consolateur des affligés lui apparut sous l'habit des Frères-Prêcheurs et lui dit :] (I. 29.) « Vois, mon épouse, comme mes yeux sont beaux, comme ma bouche est droite, comme mon cœur est embrasé, comme mes mains sont fines et délicates, comme mes pieds sont agiles, et imite-moi. Tu dois souffrir avec moi : on te trahira par envie, on cherchera à s'emparer de toi par des détours, on te prendra par la haine, on te liera par des calomnies, on te voilera les yeux en refusant de croire à la vérité de tes paroles ; la haine du monde te frappera de ses soufflets, tu seras traduite au tribunal de la confession, frappée par l'imposition de la pénitence, envoyée avec mépris à Hérode, dépouille dans l'exil, flagellée dans la pauvreté, couronnée des épines de la tentation, couverte des crachats du mépris ; tu porteras ta croix dans l'horreur que t'inspireront les péchés, tu seras crucifiée en renonçant à tout ce qui serait conforme à ta volonté, clouée à la croix par l'exercice des vertus ; attachée par l'amour, tu mourras en croix dans une sainte persévérance, tu seras percée par une constante union ; tu seras détachée de la croix en restant victorieuse de tous tes ennemis ; tu seras ensevelie dans le refus de considération ; tu ressusciteras des morts dans une sainte fin de ta vie, et tu monteras au ciel enlevée par le souffle de Dieu. »

14.

COMMENT NOTRE-SEIGNEUR RÉSIDE DANS LA SAINTE TRINITÉ.

Quand je m'éveille dans la nuit, je cherche à reprendre toutes mes facultés, afin de pouvoir, pauvre que je suis, prier pour cette infidèle chrétienté qui afflige tant mon bien-aimé. Mais lui parfois m'attire dans d'autres voies, où il n'y a ni pont ni échelle, et je dois l'y suivre pieds nus et dépouillée de toutes les choses de la terre.

Qui peut contraindre un homme avec tant de douceur? Qui peut exciter l'âme avec tant de suavité? Qui peut éclairer les sens d'une si haute lumière, sinon Dieu qui les a créés, et qui opère avec nous des merveilles? Ainsi pensais-je une nuit à la sainte Trinité, avec une douce application de mon âme et sans y mettre d'effort. Je vis alors au sommet de cette bienheureuse Trinité, n'ayant plus de désirs, l'âme de Notre-Seigneur Jésus : elle réside perpétuellement au-dessus de toute dignité en la sainte Trinité, où elle est contenue et merveilleusement ornée, et de là elle fait éclater sa glorieuse beauté sur toutes les créatures, comme à travers les trois divines personnes. Alors je demandai avec grand respect, comme on a coutume d'en agir à la cour, qu'il me fût permis de m'entretenir à sa gloire avec l'âme de Notre-Seigneur; car il me semblait bien qu'il s'opérait par elle des merveilles particulières. Alors je m'élevai si près d'elle que je la saluai ainsi : « Béni soyez-vous, mon bien-aimé ! Quelle merveille opérez-vous dans ce miroir éternel où tous les bienheureux se contemplent d'une manière si admirable ? Vous êtes occupé d'un doux travail, dans une délicieuse activité. » Et l'âme de Notre-Seigneur répondit à l'âme vile qui l'interrogeait : « Sois la bien venue, toi qui es mon image ; car je suis une âme comme tu l'es toi-même, et j'ai porté le fardeau de toutes les âmes sur mon corps innocent. Voici mon office : je touche sans interruption cette divinité insondable, afin d'avertir le Père céleste de l'amour infini qu'il porte à l'âme de l'homme. Je salue aussi ma divine personne, et la remercie de ma félicité, lui rappelant la société qu'elle a contractée, puisqu'elle-même a été un homme de la terre, la priant de se souvenir d'où elle est venue, et combien la race humaine a acquis en elle de noblesse et de grandeur ; qu'elle ne laisse donc pas l'homme périr, puisque personne ne s'est donné à soi-même la vie et la naissance. C'est pour cela que vous avez triomphé de toutes vos épreuves sans jamais pécher. C'est ainsi que j'adjure la personne divine qui s'est faite homme d'avoir une miséricorde toute particulière, et de penser combien l'homme est malade, qu'il ne naît plus libre de ses ennemis, qu'il lui faut plus combattre qu'un guerrier bien armé, lorsque cependant il a les yeux couverts de l'épais bandeau des ténèbres de sa nature. Souvenez-vous, noble Fils de Dieu, de quelles angoisses je fus troublée en vous sur la terre, et tenez-vous près des hommes comme un père ; je suis en effet votre âme, et ils portent ma ressemblance. Je réclame aussi du Saint-Esprit l'octroi de ses dons, car il doit faire descendre du ciel en la terre toute félicité sur les hommes. »

« O Père éternel, si vous tenez si fermement repoussée devant la porte du ciel la barre de votre justice, que les pauvres pécheurs n'y puissent entrer, je réclamerai auprès de Jésus, votre Fils bien-aimé, qui a dans sa propre main d'homme la clef de votre royaume, avec votre suprême toute-puissance. Cette clef a été fabriquée en cette terre de la main des Juifs, et quand Jésus tourne cette clef, le pécheur repoussé jusqu'alors peut être admis en grâce près de vous. »

Voici la réponse du Père éternel : « Mon cœur ne peut persister à repousser de moi le pécheur ; c'est pourquoi je le poursuis si longtemps jusqu'à ce que je le saisisse, et que je le garde en un lieu si resserré, que personne ne peut m'y suivre avec sa raison naturelle. » Maintenant voici comment parle l'âme de notre Seigneur : « C'est là mon honneur, c'est là ma parure ; la divinité est ma couronne, sa seconde personne est ma récompense ; l'Esprit-Saint m'a enveloppée et tellement pénétrée de délices, qu'aucune créature ne peut m'être comparée, pas même de loin. Ainsi, dans cette sainte Trinité sans interruption, j'offre à tous moments tous les pécheurs de la terre, afin que Dieu ne les laisse pas tomber dans l'éternel abîme. Mais la Vierge qui me donna l'hospitalité dans son sein, lorsque de la sainte divinité je vins dans l'humanité de son fils, cette Vierge est la protectrice de toute chasteté, et l'avocate de ceux qui sont dans la tentation, qui dans une sainte frayeur révèrent fidèlement la bienheureuse Trinité ; et ainsi elle tient dans ses mains leur jugement. »

15.

DU DÉSIR DE L'AME AIMANTE.

O NOBLE aigle! ô doux agneau! ô feu incandescent, embrase-moi. Jusques à quand resterai-je si aride? une heure encore est trop pour moi, un jour est comme mille années ; et si tu dois rester encore huit jours éloigné de moi, j'aime mieux descendre en enfer, car pour l'âme aimante c'est un enfer, quand Dieu se tient éloigné d'elle. C'est une souffrance au-dessus de la mort, au-dessus de toutes les souffrances; que l'on veuille bien m'en croire. Le rossignol chante perpétuellement, il chante d'amour; si on l'en empêche, il meurt aussitôt. O grand Seigneur, songez à ma peine. »

Et le Saint-Esprit répondit à l'âme : « Allons, noble vierge, préparez-vous, votre bien-aimé va venir. » Elle s'en émut et s'en réjouit dans son cœur, et elle dit : « O messager fidèle, en peut-il arriver ainsi? Je suis si mauvaise et si infidèle, que sans mon bien-aimé je ne puis rester en repos. Mais quand je le trouve et que mon cœur se rafraîchit à son amour, j'en ressens une douleur jusqu'à l'extrémité de tous mes membres, et toutefois j'en suis contente, car c'est en gémissant que je dois aller après lui. » Et le message répond : « Lavez-vous, répandez des parfums, préparez votre couche et jonchez-la de fleurs. » L'âme exilée dit : « Si je me lave, j'aurai à rougir de moi-même ; si je répands des parfums, je verserai mes larmes; si je prépare ma couche, c'est que j'espérerai; si j'effeuille des fleurs, c'est que j'aimerai. Quand mon Seigneur viendra, j'irai aussi de moi-même, car il viendra avec une si douce symphonie, qu'il enlèvera ma chair à sa pente naturelle, et son jeu est si mélodieux et si doux qu'il calme en moi toutes les peines du cœur. »

La grande voix de la divinité m'a fait entendre mainte parole pleine de force, que j'ai reçue dans l'oreille étroite de mon indignité. La lumière suprême s'est levée devant les yeux de mon âme; j'y ai vu l'ordre ineffable, j'y ai reconnu la gloire immense, la merveille incomphréhensible; j'y ai vu ces contacts particuliers avec leur distinction, le contentement suprême, la grande règle dans la connaissance, la jouissance, avec la séparation, selon la puissance des sens; j'y ai vu la joie sans mélange dans l'union et l'association, et la vie vivante de l'éternité, comme il en est maintenant et qu'il en sera à tout jamais. Quatre rayons m'y sont encore apparus, qui partaient tous ensemble du très-noble sein de la bienheureuse Trinité, du trône divin, à travers les neuf chœurs; et pauvre ou riche, il n'y a personne qu'ils n'atteignent avec amour. La flèche de la divinité les pénètre d'une incompréhensible lumière; l'humanité toute aimante les prévient d'un salut et d'une association fraternelle; le Saint-Esprit les atteint et répand en eux la merveilleuse effusion des délices éternelles; enfin le Dieu indivisible les rassasie de la vue de sa face glorieuse, et les remplit du souffle irrésistible de sa bouche divine. Ils planent sans se donner de peine dans les airs, comme les oiseaux, quoiqu'ils n'agitent pas d'ailes; ils se rendent où ils veulent, corps et âme, et toutefois ils gardent leur place sans qu'il y ait jamais de confusion. Cependant la divinité résonne, l'humanité chante, l'Esprit-Saint touche la lyre du royaume céleste, et fait vibrer partout les cordes tendues par l'amour.

Là est encore vu ce vase auguste où le Christ reposa neuf mois en corps et en âme ; il apparait tel qu'il doit demeurer à tout jamais ; il ne lui manque que le grand ornement que le Père céleste au dernier jour donnera à tous les corps des bienheureux, et que Notre-Dame doit attendre encore, tant que la terre restera suspendue sur les mers.

Je vis donc avec quelle beauté Notre-Dame se tenait près du trône, à la gauche du Père céleste, toute visible dans sa création virginale ; je vis comment son corps naturel fut disposé et formé pour être la noble lanterne de l'âme de Notre-Dame, et comment encore ses mamelles découvertes, pleines d'un doux lait, en répandent les gouttes à la gloire du Père céleste, et pour l'amour de l'homme, parce que l'homme est la plus parfaite de toutes les créatures. Aussi les princes du ciel qui sont les archanges, ne sont-ils pas peu étonnés de voir que les autres princes, qui sont pris entre les hommes, soient parvenus au-dessus d'eux. Il est vraiment glorieux pour notre race, qu'elle soit là dans son intégrité.

A la droite de notre Seigneur se tient Jésus, notre Sauveur, les plaies béantes, sanglantes, non bandées, pour triompher de la justice du Père qui menace de près tant de pécheurs ; car, tant que le péché se commettra sur la terre, les plaies du Christ resteront ouvertes, sanglantes, sans toutefois lui causer de douleur ; mais après le jugement, le Christ prendra un nouveau vêtement, qui n'aura jamais apparu, à moins que Dieu ne l'ait révélé. Ses douces plaies se fermeront, et à leur place il y aura comme une feuille de rose, et l'on n'y verra plus que d'agréables signes de son amour qui ne s'effaceront jamais. Alors le Dieu incréé renouvellera toute sa créature, qui sera si neuve qu'elle ne pourra plus vieillir.

Ici l'allemand me fait défaut, je ne sais pas le latin ; de tout ce qu'il y a de bien ici je ne suis pas cause ; car il n'y a de chien si mauvais que son maître ne fasse aussitôt venir en lui offrant du pain blanc.

16.

MISSION DE LA VIERGE MARIE, ET COMMENT UNE VERTU SUIT L'AUTRE. COMMENT LA SAINTE VIERGE NOURRIT L'ÉGLISE.

La douce rosée de la Trinité sans commencement a jailli de la source de l'éternelle divinité sur la fleur de la Vierge élue ; et le fruit de cette fleur a été un Dieu immortel, et un homme mortel, qui est la consolation vivante de l'éternel amour. Notre Rédempteur est devenu un époux, et l'épouse, à la vue de sa face pleine de noblesse, en a été enivrée : dans l'excès de sa force, elle est tombée en défaillance, au milieu des plus belles clartés, elle a été en elle-même tout aveugle, et dans le plus profond aveuglement, elle a vu avec le plus de clarté. Dans cette clarté si grande elle, est tout ensemble morte et vivante ; plus elle est morte longtemps, plus elle vit agréablement, et plus la vie est agréable, plus elle fait d'expériences. Plus elle se fait petite, plus elle abonde; plus elle craint, (plus elle est confiante); plus elle s'enrichit, plus elle est pauvre. Plus profonde est sa demeure, plus elle est large; plus elle cède, plus pénétrantes sont ses blessures ; plus elle est impétueuse, plus Dieu lui témoigne d'amour ; plus elle s'élève, plus elle paraît belle en face de la divinité, et plus elle s'en approche. Plus elle travaille, et plus elle repose ; plus elle en comprend, et plus elle en tait dans le silence ; plus elle s'écrie, plus avec la vertu de Dieu elle opère des merveilles selon ses propres forces. Plus s'accroissent les délices de l'époux, plus les noces sont solennelles, et plus devient étroite leur demeure ; plus ils se regardent avec amour, plus ils se séparent avec peine ; plus il donne, plus elle dépense, et plus elle possède ; plus elle lui fait humblement ses adieux, plus tôt il revient ; et plus il est ardent à rester, plus elle s'embrase elle-même ; plus elle brûle, plus elle est belle, et plus la gloire de Dieu se dilate, plus elle s'en montre avide.

Oui, notre Rédempteur dans l'allégresse de la très-sainte Trinité est devenu notre fiancé. Dieu ne pouvant plus se contenir en lui-même, a créé l'âme et s'est donné à elle en propriété par un excès d'amour. De quoi es-tu faite, ô âme, pour être montée si haut par-dessus toutes les créatures, et que tu te mêles dans la sainte Trinité, et que toutefois tu y restes intègre en toi-même? L'âme répond : « Tu m'as parlé de mon origine, eh bien! je te répondrai en toute vérité : Je suis essentiellement faite d'amour ; c'est pourquoi, selon ma noble nature, aucune autre créature ne peut me consoler ou me délivrer que l'amour. »

« Sainte Vierge Marie, de cette merveille vous êtes devenue mère; quand cela vous est-il arrivé ? » « Quand la joie suprême de notre Père fut troublée par la chute d'Adam, et fit place à la colère, alors l'éternelle sagesse reçut avec moi et intercepta ce courroux du Tout-Puissant ; alors le Père me choisit pour épouse, afin d'avoir quelqu'un à aimer, puisque sa première épouse, la noble âme, était morte. Le Fils m'élut pour sa mère, et le Saint-Esprit m'accepta pour fiancée. Ainsi je fus seule l'épouse de la sainte Trinité et la mère des orphelins, que je portais devant les yeux de Dieu, afin que tous ne fussent pas engloutis à la fois, comme il y en eut cependant quelques-uns. Comme j'étais ainsi la mère d'enfants exilés, mes mamelles se remplirent d'un lait pur et immaculé, d'une véritable et libérale miséricorde, dont je nourris les Prophètes et les divinateurs avant que Dieu fût né. Ensuite, bien jeune encore, j'allaitai Jésus, puis progressant en âge, j'allaitai l'épouse de Dieu, la sainte chrétienté (l'Église), au pied de la croix, où je fus desséchée et réduite à un état si lamentable, que le glaive des souffrances corporelles de Jésus transperça spirituellement mon âme. »

Ainsi tout était ouvert et béant, à lui ses blessures, à elle son cœur. Les plaies coulaient et aussi son sein, d'où l'âme reprit la santé et la vie. Lorsqu'elle était pâle encore, il lui versa dans sa bouche vermeille un vin de couleur pareille, et elle reprit naissance et vie dans ces plaies béantes, et fut comme un enfant encore tout délicat; afin qu'après sa mort et sa renaissance elle jouît d'une santé parfaite, il fallut que la mère de Dieu fût sa mère et sa nourrice. O Dieu ! c'était et c'est encore bien juste. Dieu est son vrai père, et elle est sa légitime épouse, elle lui ressemble dans tous ses traits.

O grande Dame, dans votre vieillesse vous avez donné aux saint Apôtres le lait de votre doctrine maternelle et de votre prière puissante, afin que Dieu accomplît en eux sa gloire et sa volonté. O Dame, de même avez-vous donné, et donnez-vous aux saints martyrs le lait d'une foi robuste que vous mettez en leurs cœurs, aux confesseurs celui d'une sainte garde à leurs oreilles, aux vierges le lait de votre chasteté, aux veuves celui de la persévérance, aux époux la tendresse, aux pécheurs celui de votre intercession.

O Dame auguste, vous devez nous donner aussi de votre lait, car vos mamelles sont encore tellement remplies que vous ne pouvez les comprimer ; et si vous ne nous donnez pas votre lait, il vous fera grand mal, car j'ai vu que vos mamelles étaient si remplies qu'il en jaillissait sept filets, qui partant tous d'une même source, se répandaient sur mon corps et sur mon âme ; en quoi vous m'avez délivrée d'un travail qu'aucun ami de Dieu ne peut supporter sans qu'il en souffre en son cœur. C'est ainsi que vous donnerez votre lait jusqu'au dernier jour ; alors seulement il cessera de couler, parce que les enfants de Dieu qui sont vos enfants auront grandi, et seront parvenus à leur pleine croissance en la vie éternelle. Oh ! alors nous connaîtrons et nous verrons avec une volupté infinie ce lait, et aussi les mamelles que Jésus a si souvent pressées de ses lèvres.

17.

O MARIE, auguste impératrice, mère de Dieu et ma maîtresse, on me demande si vous avez pu pécher comme les autres hommes, lorsque vous étiez sur cette terre de péché. Et le Saint-Esprit, qui connaît bien tous vos secrets, m'a fait connaître qu'il vous était possible de pécher, parce que Dieu vous avait créée dans la condition parfaite de l'homme, vous donnant le sexe de la femme, et tout ce qui constitue la vierge ; mais vous ne fûtes pas abandonnée à votre nature, et de là votre pureté fut si noble et si précieuse devant Dieu.

Cependant, divine maîtresse de toutes les âmes pures, jamais vous n'avez pu pécher ; cela n'était plus en vous, car le Père céleste protégea votre enfance en considération de sa primitive élection, et le Saint-Esprit contint votre jeunesse en la remplissant des premières douceurs de son amour, et Jésus descendit dans votre sein, comme la rosée sur la fleur, en sorte que votre virginité ne reçut nulle atteinte ; et la force de la sainte Trinité a tellement contenu votre nature, qu'elle ne put jamais s'écarter de son créateur, ni éprouver de mouvements naturels : la sagesse éternelle de la toute-puissante divinité vous a recouverte d'une ombre, qui a protégé votre vie humaine en telle sorte que vous pouviez souffrir, mais non pécher, et qu'en s'épanouissant au soleil de la puissante divinité, votre fleur ne fut pas flétrie. Sous cette ombre vous avez porté dans votre sein Jésus comme votre enfant, et l'avez élevé comme sa mère. Pourtant, ô Dame, en l'annonciation du Père, en la conception par la Saint-Esprit, en la parole du Fils, le feu de la divinité, la lumière de l'Esprit-Saint et la sagesse du Fils furent si grands en vous, que vous n'y pouviez plus trouver d'ombre. Dieu sait, ô Dame, avec quelles épreuves de la pauvreté, et avec quelles souffrances de votre cœur vous dûtes vous refroidir ; mais il resta toujours dans ce cœur si riche de bonnes œuvres, assez d'ardeur ; car il renfermait le feu qui brûle dès le commencement et s'entretient de soi-même sans aliment du dehors. C'est lui qui pénétra les parois de votre demeure, ô Dame, et chassa toutes les ténèbres hors de votre maison.

18.

GRANDE CONNAISSANCE DES CHOSES DIVINES QU'AVAIT LA SAINTE VIERGE.

Notre Dame, Marie, s'entretenait spirituellement avec Notre-Seigneur aussi fréquemment qu'elle le voulait, et parfois recevait-elle de sa divinité des réponses qui lui faisaient supporter en toute déférence ses souffrances intérieures. Mais Marie-Madeleine n'y était pas aussi bien disposée : elle était inconsolable, et son cœur gémissait toujours sous le poids de sa douleur. Elle brûlait d'un amour simple, sans avoir une haute connaissance des choses célestes, et il en fut ainsi jusqu'à l'heure où les apôtres reçurent le Saint-Esprit ; alors son âme fut complètement vaincue et unie à la divinité. Mais Notre-Dame était calme, lors même que Notre-Seigneur ressuscita si glorieusement d'entre les morts; et pourtant elle avait dans son cœur une connaissance de Dieu infiniment mieux fondée que celle de tous les hommes.

19.

PUISSANCE PROTECTRICE DE LA SAINTE VIERGE.

O, o, o ! trois personnes ont un seul nom, indivisible en un seul Dieu. Elles s'épanchent délicieusement sur la face de Marie en un seul courant à plein flot, portant les dons de miséricorde et les splendeurs de la gloire des cieux. Avec un indicible attouchement Dieu vient saluer son cœur; elle brille et resplendit, reflétant sur sa face la splendeur sublime de la sainte Trinité; mais le courant poursuit, il descend jusque dans les plus humbles retraites, et leur donne un éclat et une gloire au-dessus de toute autre. Ainsi en face de la Trinité Notre-Dame peut très-bien continuer à se tenir; mais elle préfère prier, s'humilier profondément, parce que Dieu dans son amour a pris sa bassesse pour s'y faire homme; cette bassesse n'est plus nécessaire à Notre-Dame dans le ciel, sinon qu'elle y révère le Dieu tout-puissant en toute subjection, avec les bienheureux qui tous suivent son exemple.

Le réfléchissement de la divinité en Notre-Dame est illuminé de tous les dons qu'elle a reçus de Dieu, sans qu'aucun ait dépéri en elle. Elle est aussi parée de toutes les vertus dans leur perfection, et couronnée tout honneur et dignité. Puis elle reflue en Dieu avec toutes les délices.

Comment Notre-Dame jouit de la sainte Trinité, et s'unit à elle plus que les hommes les plus purs, on ne saurait l'exprimer ; toutefois plus ils furent intimement unis sur cette terre, plus grande est la jouissance de Notre-Dame, et plus Notre-Seigneur s'épanche en elle plus qu'en tous les Saints. Notre-Dame a le pouvoir d'écarter les démons des hommes. Disons-lui donc avec persévérance, en nous mettant en sa présence, notre *Ave Maria*, afin qu'elle se souvienne de nous ici-bas.

LIVRE DEUXIÈME

DES ANGES, DES SAINTS, DE L'ÉGLISE.

1.

CE QUE CHANTENT LES NEUF CHŒURS.

Écoute maintenant, ma bien-aimée, des oreilles de l'esprit ce que les neuf chœurs chantent :

Nous vous louons, Seigneur, de ce que vous nous avez éprouvés par votre humilité ;

Nous vous louons, Seigneur, de ce que vous nous avez conservés par votre miséricorde ;

Nous vous louons, Seigneur, de ce que vous nous avez honorés par vos mépris ;

Nous vous louons, Seigneur, de ce que vous nous avez conduits par votre libéralité ;

Nous vous louons, Seigneur, de ce que vous nous avez rangés selon votre sagesse ;

Nous vous louons, Seigneur, de ce que vous nous avez protégés de votre puissance ;

Nous vous louons, Seigneur, pour nous avoir sanctifiés par votre noblesse ;

Nous vous louons, Seigneur, de ce que vous nous

avez instruits en vous rendant familier, et nous révélant vos secrets ;

Nous vous louons, Seigneur, de ce que vous nous avez élevés par votre amour.

2.

LES EXCELLENCES DES ANGES ET DES HOMMES COMPARÉES.

« AME qui êtes une noble dame, lequel préférez-vous, d'être un des séraphins ou un homme, en corps et en âme, placé au dernier chœur des anges? »

L'âme répond à la contemplation : « Contemplation, qui n'êtes pas moins noble, vous avez parfaitement vu que les séraphins sont les plus élevés parmi les anges, qu'ils ne font avec Dieu qu'un amour, un feu, un souffle, une lumière. »

La contemplation : « Ame, vous savez bien que les anges sont des personnes simples (de nature), qui ne louent Dieu, ne l'aiment, ne le connaissent pas plus que cela leur est inné, et que l'homme le plus infime peut y atteindre par la foi chrétienne, par la pénitence, par le désir, par la bonne volonté ; toutefois son âme ne peut s'embraser autant dans la divinité. »

L'âme : « O Contemplation, vous savez bien que les séraphins, quoique enfants de Dieu, sont néanmoins ses serviteurs. La moindre âme est fille du Père, sœur du Fils, l'amie du Saint-Esprit et la véritable épouse de la sainte Trinité. Mais si nous allons plus haut, nous verrons qui l'emportera dans la balance. Le plus grand des anges[1], Jésus-Christ, qui est élevé au-dessus des séraphins, qui est avec son Père un seul Dieu indivisible, je le prends, moi, âme infime, dans mes bras, je le mange, je le bois, et j'en fais ce que je veux ; voilà ce qui n'arrivera jamais à l'ange, si haut qu'il réside au-dessus de moi. La divinité de Jésus-Christ ne sera jamais pour moi si élevée que je ne puisse lui unir à jamais tous mes membres. Impossible à moi d'oser davantage ; pourquoi alors m'embarrasser de ce qui peut advenir aux anges ? »

3.

DES BONS OFFICES DES ANGES.

Vous voulez que j'écrive encore, et je ne le peux pas. Les délices, la gloire, la clarté, les témoignages d'amour, la vérité, tout cela est tellement au-dessus de moi, que je reste muette pour en dire davantage sur ce que je sais. Ce que je puis dire, c'est qu'au ciel chacun porte sur sa poitrine un miroir où se reflète la sainte Trinité, et où l'on voit et connaît en toute vérité les vertus que le corps a pratiquées, et tous les dons que l'âme a reçus sur la terre. Ensuite se réfléchit l'éclat brillant de chacun en la sublime majesté dont il est émané.

Le reflet des anges est tout embrasé d'amour, vu qu'ils ont une grande affection pour notre félicité ; ils

---

1. L'Ange du grand conseil, l'Ange de l'offrande du saint sacrifice.

nous servent sans travail, et leur récompense s'accroît tant que dure ce monde. Le véritable amour de Dieu a chez les anges la même vertu qu'il a chez les hommes ; mais nous servons, nous, en travaillant, parce que nous sommes pécheurs.

4.

DES VOIES DIVERSES QUI METTENT DIEU EN RAPPORT AVEC L'HOMME.

Il y a trois sortes de pénitences par lesquelles le pécheur vient reprendre l'impression du sceau gravé sur la croix, et qui était brisé en nous par le péché. La première est un regret de la faute renfermant trois conditions : l'amertume au cœur d'où le péché est sorti, la confusion dans les sens qui ont eu la jouissance du péché, une vie désormais exemplaire, en compensation de la vie dépravée antérieure. Ce regret réconcilie le Père céleste et l'âme pécheresse, et la délivre des peines éternelles de l'enfer. La seconde manière est le regret accompagné de la satisfaction, lequel aussi comprend trois choses : un travail diligent, une assurance constante et une victoire franche de toutes les tentations. Cette pénitence délivre le pécheur du purgatoire. La troisième est la pénitence de l'amour, en ce qu'elle s'en tient fidèlement à Dieu seul : l'injure de Dieu lui est alors plus sensible que son propre dommage ou sa souffrance. L'âme préférerait descendre vivante en l'enfer éternel, plutôt que d'affliger son bien-aimé en commettant quelque grave péché. Cette pénitence de l'amour sanctifie et perfectionne l'âme sur la terre et l'élève bien haut dans le ciel devant Dieu. Quand elle en est à ce point, Dieu lui est plus cher que soi-même, et rien ne l'afflige autant que le péché. L'homme heureux qui a ces trois sortes de pénitences, trouve cet honneur ici-bas, que Dieu sans cesse répand en l'âme aimante l'esprit de feu du sein de la sainte Trinité, tel qu'un beau rayon de soleil qui de l'astre brûlant tombe sur un bouclier doré. La réflexion de lumière qui s'échange entre Dieu et l'âme aimante avec tant de délices, possède aussi une grande vertu, et brille aux yeux de tous ceux qui sont dans le ciel, au purgatoire et dans l'enfer. Les anges les plus élevés, c'est-à-dire, les séraphins et les chérubins, viennent à l'âme aimante, et s'agitent tout embrasés d'un amour infini dans les splendeurs que répandent les feux dont cette âme est consumée dans l'amour.

Telle est la voie que suivent les nobles princes des Anges pour arriver à l'âme compromise dans ce pauvre corps ; parce que l'ange et l'âme aimante sont de par Dieu une nature complète, naturellement chastes, dont le feu de l'amour fait des séraphins. Mais la chasteté acquise, ornée et illuminée des feux qui émanent de l'amour divin n'élève qu'au rang des chérubins. Toutefois il descend en eux des séraphins un torrent de volupté et d'amour tout de feu et de clarté, puisqu'ils sont embrasés d'amour. C'est ainsi que descendent ces nobles splendeurs, pour que des rangs inférieurs se reflète l'amour.

Les Anges qui nous sont donnés au baptême n'ont rien à faire avec cet amour brûlant, Dieu ne les ayant pas doués de cette chaleur. Ils nous sont donnés principalement pour nous faire pratiquer les vertus. Leur noble présence et notre bonne volonté sanctifient nos actions, et chassent les ruses du diable et sa puissance de nos sens. Quant à cette grande lumière qui descend toute resplendissante de la sainte Trinité jusqu'à l'âme aimante, les diables en ont si peur, qu'ils n'osent jamais en traverser les purs rayons. Ils souffrent une grande confusion de voir qu'un homme de la terre, par son union avec Dieu, leur coupe le chemin que Dieu leur avait permis de suivre dans l'air. Ils pourraient parcourir toutes les voies où leur méchanceté les porterait, n'était qu'en rencontrant dans un corps une âme aimante, ils sont alors obligés de rentrer sous terre. Ils ne peuvent non plus vicier l'air où ils trouvent des bienheureux qui vivent véritablement sans commettre de péchés mortels. C'est toujours par la terre qu'ils commencent le péché. Nous devons donc, avec foi dans la meilleure disposition possible, nous élever vers Dieu, et alors ils perdront toute leur puissance et s'enfuiront loin de nous.

DES SAINTS.

5.

D'UNE MESSE MYSTIQUE CÉLÉBRÉE PAR SAINT JEAN-BAPTISTE.

O SEIGNEUR bien-aimé, combien est-il avantageux à un homme d'avoir la bonne volonté, encore qu'il n'en puisse venir à l'œuvre! C'est ce que Notre-Seigneur daigna révéler à une pauvre fille, comme elle n'en pouvait faire davantage, et qu'il lui était impossible d'assister à son service, (la messe). Elle disait donc à Dieu : « Hélas! mon Seigneur bien-aimé, serai-je donc aujourd'hui sans messe [1]? » Comme elle était dans cette disposition de regret, Dieu la priva de tous ses sens naturels, et la transporta miraculeusement dans une belle chapelle. N'y trouvant personne, elle se dit : « Malheur à toi, misérable paresseuse ; te voilà arrivée trop tard, pour ne t'être pas levée ; il ne te servira guère d'être venue ici. » Alors elle vit entrer un jeune homme qui portait une brassée de fleurs blanches, qu'il répandit à l'entrée sous la tour, puis il s'en alla. Il en vint un second apportant des violettes, dont il joncha le milieu de la chapelle, puis un autre avec des roses qu'il étala devant l'autel de notre Dame, enfin un quatrième qui, apporta une brassée de lis éclatants, et les répandit dans le chœur. Cela fait, ils s'inclinèrent gentiment, et s'en allèrent. Ces jeunes gens étaient si distingués et si beaux à voir, qu'il n'y aurait eu de personne si souffrante qu'elle fût en son corps, qui en les considérant n'eût oublié son mal.

Vinrent alors deux écoliers vêtus de blanc et portant deux flambeaux qu'ils placèrent sur l'autel. Ils marchaient avec une grande décence, et restèrent dans le chœur. Il vint alors un homme d'une grandeur incomparable, très-maigre, et toutefois pas trop âgé ; il était vêtu si pauvrement qu'on lui voyait les bras et les jambes. Il portait un agneau blanc devant

---

[1]. Comp. *Le Héraut* de sainte Gertrude. Liv. III, 8. IV, c. final.

sa poitrine, et deux ampoules entre ses doigts. Il vint à l'autel, y déposa l'agneau et s'inclina amoureusement. C'était Jean-Baptiste, lequel devait chanter la messe. Il vint ensuite un jeune homme, très-délicat dans ses allures, qui portait un aigle devant sa poitrine ; c'était Jean l'Evangéliste ; puis un homme simple, qui était saint Pierre. Il vint alors un jeune homme grand, portant des parements dont les trois seigneurs se revêtirent. Il arriva alors une grosse foule qui était la puissante famille des cieux, qui remplit tellement la chapelle, que la pauvre fille ne pouvait plus y trouver de place : elle descendit donc et se tint sous la tour ; elle y trouva une troupe de gens en habits blancs, qui n'avaient pas de cheveux, mais portaient de simples couronnes sur leurs têtes. C'étaient ceux qui durant leur vie n'ont pas observé la loi ; la parure des cheveux, qui sont les bonnes œuvres, leur manquait. Comment alors sont-ils venus au ciel? par le repentir et la bonne volonté à leur dernier moment. Plus loin elle trouva encore des gens plus beaux et habillés de diverses façons, ornés de beaux cheveux lesquels sont les vertus, et portant la couronne du mariage de Dieu. Elle en trouva de plus beaux encore, qui étaient vêtus d'habits roses, avec le signe de la viduité, et la couronne de la chasteté de cet état.

La pauvre fille, mal vêtue, le corps malade, ne pouvait trouver de place dans aucun de ces trois groupes. Elle s'en alla donc jusqu'au chœur, où elle vit notre Dame qui se tenait à la place la plus élevée, et sainte Catherine, sainte Cécile, des évêques, des martyrs, des anges et des vierges en grand nombre. A la vue d'une telle magnificence, la pauvre fille se regarda elle-même pour voir si elle pouvait rester malgré son indignité. Elle se trouva alors couverte d'un manteau rouge et brun, fait de l'amour, et d'autre part, des sens, que représentait la couleur brune, selon la disposition où elle était à l'égard de Dieu et à l'égard de tout bien. Le manteau était orné d'or, et aussi d'un cantique qui chantait ainsi : *Je mourrais volontiers d'amour.* Elle se trouva encore semblable à une noble vierge, portant sur sa tête une magnifique couronne en or, sur laquelle était aussi un chant qui disait : *Ses yeux dans mes yeux, son Cœur dans mon cœur, son âme dans mon âme se sont pris et engagés.* Elle vit que son visage était comme celui des Anges. O malheur, vile poussière, comment cela m'est-il arrivé ! non, je ne suis pas si sainte que je me suis vue alors.

Cependant tous ceux qui étaient dans le chœur la regardaient avec un doux sourire, et Notre-Dame lui fit signe de venir se placer au-dessus de sainte Catherine ; elle alla donc se tenir auprès de Notre-Dame ; il lui était rarement arrivé de pouvoir ainsi voir la mère de Dieu et lui parler. O bonté ineffable ! qu'elle trouva bon de donner place à l'ignoble corbeau au milieu des innocentes tourterelles ! Tous ceux qui étaient dans le chœur étaient revêtus d'or éclatant, et comme enveloppés d'une auréole délicieuse plus lumineuse que le soleil.

Enfin la messe commença ainsi : *Gaudeamus omnes in Domino*, et toutes les fois qu'on nommait Notre-Dame, elle s'agenouillait et les autres s'inclinaient, pour l'honneur suprême que Dieu lui a conféré. Et l'indigne qui était venue à cette messe dit alors : « Dame souveraine, ne pourrais-je pas recevoir ici le corps de Dieu, puisqu'il n'y passe personne (qui y trouve à redire) ? » La mère de Dieu répondit : « Oui, ma chère fille, fais ta confession. » Alors la Reine du ciel fit signe à Jean l'Évangéliste qui sortit et entendit la confession de la pécheresse ; et celle-ci lui demanda de lui dire combien elle avait encore à vivre, et Jean répondit : « Je ne dois pas te le dire, parce que Dieu ne le veut pas ; si en effet le temps était trop long, tu pourrais de chagrin en tomber dans le désespoir, et s'il était trop court, les gémissements de ton cœur te pourraient faire désirer de vivre longtemps.

Jean alors alla lire l'évangile : *Liber generationis*. Et la pauvrette dit à Notre-Dame : « Dois-je faire une offrande ? » Et Notre-Dame répondit : « Oui, si tu ne veux pas la reprendre. » Et la pauvrette dit : « O ma noble Dame, c'est à vous de me donner la grâce de Dieu. » Notre-Dame reprit : « Prends cette pièce d'or, qui est la volonté propre, et va l'offrir au Seigneur mon fils, en toutes choses. » La petite créature en grande modestie et crainte reçut la pièce précieuse, et examina ce qui s'y trouvait marqué. On y voyait comment le Christ avait été détaché de la croix. Sur l'autre face était représenté le ciel avec les neuf chœurs, et au-dessus le trône de Dieu. Et la voix de Dieu se fit entendre à elle : « Offre-moi cette pièce, et ne la reprends pas, alors je te détacherai de la croix, et te transporterai en mon royaume. »

Ensuite ce prêtre qui avait été consacré dans le sein de sa mère par le Saint-Esprit poursuivit la partie de la messe qui se dit à voix basse ; et lorsqu'il prit l'hostie blanche entre ses mains, l'agneau s'éleva en même temps debout sur l'autel, et s'accommoda aux paroles sous les signes que la main faisait sur l'hostie qui passa dans l'agneau, en sorte que je ne vis plus rien de l'hostie, mais seulement un agneau sanglant, suspendu à une croix rougie, et l'agneau nous regarda avec des yeux si doux que je ne l'oublierai jamais.

Alors la pauvre fille adressa à Notre-Dame cette prière : « Mère bien-aimée, priez le Seigneur votre fils de se donner lui-même à moi, pauvre misérable. » Elle vit alors de la bouche de Notre-Dame un rayon lumineux se diriger et toucher l'agneau de sa prière, en sorte que Dieu lui-même en l'agneau fit cette réponse : « Ma mère, je consens à me mettre en la place que vous désirez. » La pauvre fille alla donc à l'autel en grand amour et l'âme tout ouverte. Et saint Jean prit l'agneau blanc avec ses blessures (de sang), et le déposa sur ses lèvres ; et l'agneau en sa propre forme la reconduisit à sa place, où il lui suça le cœur de sa bouche si douce, et plus il suçait, plus elle lui donnait.

Aujourd'hui celle à qui cela arriva est morte et est partie d'ici. Dieu nous fasse la grâce de la revoir encore dans la compagnie des anges. Amen [2].

6.

RÉFLEXIONS SUR LES FONCTIONS DE JEAN-BAPTISTE DANS LA VISION PRÉCÉDENTE.

Les dons de Dieu ne peuvent être saisis par les sens naturels, et c'est pourquoi se trompent ceux qui n'ont pas l'esprit ouvert à l'invisible vérité. Ce qui

---

1. Ces dernières lignes ont été écrites au Monastère d'Helfta où sœur Mechtilde est morte, vers 1292.

peut se voir des yeux de la chair, entendre des oreilles du corps, exprimer avec la bouche, est aussi éloigné de la vérité qui se manifeste à l'âme aimante, que la clarté d'une chandelle de la lumière du soleil.

Quand Jean-Baptiste chanta la messe à la pauvre créature, ce ne fut pas corporellement, mais spirituellement, en telle sorte que l'âme seule put y assister et en jouir ; mais le corps n'y eut d'autre part que ce qu'il en a dans ses sens naturels à la noblesse de l'âme, et c'est de là que les paroles ont un air naturel (et sensible).

Mon pharisien insiste sur ce que Jean-Baptiste n'était qu'un laïc : Ce qu'il y a de plus sacré dans la messe, c'est le corps du Seigneur. Jean-Baptiste toucha le propre Fils de Dieu avec une crainte humble et tremblante, et à raison du grand mérite de sa sainte vie, il entendit la voix du Père céleste et comprit ses paroles, il vit le Saint-Esprit et confessa le Fils en eux deux. Jean-Baptiste prêcha aussi publiquement aux gens la sainte foi chrétienne, et indiqua de son doigt le vrai Fils de Dieu, qui était présent : *Ecce agnus Dei*, etc. Si Jean-Baptiste a prêché la parole de Dieu, jamais pape, ni évêque, ni prêtre ne pourra le faire aussi bien qu'à l'aide de notre foi chrétienne (dont l'objet est) au-dessus des sens. — Mais il était un laïc? — Vous m'apprenez une chose, aveugles que vous êtes ; c'est que vos mensonges et votre envie ne vous seront jamais pardonnés que vous n'en ayez été punis.

7.

OU SE TROUVE ENSEVELI LE CORPS DE SAINT JEAN L'ÉVANGÉLISTE.

J'AI vu véritablement le corps de saint Jean l'Évangéliste des yeux de mon âme indigne. Il repose au milieu de grandes délices, et est enseveli au-dessus de toutes les choses passagères de ce monde, et au-dessous de la construction du royaume éternel. Ce corps a déjà reçu assez de l'éternité divine pour en briller comme un cristal ardent. Dans sa forme humaine il repose avec tant de délicatesse, qu'on le dirait spirituellement endormi dans un céleste ravissement. Il a des sourcils bruns, les yeux fermés, et repose couché sur le dos. Au-dessous de lui, au-dessus et à l'entour, tout est brillant de clarté, et aux sept heures (canoniales), les saints anges viennent chanter devant le corps un chant de louanges en cette manière : « Saint, pur, simple, sage, bien-aimé de Dieu. » Ce chant résonne avec plus de suavité que ne feraient mille cordes ou le jeu des harpes. Entre son corps et la structure céleste, il n'y a qu'une paroi aussi mince que la pellicule d'un œuf, et toutefois si solide, qu'aucun corps ne pourra la traverser jusqu'au dernier jour.

8.

SUR SAINTE MARIE-MADELEINE.

QUAND on honore les saints par une solennelle mémoire et avec tout le concours de peuple qu'on peut avoir, au jour où Dieu les a honorés par une sainte fin, cela leur est si agréable qu'ils viennent là en personne avec toute la magnificence qu'ils ont reçue pour leur piété. C'est ce que j'ai vu en effet au jour de sainte Marie-Madeleine, où l'on chante à Dieu des louanges pour la grande gloire qu'il lui a donnée en récompense. Elle se glissa dans le chœur après les chants sacrés, et regardant chacun de ceux qui chantaient dans les yeux, elle s'approcha et dit : « Tous ceux qui honorent ma fin, je les assisterai à leur fin propre, et je les honorerai à mon tour ; et tout ce dont ils seront capables, je les mettrai en état de le recevoir. » Quatre grands archanges la portaient au milieu d'eux, et des autres anges la multitude était infinie. Je lui demandai alors comment s'appelaient les quatre archanges, et elle dit : « Le premier s'appelle force ; le second, désir ; le troisième, bonne volonté ; et le quatrième, constance. Comme j'ai surmonté toutes mes souffrances de cœur avec ces quatre vertus, Dieu m'a donné en récompense de les avoir pour mon service, pour ma gloire et ma couronne. Il en est de même pour les autres saints. » Alors Notre-Seigneur dit : « Lorsqu'on souffle sur la moindre étincelle, elle donne de la chaleur et de la lumière dans ce feu céleste, qui embrase les saints. »

9.

DES VERTUS DE SAINT DOMINIQUE.

Le jour de saint Dominique, je priai Dieu pour l'Ordre des Frères-Prêcheurs. Et il plut à Notre-Seigneur de venir me trouver lui-même, amenant avec lui saint Dominique que je chéris par-dessus tous les saints, si j'ose le dire. Notre-Seigneur dit alors : « Mon fils Dominique a pratiqué sur la terre quatre vertus que doit avoir chaque prieur. Il aimait si tendrement ses frères qu'il ne pouvait souffrir qu'aucun d'eux fût troublé pour des causes qui viendraient de sa volonté. Ensuite il avait la charité d'améliorer les aliments qu'il faisait préparer pour le soutien des Frères, en sorte que les jeunes n'eussent aucun pensée de regret pour le monde, et que les anciens ne succombassent pas de fatigue dans le chemin. La troisième consistait en ce qu'il leur donnait cet exemple de sainte sagesse, à se montrer pour Dieu modérés et réglés dans toutes leurs manières d'être et de faire, et dans leurs nécessités. La quatrième était une si grande miséricorde qu'il ne voulait jamais imposer aux Frères d'autres pénitences que celles qui étaient ordonnées par la Règle. » Et Notre-Seigneur dit ensuite : « Je te dirai encore deux choses : Quand Dominique souriait, c'était d'un sourire plein de la douceur du Saint-Esprit ; mais quand il pleurait, c'était avec tant de persévérante fidélité, qu'il me représentait toujours devant moi tous ses frères dans sa demande, avec toute puissance les besoins de la sainte chrétienté (l'Église). »

Je ne savais pas auparavant qu'il fût mal de rire simplement sans raison.

10.

DE L'ORDRE DES FRÈRES-PRÊCHEURS.

[Les commencements de cet Ordre furent animés d'un ardent amour de Dieu et se distinguaient par une exquise pureté, répandant comme un lis partout ses suaves odeurs, et ne sachant absolument ce que c'était que feinte ou hypocrisie. Il brillait ainsi de l'éclat d'une vraie simplicité.] Le Seigneur me dit donc à ce sujet : « Deux choses me plaisent surtout dans l'Ordre des Frères-Prêcheurs, et font que mon cœur leur sourit sans cesse. L'une est la sainteté de leur vie ; l'autre est le grand profit de l'Église. De plus ils saluent ma sainte Trinité en sept choses qui parlent en la manière suivante : Soupirs puissants, larmes qui partent du cœur, vifs désirs, dure contrainte, pauvreté lamentable, fidèle humilité, amour joyeux. » Et Notre-Seigneur ajouta : « Ils honorent encore mes trois noms en sept choses extérieures : par des chants de louange, une véritable prédication, la juste rémission des péchés, par la consolation fondée sur la charité, par un secours amical, par une vie exemplaire ; enfin ils sont un lien salutaire de la sainte foi chrétienne. » Notre-Seigneur dit encore : « Les aumônes qu'ils font aux pauvres pour mon amour, sont si saintes, que les péchés des pauvres qui les reçoivent en diminuent, et que le diable ne saurait demeurer où l'on mange ce qu'ils ont donné. Cela provient de leur pauvreté volontaire.»

Ô source éternelle de la divinité d'où je suis sortie ainsi que toutes choses, puissé-je, indigne créature que je suis, vous bénir avec tout ce qui est au-dessous de vous, afin que vous, Seigneur, soyez aussi mon consolateur. Amen.

11.

DU FILS DU PÈRE CÉLESTE.

Un grand prince a un fils d'une grande utilité pour lui-même, et qui fait la consolation de son peuple. Ce fils est si digne de louanges à l'égard de son père et si glorieux pour lui, que la mémoire de ce fils, ses œuvres suscitent partout la gloire de son père, en quelque lieu que ce fils pénètre : ce grand prince est notre Seigneur Dieu le Père, qui s'est acquis sept fils qui lui sont très-utiles, et une très-belle fille, de notre mère la sainte Eglise.

Son premier fils, c'est notre frère bien-aimé, Notre-Seigneur Jésus-Christ. Ce que le Père céleste reçoit de gloire de ce Fils, ce que son peuple en retire de consolation, est une chose bien évidente. Comment ensuite le Père s'est réuni à ce Fils, comment il l'a placé à sa droite, combien il lui a conféré de gloire et de puissance, cela est hors de toute mesure, et cependant bien dans la juste mesure. Le second fils du

Père céleste, ce furent les saints Apôtres, qui nous ont conservé le précieux trésor enfoui sur le haut de la montagne, au pied d'un arbre, et qui fut fouillé par nos ennemis à cinq endroits, afin d'y rechercher et d'engouffrer tout notre céleste trésor. Le troisième fils, ce sont les généreux Martyrs qui ont marqué la voie du ciel de l'effusion de leur sang. Le quatrième fils, ce sont les fermes Confesseurs qui nous donnent et nous enseignent la vraie doctrine. Le cinquième fils, ce sont les Vierges pures, qui pour l'amour de Dieu ont conservé leur chasteté : elles peuvent toujours émouvoir le Père céleste, car elles ont en elles sa parfaite ressemblance. Il les aura seules avec lui, et en signe de la fidélité qu'elles lui ont gardée, elles porteront éternellement leur couronne. Leurs têtes ne seront pas recouvertes de voile, comme c'est l'usage pour les fiancées de la terre, parce que Notre-Seigneur, dans sa maison des cieux, a donné à ces utiles enfants une place si honorable, que le bien ou le mal qu'elles ont pu éprouver sur la terre est tout oublié.

Cependant le commun peuple s'étant écarté notablement de la vraie foi et d'une confession pure, le Père céleste se sentit ému de compassion, et de notre sainte mère l'Eglise il eut d'un seul coup deux jumeaux, qu'elle allaita de ses mamelles, si remplies d'un doux lait que jamais ils ne pourront les tarir. Ces deux mamelles sont l'Ancien et le Nouveau Testament, dont notre sainte mère l'Eglise allaite tous les enfants de Dieu.

Notre-Seigneur dit aussi ces paroles : « On ne doit honorer du sacerdoce personne qui ne connaisse l'Ancien et le Nouveau Testament. » En effet, personne ne va à la cour et n'y peut rester à servir longtemps sur un pied tout court.

Les deux jumeaux sont les Frères-Prêcheurs et les Frères-Mineurs, dont saint Dominique et saint François ont été les premières racines. O malheur! combien s'est perdu de ce qu'ils ont si fidèlement observé. Plus il s'en perd, plus l'Ordre s'affaiblit; et plus longtemps il se maintiendra, plus tôt naîtra un nouveau fils du cœur fidèle du Père éternel qui ne peut abandonner tout d'un coup ses enfants.

Saint Dominique agissait avec ses Frères avec une attention fidèle, un visage aimable, une sainte prudence, et non avec un regard soupçonneux, ni avec des sens pervers, ni avec une présence qui fût à charge. Aux savants il en apprenait encore, tempérant sa propre sagesse d'une divine simplicité; aux simples il enseignait la véritable sagesse, et il aidait secrètement ceux qui étaient tentés à supporter leurs peines. Il enseignait les jeunes à garder le silence, afin qu'extérieurement ils fussent modestes et sages dans leur intérieur. Il consolait avec amour les infirmes et les malades, et s'occupait avec grand soin de toutes leurs nécessités. Tous se réjouissaient de lui voir prolonger avec eux sa présence, et sa douce société leur facilitait les plus durs travaux. Cet Ordre fut dans ses premiers temps d'une grande pureté, simplicité, et d'une brûlante charité. Cette simplicité naïve que Dieu donne à certaines personnes est parfois tellement raillée par d'autres que les dons intérieurs, choisis, de la sagesse de Dieu, en sont perdus, et même que l'amour fervent de Dieu finit par s'éteindre.

Quiconque dans l'Ordre s'afflige de se voir considéré, et tient pour une grande tentation toute la gloire de ce monde, ne peut pas se départir de la juste noblesse de l'esprit religieux, qui est un don qu'il a reçu de Dieu, tout en s'abaissant dans son cœur au-dessous de toutes les créatures. Ou bien il devra conserver sa dignité en l'exerçant avec une crainte révérentielle, un zèle constant, une miséricorde secourable, et une douce joie ; ou bien il insistera en toute prudence pour abandonner la charge avec la dignité, puisqu'une âme (dévouée à la vie) spirituelle doit conserver une paix profonde et s'épanouir avec amour en face de la sainte Trinité.

Dieu a particulièrement honoré ces deux fils de quatre faveurs. Ce qu'il a fait, pour qu'exempts désormais, en ce qui les concerne, de tout autre soin que d'éviter le péché, ils emploient tous leurs soins et tous leurs travaux, dit Notre-Seigneur, à rendre pieux et saint mon peuple. La première est le bon accueil que leur fait le monde ; la seconde est la fidélité qu'on met à subvenir à leurs besoins ; la troisième est la sainte sagesse provenant de la divine vérité ; la quatrième est l'autorité si utile qu'ils reçoivent de la sainte Église. Que l'on pousse les Frères sans pitié et sans doux enseignement, il en arrive plus d'un grave dommage, sur lequel je veux pour le moment garder le silence.

12.

DE SAINTE ÉLISABETH ET DES SAINTS CONFESSEURS, DOMINIQUE ET FRANÇOIS. DE SAINT PIERRE MARTYR. LES MESSAGERS DE DIEU.

Je suis en grande admiration devant la noblesse qui se trouve en la sainteté, et je suis non moins étonnée de l'infirmité qui est dans l'homme. Sainte Elisabeth ne resta pas longtemps sur la terre, et toutefois elle alla loin dans la sainteté ; à ce sujet Notre-Seigneur daigna m'instruire en ces termes : « Il est du devoir des messagers d'être prompts et rapides. Telle fut Elisabeth, messagère que j'envoyai aux femmes sans piété qui résidaient dans les châteaux, livrées à une vie licencieuse, tout enflées d'orgueil, vivant si constamment dans un atmosphère de vanité, qu'elles devaient descendre tout droit aux abîmes de l'enfer. L'exemple d'Elisabeth fut suivi de plusieurs dames selon leur volonté ou leur pouvoir. »

« Saint Dominique fut envoyé par moi en message aux ignorants pour les instruire, et aux affligés pour les consoler. Saint François a été envoyé aux gens d'Eglise avides et aux séculiers remplis d'orgueil. Saint Pierre, le nouveau martyr, a été mon messager de sang, qui tient captive aujourd'hui si lamentablement l'Eglise dont on abuse hypocritement. Tous, en effet, se disent purs, et ils sont souillés devant mes yeux ; ils se disent fidèles, et devant mes yeux ils sont faux ; ils disent qu'ils m'aiment, et ils me préfèrent leur chair. Quiconque veut rester avec moi, qu'il renonce avec saint Pierre aux affections terrestres. Les crimes cachés amèneront au dernier jour une calamité qui sera publique. »

Pauvre créature que je suis, j'eus l'audace dans ma prière, et l'effronterie de prendre en bloc toute l'Église ainsi dégénérée dans les bras de ma pauvre âme, et de la porter avec de grands gémissements ; et le Seigneur me dit : « Laisse, c'est trop lourd. » — « Oh ! non, doux Seigneur. Je veux la soulever et la déposer à vos pieds, la tenant dans vos propres bras, afin qu'ainsi vous la portiez aussi sur la croix. » Et Dieu consentit à ce que je voulais pour me rendre la tranquillité.

Lors donc que la pauvre chrétienté fut ainsi arrivée devant Notre-Seigneur, elle parut semblable à une vierge. Je la regardai, et je vis aussi que Notre-Seigneur la regardait. Et j'en fus toute honteuse. Et Notre-Seigneur dit : « Regarde ; est-il convenable que je reçoive cette vierge dans ma couche nuptiale pour l'y aimer sans fin, pour l'y étreindre de mes bras royaux, et pour l'y contempler de mes yeux divins, lorsque pour la science elle a les yeux malades (chassieux) et les mains paralysées, incapables de faire aucune bonne œuvre ? Ses pieds sont impotents en ce qui tient aux bons désirs, si rarement et si lâchement elle se souvient de moi. Sa peau est couverte de taches, elle est enfin toute souillée et toute impure. » Et la pauvre âme répondit : « Que faire alors ? » Mais Notre-Seigneur reprit : « Je veux la laver dans son propre sang. Mais pour les âmes saintes qui sont vraiment innocentes, je les protégerai, je les recevrai et les cacherai en moi dans une sainte mort. »

[En ce temps la nation des Tartares se répandait par tout le monde, et y faisait périr bien des gens], le Seigneur me dit encore : « J'ai envoyé sœur Jutta de Sangerhausen en messager aux païens, pour qui elle priera et à qui elle donnera son bon exemple. » Puis il ajouta : « Et ce livre je l'envoie maintenant en messager [1] à tous les gens d'Église, bons ou mauvais, parce que, lorsque les colonnes tombent, l'édifice ne peut plus se soutenir. Je te le dis en vérité, ce livre est écrit avec le sang de mon cœur, que je verserai au dernier jour en une autre couleur. »

Notre-Seigneur me parla aussi de trois sortes de sang : le premier fut celui d'Abel et des enfants de Jean-Baptiste et de tous les saints qui versèrent leur sang innocent avant la passion de Notre-Seigneur. C'était le sang du Christ, car ils souffrirent pour son amour une mort bienheureuse. Le second sang fut le sang du Père céleste que le Christ épancha de son cœur innocent. Le troisième sang, qui sera versé jusqu'au dernier jour pour la foi chrétienne, est le sang du Saint-Esprit ; car, sans l'assistance du Saint-Esprit, aucune bonne œuvre ne peut être accomplie. Le sang des Martyrs versé pour le Christ confère un droit de société et de parenté. Le sang qui était dans le Christ et fut versé pour le Père, a donné la rédemption et la foi. Le dernier sang versé en union avec le Saint-Esprit donnera la persévérance et la gloire.

---

1. Un autre messager de Dieu fut le *Héraut de l'amour divin*, ou révélations de sainte Gertrude, qui, peu de temps après et dans les mêmes lieux, fut envoyé à l'Église.

13.

COMMENT SŒUR MECHTILDE DANS SES SOUFFRANCES S'ASSOCIE A NOTRE-SEIGNEUR ET AUX SAINTS.

Oui, Seigneur Jésus-Christ, vos souffrances innocentes me consolent, tandis que dans toutes les miennes je suis coupable ; votre mort ravive en moi votre souvenir, et votre sang immaculé pénètre mon âme.

Marie, tendre mère, je me tiens avec toi au pied de la croix avec toute ma foi chrétienne, et le glaive d'une sainte douleur transperce aussi mon âme, quand je vois chanceler si fort ceux qui en apparence sont spirituels.

Jean-Baptiste, je suis avec toi en prison, parce que l'hypocrisie comme une fille sans foi a tué la parole de Dieu dans ma bouche.

Jean l'Évangéliste, avec toi j'ai dormi du sommeil de l'amour sur le sein de Jésus-Christ, et j'y ai vu et appris de si sublimes merveilles que mon corps en a souvent été pris de défaillance.

Pierre, avec toi je suis fidèle à Dieu ; car de la part des hommes je n'aurai jamais de satisfaction, et de la part des gens d'Église je souffrirai souvent pour la gloire de Jésus-Christ.

Paul, avec toi je suis merveilleusement ravie, et j'ai vu une demeure telle que jamais rien ne sera pour moi aussi étonnant que de pouvoir après cela être encore en vie. Quand je pense que le Père céleste en est l'hôtelier et Jésus la coupe, et le Saint-Esprit le vin pur, et la sainte Trinité entière en est le plein réservoir ; que l'amour y est le puissant sommelier, Dieu sait combien il m'est agréable d'être servie à la maison par l'amour. Aujourd'hui je boirai encore volontiers du fiel en ce monde. Oui, Jésus bien-aimé, récompense de ton amour tous ceux qui me versent ici un breuvage d'amertume, car ils m'enrichissent de grâce. Il se présenta une coupe remplie d'un fiel si puissant qu'il pénétra tout mon corps et mon âme, et je priai spécialement Dieu de donner du vin céleste à celui qui me l'avait versé. Il le fit réellement et il dit : « Vierge, sois satisfaite ; la grandeur des merveilles (que j'opère en toi) débordera sur toi ; les lions te redouteront, les ours te chercheront, les loups te fuiront, [l'agneau] restera avec toi. » Je suis certaine qu'il en sera encore comme il en a été pour moi jusqu'à ce jour, que je boirai encore plus d'une coupe pleine de fiel ; car le diable a parmi tels gens d'Église de nombreux échansons, qui sont si pleins de venin, qu'ils ne suffisent pas à l'épuiser, mais qu'ils doivent encore en verser l'amertume aux enfants de Dieu.

Etienne, je m'agenouille avec toi devant les Juifs cruels sous les pierres aiguës, qui tombent sur moi, petites et grosses. Ceux qui paraissent bons me lapident par derrière, puis se sauvent ne voulant pas que je sache ce qu'ils m'ont fait ; mais Dieu l'a bien vu.

Laurent, j'ai été attachée avec toi durant plus de vingt ans sur un gril douloureux ; toutefois Dieu m'a préservée d'être brûlée, et il a éteint aujourd'hui le feu depuis plus de sept ans.

Martin, je demeure avec toi dans le mépris, et le

véritable amour de Dieu m'a plus martyrisée que toutes les autres peines.

Dominique, mon bien-aimé père, je m'associe à toi quelque peu par le désir que j'ai souvent de verser le sang de mon cœur pécheur sous les pieds des hérétiques sans foi.

Catherine, avec toi j'entre en dispute, car les docteurs de l'enfer voudraient bien m'abattre. Il en est venu un me trouver, beau comme un rayon du soleil, à ce point que je l'aurais pris pour un ange; il portait un livre lumineux et me dit : « Reçois la paix, puisque tu ne peux aller à la messe. » Et l'âme répondit avec modestie : « Celui qui n'a pas la paix pour lui-même ne peut la donner à d'autres. » Il partit aussitôt pour revenir sous la forme d'un pauvre malade, dont les entrailles sortaient, et il dit : « Hélas ! tu es si grande sainte, guéris-moi. » Mais l'âme répondit : « Celui qui est malade lui-même, ne peut guérir les autres. » — « Il est écrit : celui qui le peut, doit venir en aide à autrui. » — « Il est également écrit : On ne doit d'aide à personne contre Dieu. » — « Quand on fait du bien, ce n'est jamais contre Dieu. » — « Là où il n'y a rien de bien, il n'y a aucun bien à faire. Ton mal est éternel ; si tu veux guérir, va-t'en, et montre-toi à un prêtre, à un évêque, à un archevêque ou au pape. Je n'ai d'autre pouvoir que celui de pécher. » Il dit alors avec une figure horrible : « C'est là ce que je ne ferai jamais. » Alors il parut comme une fumée noire, se démenant sans règle ni mesure, et partit. Je n'en eus toutefois aucune peur.

Marie-Madeleine, je me retire avec toi dans le désert, et tout m'y devient étranger, excepté Dieu.

Seigneur, céleste Père, entre vous et moi s'établit sans interruption un incompréhensible courant, où je connais et je vois de nombreuses et indicibles merveilles, dont, hélas! je retire peu de profit, parce que je suis un vase de si mauvaise qualité, que je ne peux résister à la moindre étincelle. L'amour qui ne connaît pas de frein réside dans les sens où il se mêle encore aux choses de la terre, en sorte que l'homme peut s'écrier : L'amour est dans la grâce, mais les sens l'accablent, et malheureusement il n'a pu encore subjuguer l'âme. Beaucoup ont succombé parce que leur âme ne s'est pas laissé captiver. Salomon et David ont reçu le Saint-Esprit dans leurs sens naturels, mais quand leurs sens dévièrent, ils tombèrent dans le faux amour. Dieu le sait, leur âme n'était pas descendue au plus profond de l'abîme au-dessous de toutes les créatures, elle était encore rattachée en partie fortement à l'amour, dont on ne goûte jamais le vin supérieur, qu'on n'éprouve pour tout un suprême dégoût.

L'amour captif enfin reste dans l'âme, il s'élève au-dessus des sens de l'homme, et n'accorde jamais au corps rien de ce qu'il veut. Il est modeste et tranquille. Il laisse tomber son aile et écoute la voix ineffable, et regarde l'incompréhensible lumière, il tend de tout l'effort de ses désirs à l'accomplissement de la volonté de son seigneur et maître. Le corps alors peut battre de l'aile ; mais l'âme, dans ce cas, n'atteindra jamais la plus grande hauteur où l'homme puisse arriver. Avec cet amour captif, l'âme captive elle-même s'enrichit ; ses sens extérieurs vont s'appauvrissant, parce que plus elle trouve en soi de la richesse de Dieu, plus, par un juste sentiment de sa noblesse, elle s'humilie profondément. Chez l'homme qui est ainsi lié par l'attouchement intime et puissant de l'amour, je ne puis trouver de chute dans les péchés graves ; parce que l'âme est liée, il faut qu'elle aime à tout jamais. Dieu veuille ainsi nous captiver !

14.

ÉTAT ET RÔLE DE L'ÉGLISE. TROIS SAGESSES.

Quand un père veut apaiser son enfant, il bat ce qui lui a fait du mal. C'est ainsi que fait Notre-Seigneur, et il parle ainsi : « Celui qui n'aura rien de bon en soi-même, ne viendra jamais à mon royaume, et qui ne peut se rassasier des choses passagères, se rassasiera d'une faim éternelle. Malheur à celui qui a des biens auxquels il se colle dans son cœur, et veut par là se mettre au-dessus des autres ; il m'échappera pour tomber dans une vallée sans fond. » A cela la sainte connaissance répond que Dieu nous a donné trois dons à l'égard de la vraie sagesse, avec lesquels nous devons nous rassasier et prévenir tous nos dommages. Le premier est la science des prêtres et l'enseignement chrétien, comme Dieu me l'a montré en grand honneur. Je vis des yeux véritables de mon intelligence, au milieu de suaves délices, sans aucune peine, une pierre ou plutôt une montagne qui avait crû sur place, et s'était recouverte de mille couleurs variées, et exhalait les plus doux arômes des nobles parfums célestes. Et j'interrogeai cette magnifique montagne pour savoir ce qu'elle était ; et elle me dit : « *Ego sum Jesus.* » (Je suis Jésus.) Alors il me prit une amoureuse défaillance, et je reposai ma tête sur la montagne. Alors je vis qu'en dehors de la montagne étaient renfermées toutes les ténèbres, tandis qu'au dedans elle était remplie de la lumière éternelle. Sur elle se tenait la vierge la plus belle qu'on vit jamais, excepté notre Dame, sainte Marie ; toutefois elle est sa compagne. Ses pieds sont parés d'une pierre qui s'appelle le jaspe, laquelle possède une si grande vertu qu'elle chasse toute avidité qui pourrait se trouver dans ses pieds, c'est-à-dire dans ses désirs. Elle exhale aussi une odeur agréable qui provoque un saint appétit ; elle dissipe tous les brouillards des yeux : cette pierre précieuse est la foi chrétienne. La vierge se tenait appuyée sur ses deux pieds, dont l'un attaché et l'autre délié de par une sainte puissance que possèdent tous les prêtres de la foi chrétienne. Elle tient dans sa main droite un calice rempli de vin rouge, dont seule elle boit avec une volupté infinie ; les anges n'y touchent jamais. C'est le sang du Fils éternel, qui lui donne une telle ardeur et une telle plénitude qu'elle nous distribue maint doux enseignement. Dans sa main gauche elle porte une épée de feu, à laquelle sont suspendues des cymbales d'or, qui résonnent si harmonieuses, que tous ceux-là doivent venir à elle, qui aspirent après la sainte Trinité.

Alors je demandai à la vierge comment il se faisait qu'elle portât l'épée dans la main gauche et le calice dans la droite. Elle me dit : « Je dois menacer ; car au dernier jour de chaque homme, Dieu frappe son coup. C'est de la main droite que je présente à boire son sang, ainsi que le Christ est par honneur placé auprès de son Père. » Elle a aussi une grande force dans les mains, par quoi elle attire à soi tout ce que le Père a élu, et repousse bien loin tout ce qui s'est livré au diable. Oh! elle a une belle figure, puissé-je la considérer à tout jamais! Il coule de l'huile de sa gorge, c'est la miséricorde, pour oindre les pécheurs. Sa bouche est garnie de dents en or, dont elle broie les célestes aromates, qui sont les paroles des Prophètes. Sa langue distille le miel, que les abeilles actives, les saints Apôtres, ont sucé des plus douces fleurs des champs. Sur ses lèvres s'épanouissent des roses, et ses narines respirent l'odeur des violettes. Elle porte sur son front de blancs lis pleins de fraîcheur : ces fleurs signifient qu'elle est la mère des veuves, l'amie des époux et l'honneur des vierges. Dans ses yeux se reflète et se joue la blanche et fraîche aurore, qui précède le soleil éclatant. Un triple aspect à la fois unique se fait remarquer dans ses yeux, en quoi elle est l'image de la sainte Trinité. Le blanc désigne le Père, l'iris verte désigne le Fils, et la pupille le Saint-Esprit, qui goûtent, en se considérant intimement, une félicité sans égale.

Cette vierge porte aussi sur la tête une couronne faite d'or vermeil, qui signifie les conseils sublimes, et les œuvres saintes que nous recevons des saints docteurs. Cette couronne ressemble à un fort crénelé, devant laquelle se tient une grande et misérable troupe commandée par plusieurs chefs infidèles qui sont le diable avec ses sectateurs, le misérable et infidèle. Mais dans le fort est une armée digne d'éloges, puissante et richement armée : elle a un chef fidèle, qui est Jésus notre rédempteur, qui mène au combat ceux qui sont attaqués, et réconforte d'un vin généreux ceux qui sont épuisés. Dans cette couronne est un triple bastion, où se tiennent les forts, ceux qui exercent le grand amour ; ils sont protecteurs et sentinelles, et mettent en sûreté ceux qui sont au-dessous. Dans la couronne il y a aussi une tour : ceux qui y demeurent ont rarement l'occasion de combattre ; personne n'y peut parvenir sans avoir été dépouillé par l'amour de toutes ses volontés terrestres. La couronne en ses créneaux possède de nombreuses pierres précieuses : ce sont ceux qui de cette terre sont passés aux cieux.

Je vis au cœur de cette vierge jaillir une fontaine d'eau vive : c'est là qu'on porte les enfants païens, qui tous sont lépreux et aveugles. Au-dessus de cette fontaine se tenait un religieux, qui seul pouvait y puiser : c'était Jean-Baptiste. Il lavait dans la fontaine les enfants qui en sortaient voyant et parfaitement guéris. Enfin je demandai à la vierge qui elle était ; elle répondit : « Je suis celle qui t'est si chère, et dont tu t'es faite la compagne : Je suis la sainte Église. Toutes deux nous avons le même époux. » Voilà l'épouse des prêtres pieux, qu'ils contemplent si souvent avec des regards d'amour.

La seconde science ou sagesse est celle qui vient des sens naturels : avec elle on fait ces deux choses : on gagne, on perd. En cette sagesse se tiennent en grand nombre des laïques pervertis, des prêtres faux, et des gens d'Église inconsidérés. Il n'est personne de si saint qui puisse se garder de ces trois sortes de personnes ; ils sont si mauvais dans leur âme, qu'ils pervertissent toute bonté. Personne ne peut avec ces dons (naturels) devenir un homme spirituel ; il doit auparavant se rendre fou pour l'amour de Dieu. Car une sainte et pure simplicité est la mère d'une vraie sagesse de Dieu. Et qu'importe à un homme distingué d'avoir beaucoup d'écus, si c'est pour en acheter la faim, la soif, la confusion pour longtemps, et avec cela des regrets éternels ?

La troisième sorte de sagesse vient de la grâce, et dirige l'homme en ce qui a trait aux dons de Dieu. Elle n'est jamais si riche qu'elle s'estime plus précieuse que la moindre des créatures. Elle ne se trouble jamais pour n'importe quelle incommodité. Elle n'a de joie qu'en la volonté de Dieu. Elle ne peut encore souffrir que quelque vertu reste à la porte de la tour où elle fait sa demeure.

15.

DU ROYAUME DES CIEUX.

L'AME parla ainsi à son désir : « Allons, va et cherche où est mon bien-aimé ; dis-lui que je veux aimer. » Et le désir partit aussitôt, car il est naturellement prompt, il parvint sur la hauteur et s'écria : « Grand Seigneur, levez-vous et laissez-moi entrer. » Et le maître de la maison répondit : « Que veux-tu donc, que tu t'échauffes si fort ? » — « Seigneur, je vous annonce que ma maîtresse ne peut plus vivre longtemps ainsi ; elle veut aimer. Voulez-vous couler, elle débordera ; car le poisson ne peut vivre longtemps sur la grève et conserver sa fraîcheur. » — « Retourne, je ne veux pas que tu entres maintenant ; mais amène-moi cette âme affamée, qui trouve plus de joie en moi qu'en toutes choses. » Et le messager revint, et l'âme connut la volonté de son Seigneur ;

oh! avec quel amour elle la reçut! Elle se leva donc tranquille et prompte, et prit un joyeux essor. Il vint alors deux Anges tout droit à elle, que Dieu lui envoyait par une attention cordiale, et qui lui dirent : « Grande dame, est-ce que vous voulez aller plus loin comme vous voilà? Vous êtes encore revêtue des ténèbres de la terre. » Elle répondit : — « Seigneurs quand même, gardez le silence, et saluez-moi un peu mieux ; je veux aller goûter l'amour. Plus vous descendez vers la terre, plus vous cachez votre bel air céleste, et moi plus haut je monte, plus je parais brillante. » Ils prirent alors l'âme entre eux deux, et la portèrent avec allégresse.

Quand l'âme vit la patrie des Anges, dont sans l'avoir vue elle avait déjà connaissance, le ciel s'ouvrit devant elle, et elle s'arrêta: son cœur se fondit, elle contempla son bien-aimé et lui dit: « Seigneur, quand je vous vois, je dois vous louer avec une sagesse merveilleuse : où suis-je? je suis venue me perdre en vous. Je ne puis penser à rien de la terre, ni à mes souffrances. Je voulais, lorsque je vous verrais, me plaindre à vous beaucoup de la terre ; mais votre vue m'a déconcertée ; tant vous m'avez élevée tout d'un coup au-dessus de ma noblesse (naturelle. ») Elle s'agenouilla ensuite et le remercia de sa faveur, puis elle prit la couronne qu'elle avait sur la tête, et la déposa sur les cicatrices rosées de ses pieds et désira s'approcher de lui davantage. Alors il la prit entre ses bras divins, posa sa main paternelle sur son cœur et la regarda en face. Pensez si alors elle fut bien baisée. Et dans ce baisement elle fut enlevée à la hauteur la plus haute au-dessus de tous les chœurs des Anges.

La moindre vérité que là j'ai vue, entendue et connue, est hors de comparaison avec tout ce que la sagesse en cette terre peut nommer de plus élevé. J'y ai vu des choses inouïes, comme disent mes confesseurs, puisque je suis ignorante dans l'Ecriture. Maintenant je crains devant Dieu de garder le silence, et crains aussi de parler devant des inconnus. Chers amis, qu'est-ce que cela peut être, que de telles choses me soient arrivées, et m'arrivent souvent encore ? Lorsque j'étais dans une humble simplicité, et dans une misérable pauvreté, et dans l'abjection la plus profonde, Dieu m'a révélé ses merveilles. J'ai vu alors la construction et l'ordonnance de la maison de Dieu, qu'il a bâtie lui-même de sa bouche. Il y a placé ce qui lui était le plus cher et qu'il a fait de ses propres mains. L'édifice qui constitue cette maison s'appelle le ciel, les chœurs qui s'y trouvent s'appellent le royaume ; c'est ainsi que le tout réuni est appelé le royaume des cieux.

Le royaume des cieux dans sa position offre un commencement, mais dans ce qui le constitue essentiellement, il est sans fin. Le ciel entoure les chœurs, et entre lui et les chœurs aimables sont les pécheurs de ce monde, toujours à la même hauteur que les chœurs, selon qu'ils s'améliorent et se convertissent. Les chœurs sont si délicats, si saints et si distingués, que sans la chasteté, la charité et le renoncement à tout, on n'y peut arriver ; car ceux qui en sont déchus étaient tous saints, et ceux qui doivent venir prendre leur place doivent aussi être saints. Les nouveau-nés et les enfants au-dessous de six ans remplissent l'espace vide jusqu'au sixième chœur ; de là jusqu'aux Séraphins l'intervalle est rempli par les jeunes filles qui se sont souillées par des volontés d'enfants, sans jamais en venir à l'acte, et se sont ensuite purifiées par la confession. Elles ne peuvent toutefois revenir à leur premier état, elles ont perdu leur pureté. Mais les vierges pures de cœur, après le dernier jour, rempliront l'espace qui est au-dessus des Séraphins, d'où Lucifer et ceux qui l'approchaient le plus ont été précipités.

Lucifer commit à la fois trois énormes péchés, péchés d'envie, d'orgueil et de cupidité, et qui précipitèrent tout le chœur dans l'abîme éternel en aussi peu de temps qu'il en faut pour dire alleluia. Tout le royaume en trembla, et les colonnes du royaume chancelèrent. Il en tomba aussi quelques-uns des autres. Cette place d'où ils furent exilés est encore vide et sans occupants, il n'y a personne, et toute sa beauté ne lui vient que d'elle-même, et les délices qu'elle renferme sont toutes à la gloire de Dieu.

Au-dessus de ce vide est le trône de Dieu, formé par la puissance de Dieu, dans une brûlante, lumineuse, embrasée clarté ; et il s'étend jusque vers les Chérubins, ce qui fait du trône de Dieu et du ciel un palais magnifique, renfermant un espace vide et les neuf chœurs. Au-dessus du trône de Dieu il n'y a plus rien que Dieu, Dieu, Dieu, Dieu grand, infini. Au-dessus du trône on voit le miroir de la divinité, l'image de l'humanité, la lumière de l'Esprit-Saint, et l'on connaît comment les trois ne sont qu'un, et comment ils s'adaptent en un. Je n'en puis dire là-dessus davantage.

Jean-Baptiste doit remplir le vide laissé par Lucifer et posséder sa gloire dans cette belle patrie déserte, au-dessus des Séraphins, et avec lui toutes les Vierges qui ont eu le cœur pur, qui sont encore en attendant leur place. Contre le trône, notre Dame sainte Marie occupe une place qui n'a été jamais à d'autres, parce qu'elle a guéri avec son Fils les blessures de tous les hommes, qui trouvent en elle la grâce de vouloir et de pouvoir conserver (leur salut). Son Fils est Dieu, et elle est déesse, personne ne peut en acquérir autant qu'elle. Les Apôtres résident tout près de Dieu dans le trône, et possèdent en récompense la place vide des Séraphins (tombés), selon qu'ils sont purs. Jean-Baptiste est aussi un prince dans ce trône. Les Anges ne s'élèvent pas plus haut que les Séraphins, au-dessus desquels sont seulement des hommes. Les saints Martyrs, les Prédicateurs de Dieu, les amants spirituels parviennent jusque dans les chœurs ; seulement ils ne sont pas vierges. Ils parviennent glorieusement même jusque parmi les Chérubins.

Là j'ai vu, sans l'avoir désiré, quelle sera la récompense des prédicateurs ; leurs trônes sont merveilleux, et leur récompense est particulière. Les montants antérieurs du trône sont deux chandeliers allumés, signifiant avec l'amour le saint exemple, et l'intention fidèle. Les appuis du trône sont la paix et un repos si délicieux, qu'on ne peut l'exprimer. Pour la forte obéissance à laquelle ils se sont soumis, leurs pieds sont parés [1] de maintes pierres précieuses, si belles que j'aurais été contente en vérité si j'avais l'honneur de m'en faire une couronne. Ils ont ces ornements en retour des travaux dont leurs pieds se sont ici-bas fatigués.

O prédicateurs ! comment aujourd'hui avez-vous

---

1. Comp. *Liv. de la grâce sp.* Liv. v, c. 7.

tant de peine à remuer votre langue, et de difficulté à abaisser votre oreille jusqu'aux lèvres des pécheurs? J'ai vu devant Dieu, que dans le ciel il sortira de votre bouche un souffle brillant qui s'élèvera au-dessus des chœurs devant le trône, et louera le Père céleste pour la science et sagesse qu'il aura conférée à votre langue, et saluera en son Fils un glorieux associé, car il a été lui aussi un prêcheur, et remerciera le Saint-Esprit pour sa grâce, parce qu'il est le maître de tous les dons. Alors les Prédicateurs de Dieu, les saints Martyrs et les Vierges aimantes se soulèveront, en voyant l'honneur si grand qui leur est fait, lorsqu'ils recevront un vêtement spécial, qu'on leur chantera des louanges d'amour, qu'on leur mettra sur la tête une couronne merveilleuse qu'ils porteront à la gloire de Dieu.

Le vêtement des Vierges est d'une blancheur de lis ; celui des prédicateurs, étincelant de feu comme le soleil ; celui des Martyrs, rose pourpre et lumineux, parce qu'ils ont souffert avec Jésus une mort sanglante. La couronne des Vierges est variée, celle des Martyrs est grande et élevée. La couronne des prédicateurs est toute de fleurs, lesquelles sont les paroles de Dieu, qui leur ont valu le grand honneur de parvenir au ciel. C'est ainsi que marche avec un doux tressaillement devant la sainte Trinité, ce triple collége de Bienheureux. Mais de Dieu se dirige sur eux un triple torrent qui remplit leur esprit, et ils chantent la vérité, avec allégresse et sans fatigue, telle que Dieu la leur a donnée. Les prédicateurs chantent ainsi : « Seigneur, élu par-dessus tout, nous avons suivi ta bonté libérale dans la pauvreté volontaire, nous avons ramené tes brebis égarées que des pasteurs mercenaires laissaient aller hors du droit chemin. » — Ainsi chantent les Martyrs : « Votre sang innocent, Seigneur, a rendu parfaite notre mort, et nous avons ainsi pris part à votre passion. »

Les Saints qui maintenant résident dans les hauteurs des cieux, et y vivent au sein des délices, sont entourés d'une seule lumière, pénétrés d'un seul amour, et unis en une seule volonté ; toutefois ils ne jouissent pas de l'honneur d'être assis en ces glorieux trônes. Ils reposent dans la force de Dieu ; ils coulent dans le torrent de délices, et se tiennent dans le souffle de Dieu, comme l'air dans la lumière du soleil. Mais après le dernier jour, quand Dieu fera le repas de noces, on placera le siége de l'épouse en face de son époux, le bien-aimé viendra à sa bien-aimée, le corps à l'âme, et ils posséderont leur dignité complète dans la gloire éternelle.

O délicieux Agneau, ravissant fiancé, Jésus, Fils du Père céleste, lorsqu'en ce moment vous vous lèverez et traverserez tous les chœurs, et que vous ferez signe aux Vierges inondées de délices, elles vous suivront avec louanges en la retraite la plus secrète, que je ne saurais dire à personne. A quels jeux ne se livreront-elles pas avec vous, combien elles consumeront en elles de témoignages de votre amour ; c'est là une volupté toute céleste, une union si intime, que je ne sais rien de pareil. Les veuves suivront aussi dans la joie de leur cœur, et goûteront dans une douce contemplation la plus haute satisfaction, en voyant comme l'Agneau se joint aux vierges. Les époux eux-mêmes contempleront avec amour, autant que leurs mérites leur permettront de le faire. Car plus on s'est ici rassasié des choses de la terre, plus nous devrons là nous passer des célestes délices.

Les chœurs ont tous leur clarté particulière, et le ciel a aussi la sienne propre. Cette clarté est si magnifique que je puis encore la décrire. Les chœurs et le ciel reçoivent de Dieu de nombreux attributs, et de chacun je puis dire un mot. Ce que j'en dirai ne sera pas plus que ce qu'une abeille peut emporter de miel au bout de ses pattes d'une masse entière. Dans le premier chœur, c'est la volupté qui est comme le premier de ses dons. Dans le second, c'est la douce tranquillité ; au troisième, l'amabilité ; au quatrième, la suavité ; au cinquième, l'allégresse ; au sixième, une noble odeur ; au septième, la richesse ; au huitième, la dignité ; au neuvième, un amour ardent. Dans l'intervalle resté vide qui est si doux règne la pure sainteté. Au plus haut du trône est la gloire puissante, et la forte domination. Ce qu'il y a jamais de plus élevé dans le ciel, c'est l'admiration ; elle est la plus élevée en ce qu'on y peut contempler tout ce qui est maintenant, et tout ce qui sera jamais.

O les glorieux espaces et la suave proximité ! la puissante pénétration de toutes choses et la singulière intimité qui sans interruption régnera entre Dieu et chaque âme ! Tout ce qu'il y a au fond de cette tendresse admirable, quand même j'aurais toute la science des hommes, et toutes les voix des Anges, je ne pourrais le manifester.

Les enfants morts sans baptême avant l'âge de six ans demeurent dans une place honorable particulière, que Dieu leur a préparée hors de son royaume. Ils sont là dans leur pleine croissance comme s'ils avaient l'âge de trente ans ; ils ne portent pas de couronne, Dieu n'ayant en eux rien à récompenser ; mais dans sa bonté il leur a donné de vivre dans une grande commodité ; ce qu'ils ont de plus élevé, c'est que tout ce qu'ils possèdent ils le tiennent absolument par grâce. Ils chantent ainsi : « Nous louons celui qui nous a créés ; seulement nous ne le verrons jamais ; si nous pouvions endurer la souffrance, nous l'aurions à jamais déploré : maintenant, nous devons nous trouver assez heureux. »

Quelques personnes pourront trouver étrange qu'une misérable pécheresse comme moi ait l'audace d'écrire de telles paroles. Je vous le dis en vérité, si Dieu n'eût subjugué mon cœur, il y a sept ans, par des dons particuliers, je garderais encore le silence et n'aurais jamais rien fait de cela. Toutefois par la bonté de Dieu, il n'en est résulté pour moi aucun dommage ; ce qui vient du miroir où se peint ostensiblement ma méchanceté, et dont mon âme se rend facilement un juste compte, et aussi de la noblesse de la grâce qui se trouve dans les vrais dons de Dieu. Plus l'âme s'élève à de grandes hauteurs, moins le corps pourra recevoir d'honneur en paroles ou de relâche ; on ne doit pas non plus se plaindre à vous, (Seigneur), des peines qu'on souffre, car il est naturellement lâche et douillet. On doit le tenir comme un vieux serviteur qui ne peut plus faire son service à la cour, à qui l'on fait l'aumône uniquement pour l'amour de Dieu. Voilà ce qu'il lui faut, car plus le chien a d'ardeur, plus son collier doit être solide.

Et maintenant, Seigneur bien-aimé, je recommande tout ce discours à votre douce bonté, et vous prie, vous que j'aime tant, avec les soupirs de mon cœur, les larmes de mes yeux, et l'isolement de mon âme, que jamais cela ne soit lu de quelque Pharisien ; et je vous supplie encore, mon bien-aimé Seigneur, que vos enfants accueillent ces paroles comme vous-même, Seigneur, les avez proférées dans la droite vérité.

16.

DES DIVERSES PORTES DU CIEL.

Le royaume des cieux a plusieurs belles portes, et toutefois n'en a pas une. Ces diverses portes sont les diverses et magnifiques récompenses avec lesquelles Dieu reçoit chaque âme en particulier, alors que le ciel entier se lève pour venir à l'encontre de l'heureuse épouse du Seigneur. Dieu descend lui-même en passant à travers tous les chœurs et vient au-devant de l'âme, suivi de toute l'armée céleste, avec la magnificence convenable, selon la récompense qu'elle doit recevoir. L'âme qui sort alors ou du purgatoire, ou de cette terre d'exil, est accompagnée d'une multitude de beaux anges. Aux portes du ciel a lieu la rencontre de Dieu et de l'âme. L'accueil tout plein de noblesse avec laquelle il la reçoit, produit en elle un effet si puissant, qu'elle ne peut plus penser à ce qu'elle a perdu ou à ce qu'elle a souffert dans son cœur.

On lui met sur la tête, à la porte même, une couronne ordinaire, qui est la volonté de Dieu; c'est ainsi qu'il l'introduit glorieusement, et pour cette raison cette couronne s'appelle la couronne du royaume. Le pécheur rebelle jusqu'à la mort où Dieu lui envoie le repentir, n'en reçoit pas d'autre pour sa récompense. Dieu couronne de ses propres mains trois sortes de personnes : les vierges, les veuves et les époux. Après les avoir solennellement reçus, il les couronne : les veuves et les époux, en restant assis dans sa toute-puissante gloire ; mais pour les vierges, il se lève et se tient debout pour les couronner, comme un noble prince impérial. Il les salue intérieurement avec sa vivante divinité, il les honore extérieurement de sa toute-puissante humanité, et les pare de la bénignité de son Esprit de sainteté. Il les récompense sans fin avec son entière Trinité, les plaçant dans son royaume, selon ce qu'elles y ont apporté avec elles. Il les remercie toutes en particulier d'avoir bien voulu venir, et elles louent Dieu avec délices, de ce qu'il les a sauvées de la mort éternelle.

TRAITÉ DES SAINTS NON ENCORE CANONISÉS.

17.

DE FRÈRE HENRI.

EN l'Ordre des Prêcheurs il mourut un Frère au saint jour de Pâque. Il avait prêché, chanté la messe, et distribué au peuple le saint corps du Seigneur. Après avoir ainsi accompli tout son ministère, il se fit donner les saintes huiles, et décéda sur la nuit. Comme on l'enterrait, une personne s'approcha du cadavre, et salua du Frère et le corps et l'âme, selon l'habitude qu'elle s'était faite à la mort des gens d'Église. Alors Dieu célébra en l'âme de cette personne des noces divines, et elle vit l'âme du frère, que Dieu tenait embrassée dans une grande gloire. Elle vit toutefois que sa gloire n'était pas encore parfaite, et elle demanda à Notre-Seigneur combien de temps il serait encore ainsi, et si d'abord il avait souffert dans le purgatoire. Et Notre-Seigneur lui dit : « Il sera ainsi quatorze heures ; » ce qui faisait sept jours et sept nuits. Lui cependant s'était incliné sur le sein du Seigneur dans un indicible bonheur, en dédommagement de la dévotion intime, qui chez lui sur cette terre manquait beaucoup de préparation. Il était arrivé là sans souffrir de peine, avec autant de promptitude qu'en met une mère à retirer du foyer son enfant dans ses bras. Et il parla ainsi : « Dis à ma sœur [Oda] que je veux la consoler avec Dieu avant la fin de la quinzaine. » Ce qui arriva en effet, attendu qu'elle mourut au bout de ce terme. Il m'invita alors à ses noces, pour le moment où il devrait recevoir sa gloire. Dans ce but, toute l'armée céleste se prépara, et se forma en une magnifique procession. Saint Dominique vint avec toute une troupe uniquement composée de Frères-Prêcheurs, qui avaient quitté ce monde, portant des couronnes d'or, aussi nobles au ciel qu'ils avaient été saints sur la terre. Saint Dominique en venant à la rencontre de Frère Henri portait une couronne lumineuse, qui dans son aspect brillait avec autant d'éclat que le soleil dans sa splendeur. Il la donna au Frère de la part de Dieu, en récompense de ce qu'il avait imité son saint exemple dans l'Ordre des Prêcheurs. Saint Dominique est infiniment plus beau que les autres, parce qu'il a pour chaque Frère une distinction spéciale en récompense. Je le vis particulièrement revêtu d'une triple dignité. Il porte un habit blanc, en signe de sa perpétuelle chasteté ; par-dessus il a un vêtement vert, qui signifie la pleine sagesse de Dieu, et enfin un vêtement rouge sans tache, parce qu'il a souffert spirituellement le martyre. Tous les Frères ont un magnifique signe de la dignité de l'Ordre, qu'aucun autre ne peut porter. Ils étaient précédés d'une belle bannière, suivie aussi de tous ceux qu'ils dirigent par leurs bons conseils.

Notre-Seigneur s'assit donc dans sa toute-puissance et couronna le Frère d'une triple couronne d'honneur pour son obéissance dans la simplicité, pour sa pauvreté volontaire, et pour sa constante abjection. Et Frère Henri remercia ainsi Notre-Seigneur : « Je vous rends grâces, Seigneur, pour les talents que vous m'avez donnés, pour me les avoir conservés, et pour les avoir récompensés. » Puis il s'inclina vers Notre-Seigneur et se tourna ensuite vers ses frères. Alors saint Dominique dit ces paroles : « Sois le bienvenu, cher fils, entre maintenant dans la gloire de ton Seigneur ; alleluia. »

Si j'ai obtenu la grâce de jouir de ce spectacle, cela vient en particulier de ce que pour Dieu j'ai vécu dans l'exil, et que j'ai été méchamment et constamment méprisée des amis de Dieu.

18.

DE FRÈRE ALBERT.

Quand la science s'adjoint la sagesse et l'amour, elle produit des fruits d'élection, et personne ne connaît ce qu'il a de bon en soi, s'il n'est éprouvé par la méchanceté. Je priais pour l'âme de Frère Albert de Minden, et alors Dieu me fit voir sa dignité. Je vis donc les couronnes de sept vierges suspendues sur sa tête. Comme je m'étonnais qu'il en fût ainsi parce qu'il avait été un pénitent, Notre-Seigneur me dit : « Il a obtenu ces couronnes pour avoir conservé à sept vierges leur chasteté au prix de nombreux travaux, uniquement pour mon amour, et elles feront l'éternel ornement de sa dignité, sans jamais toutefois lui toucher le corps ni l'âme. »

J'ai vu dans le ciel la récompense, la dignité, la couronne, et tout cela n'est pas une même chose. La récompense est attribuée aux actes, la dignité aux vertus, et la couronne à l'amour. La récompense s'accroît à proportion du nombre des bonnes œuvres, la dignité s'étend dans la mesure des vertus, et la couronne brille dans la hauteur selon l'intensité de la ferveur dans l'amour.

Frère Albert me dit alors qu'un Frère devait mourir six ans plus tard. Cela ne fut pas vrai ; et la septième année j'interrogeai le Seigneur comment cela se faisait, et Notre-Seigneur répondit : « Il a vu ma disposition et non mon élection. J'élis mes amis particuliers au milieu de longs mépris qu'ils subissent sans qu'il y ait de leur faute, et je les ajourne dans un saint désir qu'ils ont de vivre plus longtemps. »

Lorsque l'homme regarde son cœur dans la lumière de l'amour, qui est dans la vérité, il n'y trouve rien sinon qu'il est méprisable plus que personne. Alors croît le désir avec une faim immense, qui transporte l'homme hors de lui-même dans la volonté de Dieu, à ce point que Dieu veut dans son bon plaisir que l'homme attende encore, et qu'il lui confère de nouveaux dons, si celui-ci s'applique soigneusement à les conserver.

19.

D'UN ÉTUDIANT QUI DEVINT INSENSÉ.

[Un étudiant d'une bonne conduite et servant Dieu, qui m'était uni par les liens du sang, par une permission de Dieu et une secrète disposition de sa providence, perdit le sens et la raison, et persévéra dans cet état de démence jusqu'à la fin de sa vie. J'avais pensé à le faire entrer en religion et au service de Dieu ; aussi je fus très-affligée de cet événement. Je priai donc le Seigneur pour lui,] et voici la réponse qu'il me donna : « Je te le dis dans mon ardente divinité, et ma vivante humanité, que sa nature est morte d'une sainte mort, en sorte qu'il ne commettra jamais de péché grave sur la terre. » Alors il m'apparut semblable à un Frère-Prêcheur, debout sur une colonne de marbre rouge, et prêchant au peuple en cette manière : « *Venite, benedicti Patris mei :* venez, les bénis de mon Père. Venez à moi, vous tous bienheureux ; et retirez-vous de moi, vous tous maudits. » Et je vis et reconnus que tous les Frères-Prêcheurs prêchent et enseignent d'après ces deux paroles.

20.

DE LA SŒUR HILDEGUNDE.

En la fête de sainte Barbe, la Sœur Hildegunde reçut sa gloire. C'est ce que Dieu fit voir à une pauvre chienne paralysée, qui ne peut que lui lécher ses plaies en soupirant. Cela eut lieu pendant que je priais ; j'ignore si le ciel s'abaissa jusqu'à moi, ou si je fus ravie dans la bienheureuse maison de Dieu. Hildegunde se tenait debout devant le trône du Père céleste, parée comme une nouvelle mariée, que le roi conduit à son palais. Elle avait autour d'elle trois manteaux et portait sur la tête sept couronnes, recevant des louanges spéciales des neuf chœurs. En la voyant je la reconnus à tous les dons qu'elle avait reçus de Dieu. Cependant j'étais bien aise de parler avec elle, et je l'interrogeai afin d'avoir la satisfaction de rester plus longtemps avec elle. « Eh bien ! pourquoi as-tu ce manteau couleur de rose ? » Hildegunde répondit : « J'ai été martyre dans le feu de l'amour, à ce point que le sang a souvent jailli de mon cœur sur ma tête. » Je continuai à l'interroger : « Pourquoi ce manteau d'or qui jette un si bel éclat ? » Elle répondit : « C'est pour avoir donné l'exemple des bonnes œuvres. » Et je dis : « Pourquoi as-tu ce manteau tout blanc et tout couvert de fleurs? » Elle répondit : « A cause de cet amour insigne que je portais secrètement dans mon âme et dans mes sens. »

Voici quelles étaient les sept couronnes : couronne de fermeté, couronne de sainte foi, couronne de fidélité, couronne de tendre compassion, couronne de sainte raison, couronne d'amour, couronne de virginité. Alors je l'interrogeai encore : « Mon amie, où est donc la couronne d'humilité, qui convient si bien aux personnes religieuses? » Elle répondit : « Je ne l'ai pas eue particulièrement, ni ne l'ai jamais acquise, sinon que Dieu m'a ôté la superbe. » Ces sept couronnes sont toutes spécialement ornées du noble diadème de la pure et auguste chasteté.

Voici comment les chœurs expriment leurs louanges à l'égard de neuf vertus : « Nous te louons pour ta pénitence, pour ta bonne volonté, pour ta véracité, pour ta sagesse, tes doux soupirs, ta pauvreté volontaire, ta force, et ta droiture. » Et les Séraphins auxquels elle est associée la louent ainsi : « Nous te louons pour ton amour pour Dieu, ô reine. » Les trônes la louent ainsi : « Nous louons l'époux pour la beauté de l'épouse. » Je lui demandai encore beaucoup de choses dont je ne veux rien dire présentement ; car, bien que le ciel n'ait qu'une seule couleur, la terre est malheureusement changeante pour moi et pour maint autre qui n'est jamais allé au ciel, où l'on contemplera la vérité.

21.

DE FRÈRE BAUDOIN.

[Frère Baudoin, le propre frère de la Sœur Mechtilde, fut dès son enfance élevé dans de bonnes mœurs et formé à toutes les vertus. Par les soins de sa sœur il fut appliqué aux lettres et parfaitement imbu des sciences de l'école. Enfin, grâce à la même, il fut reçu dans l'Ordre des Prêcheurs, où il fit tant de progrès dans la science et la vertu que ses Frères l'élevèrent malgré lui à l'office de sous-prieur. Il s'y épuisa tellement que, malgré sa jeunesse et sa force, il commença à défaillir ; toutefois par obéissance il continuait d'exercer son emploi avec une grande bonne volonté. Sa sœur, en ayant eu connaissance, pria le Seigneur pour lui, afin qu'il daignât le visiter dans sa miséricorde[1].] Le Seigneur m'apparut et me dit : « J'ai appris et j'ai vu tous les travaux qu'il supporte, les lectures qu'il fait et les livres qu'il écrit ; tout ce qu'il fait chantera un chant d'amour à ma louange devant ma famille éternelle et dira : Dieu grand, éternel, fort, admirable, alleluia ! Et j'exalterai sa tête et toutes ses forces, comme je l'ai fait pour toi, non-seulement dans l'ordre de la nature, mais encore dans celui de la grâce. »

---

1. Dans l'allemand, ce préambule sur le Frère Baudoin est abrégé et ne le nomme que dans le titre, sans indiquer sa parenté avec la sœur. Dans le manuscrit B de Bâle, il y a en marge : Il a écrit de sa main la Bible où l'on fait la lecture aux repas dans le couvent de Halle.

[J'écrivis aussi cette lettre à mon frère : « La joie la plus élevée qui est au royaume du ciel, est la volonté de Dieu. Que notre mauvaise volonté devienne bonne volonté, il en résulte une joie divine dans le cœur affligé. Une âme vraiment religieuse doit effacer par la confession la faute d'avoir méprisé les dons de Dieu et de ne les pas avoir reçus avec reconnaissance. Ces dons, lorsqu'ils viennent avec la tribulation, doivent être reçus avec joie et amour. S'ils sont conférés avec la consolation, il faut les embrasser avec confiance et crainte ; mais les uns et les autres avec de dignes actions de grâces ; ainsi tous concourront à augmenter nos mérites et nos récompenses. Frère bien-aimé, sois toujours d'accord avec Dieu, et fais ta joie de sa volonté. »]

22.

DE FRÈRE HENRI LECTEUR QUI A MIS CE LIVRE EN ORDRE [1].

[Frère Henri, dit de Halle, lecteur de Rupin, s'étant fort étonné des paroles et des écrits de la sœur Mechtilde, reçut d'elle cette réponse] : « Maître Henri, beaucoup de paroles qui sont dans ce livre vous étonnent. Ce qui m'étonne, moi, c'est votre étonne-

---

1. Ce titre, pris dans le manuscrit latin où on s'est servi du verbe *compilavit*, s'entend probablement de la rédaction et disposition en Livres des écrits de la sœur Mechtilde, d'abord en allemand, et peut-être aussi en latin, si c'est le même Henri qui a fait la traduction dont on parlera plus loin.

ment. Je gémis encore plus du fond de mon cœur depuis le jour où, misérable pécheresse que je suis, il me fallut écrire, et cette connaissance de la vérité, et cette sainte contemplation de la majesté, que je ne puis exprimer à personne que par des mots qui me semblent beaucoup trop au-dessous de l'éternelle vérité. Je demandai au Maître de vérité ce qu'il avait à dire là-dessus ; il répondit ainsi : « Demande-lui comment il se fit que les Apôtres, après avoir montré une si grande timidité, parurent avec tant de hardiesse quand ils eurent reçu le Saint-Esprit. Demande-lui où était Moïse quand il ne vit rien que Dieu ; demande-lui encore comment Daniel prit la parole quand il n'était qu'un enfant, qu'il convainquit de mensonge les vieillards iniques et délivra Susanne. »

[Ce Lecteur susdit, homme de science et de vertu, recueillit toutes les paroles de cette Mechtilde et en rédigea un Livre qu'il divisa en six parties, comme les lecteurs peuvent le voir maintenant. La Sœur Mechtilde, qui lui survécut, vit son âme devant le Seigneur, avec ce livre dans la main dont il témoignait beaucoup de joie et d'honneur. En écrivant ce livre, il s'était en effet acquis de grandes récompenses qui le faisaient paraître glorieux aux yeux de tous les Saints.]

LIVRE TROISIÈME

1.

DE DIÉTRICH, DOYEN DE MAGDEBOURG.

Nous devons saluer les hommes dans le Saint-Esprit avec son bon plaisir divin, et remercier ce Saint-Esprit de ses dons miséricordieux. Mais nous devons encore plus avec l'universalité de toutes les créatures remercier le Père céleste des présents sacrés que du sein de sa bienheureuse Trinité il verse, sans interruption et tous les jours, dans les cœurs des pécheurs. Si l'aigle prend un essor si élevé, ce n'est pas au hibou qu'il doit en savoir gré.

[A la prière du seigneur Diétrich, le vénérable doyen de l'Église de Magdebourg, et sur son désir, je priai pour lui Notre-Seigneur. Voici la sainte réponse de Dieu et comme il me parla : « Son désir tend à vivre dans l'humilité ; c'est là un grand don que je lui fais, et sa volonté est sainte. Il doit néanmoins rester où il est présentement. Cette règle lui a été envoyée par Dieu, le pape suprême du ciel, et elle s'exprime comme il suit : Il doit toujours prier, toujours comme sans interruption, selon l'ordre établi pour les clercs. Pour cela je veux lui donner ma suavité divine, dont il jouira dans la solitude de son cœur. Quand il sera tenté, qu'il m'invoque avec force, et je viendrai promptement à son secours. Qu'il s'acquitte intégralement de ses dettes et ne fasse qu'une petite dépense. Qu'il ne prenne personne pour tenir ses comptes par esprit de faste ou d'intérêt, mais qu'il emploie plutôt des serviteurs d'une conduite pure pour ses véritables besoins. Il ne doit pas s'inquiéter de ses parents, mais si l'un d'eux veut l'imiter, qu'il l'y aide. Qu'il porte des vêtements aussi fins que ceux qu'il porte maintenant, mais sur la peau il aura un vêtement grossier, pour obvier à la mollesse de leur contact avec son corps. Il dormira aussi sur la paille entre deux couvertures de laine, avec deux oreillers sous la tête, mais dans la journée il fera étendre une belle couverture sur son lit, qui devra rester dans le même état où le public a pu le voir précédemment. Il fera étendre devant son lit un tapis avec un prie-Dieu. C'est ainsi qu'il réparera, avec un cœur humble, par le bon exemple, celui d'une mauvaise vie. Il aura aussi auprès de son lit deux verges pour se fustiger lorsqu'il s'éveillera. Une fois par jour il priera prosterné tout de son long, et dira : Seigneur, Père éternel, Dieu du ciel, je vous remercie, homme indigne que je suis, d'avoir abaissé votre grâce jusqu'à moi. Maintenant, je vous supplie, ô Père bien-aimé, avec tous vos amis, de faire tomber la douceur céleste ici-bas sans interruption de cette source vive, sans fond de votre sainte Trinité, pour en purifier mon âme de toutes ses souillures : *per Dominum nostrum*, etc.

Je dis ensuite au Seigneur : « Seigneur, comment restera-t-il sans péché dans ces honneurs terrestres ? » Notre-Seigneur répondit : « Il se tiendra dans une perpétuelle crainte, comme une souris prise au piége, qui n'attend plus que la mort ; la partie inférieure du piége étant sa dignité terrestre, et la supérieure ma toute-puissance. » Et Notre-Seigneur donna cette explication : « Si quelqu'un veut me goûter sincèrement, il doit en tout temps et en toutes choses rester de glace pour les feux de sa chair, alors que son cœur se joue d'une secrète volupté. Lorsqu'il prend sa nourriture, qu'il soit sobre et libéral. Quand il dort, que ce soit avec modestie, et seulement en union avec moi. Tant qu'il est dans le monde, il doit être en son cœur comme la souris dans la souricière. Dans sa confession, qu'il soit sincère, docile, et accomplisse en tout les avis de son confesseur. »

2.

OU IL EST QUESTION DU MÊME DOYEN DE MAGDEBOURG.

C'est par la volonté de Dieu que ce même seigneur a été élu doyen, et voici comme Dieu s'est exprimé sur lui : « Je l'ai transféré d'une place dans une autre, pour qu'il serve à repaître les boucs. » Glose : Dieu appelle les chanoines des boucs, parce que leur impudicité répand une mauvaise odeur dans l'éternelle vérité, devant sa sainte Trinité. La peau du bouc est précieuse, ainsi en est-il de leur dignité et de leur office ; mais quand cette peau leur sera enlevée par la mort, ils auront perdu toute leur valeur.

Notre-Seigneur fut aussi interrogé comment les

boucs pouvaient devenir des agneaux. Il répondit ainsi : « Qu'ils se nourrissent de ce que le seigneur Diétrich leur mettra dans le ratelier, c'est-à-dire, les saintes pénitences, les avis fidèles en la confession, ils deviendront aussitôt des agneaux, et de ceux qu'on appelle des béliers, parce qu'ils ont des cornes. Les cornes sont la puissance ecclésiastique, dont ils doivent user saintement pour la gloire de Dieu. On doit être fort, et se confier pleinement en Dieu, car il a dit : J'aiderai moi-même à acquitter la dette du seigneur (doyen) avec bénéfice.

3.

DES VERTUS QUE DOIVENT AVOIR LES PRÊTRES.

Le céleste Père m'a indiqué sept qualités que doit posséder tout prêtre de Dieu, et il m'a dit : « Ils doivent être sans faute en eux-mêmes, et les objets (requis pour célébrer) doivent être parfaits. S'il y a quelque doute, il faut tout laisser et ne rien faire. Ils doivent déposer toute crainte et oublier la loi des Juifs et manger mon Agneau vivant, boire son sang avec des soupirs, se souvenant de ses grandes souffrances. Mais si un prêtre a quelque faute à se reprocher, mes enfants mangent alors le pain céleste et Judas va à l'enfer. Si les objets nécessaires pour la messe ne sont pas prêts, la table de Dieu reste vide, et on retire aux enfants la nourriture (qu'ils y devaient prendre). Enfin, si à l'autel le prêtre voit sa vie en danger, il vaut mieux qu'il répande son sang que le mien. »

4.

DE LA COMMUNION DES INFIRMES.

J'ETAIS si simple que je ne pouvais avec l'aide de mon intelligence et de ma foi m'expliquer qu'un malade qui vomit ne pût pas recevoir le corps du Seigneur, parce qu'on ne peut être privé de Dieu que par le péché. Mon âme donc dans l'union de l'amour demanda à Notre-Seigneur comment cela se pouvait faire. Il me répondit ainsi : « Tu as raison ; on ne peut être privé de moi que par le péché ; mais le corps du malade est privé de mon corps par la maladie. » Je vis en la sainte Trinité cette explication de ces paroles : Quand nous recevons le corps du Seigneur, la divinité s'unit à notre âme innocente, et l'humanité de Dieu se mêle à notre affreux corps, et le Saint-Esprit fait sa demeure dans notre foi : union que nous devons conserver avec une grande vigilance.

Ensuite Notre-Seigneur me dit que les prêtres doivent recevoir leur offrande en quatre endroits et jamais ailleurs : de l'autel, de la pixide qui contient le corps du Seigneur pour les infirmes. L'infirme doit faire une offrande pour les saintes huiles selon sa condition et sa bonne volonté. A la campagne le prêtre doit recevoir ce qu'on veut bien lui donner. Il ne doit ni choisir, ni rien demander ; car ce que l'infirme peut offrir, le prêtre doit l'accepter à titre de présent et non comme de droit.

5.

DES OFFRANDES DES LAÏCS.

Les laïcs, dans leurs offrandes, doivent autant se garder d'une vilaine avarice, que les prêtres d'une prompte avidité : ce qui est nécessaire de deux parts. Le laïc en effet doit faire son offrande avec grande charité et un cœur content, comme si c'était à Dieu, et le prêtre doit l'accepter avec une humble crainte et un cœur tremblant, comme de la main de Dieu, à qui il le rendra en agissant louablement dans toutes ses actions : car les biens terrestres sont d'un caractère vil et bas, quand on les reçoit, et prennent des façons libérales quand on les donne.

6.

DES RELATIONS DES CHRÉTIENS AVEC LES JUIFS.

Après cela Dieu m'instruisit comment les Chrétiens doivent se comporter à l'égard des Juifs. On ne doit rien observer de leur loi. On ne doit pas demeurer avec eux ; on ne doit pas non plus passer la nuit avec eux. On doit leur vendre ou leur acheter sans procédés d'amitié et sans fausse avidité.

7.

DU TRISTE ÉTAT DE L'ÉGLISE.

O MALHEUR ! couronne de la sainte Église, combien es-tu déformée ! Tes pierres précieuses sont tombées, parce que tu fais honte et dommage à la sainte foi chrétienne. Ton or s'est corrompu dans la boue de l'impureté, tu es appauvrie et n'as plus rien du véritable amour. Ta chasteté a été consumée dans le feu dévorant de la gloutonnerie, ton humilité a disparu dans les marécages de la chair, ta vérité a été anéantie dans le mensonge de ce monde, les fleurs de tes vertus sont toutes tombées de ta tête. Hélas! ô couronne sainte du clergé, comment t'es-tu évanouie ? tu n'as conservé de toi-même que l'odieux, c'est-à-dire, la puissance spirituelle avec laquelle tu fais la guerre à Dieu et à ses élus. Pour cela, Dieu t'abaissera avant que tu ne t'en doutes, car Notre-Seigneur s'est exprimé ainsi : « Je veux toucher en son cœur le Pape de Rome d'une grande douleur, et dans sa douleur je lui parlerai, et je lui déclarerai que mes pasteurs de Jérusalem sont devenus des meurtriers et des loups, qui sous mes yeux tuent les blancs agneaux : toutes les vieilles brebis sont malades parce qu'elles ne paissent plus dans de saints pâturages, qui ne poussent que sur les hautes montagnes de l'amour de Dieu et de la doctrine saine. Qui ne connaît pas le chemin de l'enfer, n'a qu'à regarder ce clergé corrompu qui y va tout droit avec femmes et enfants et d'autres péchés publics.

Il est vraiment nécessaire que les derniers Frères arrivent, car si le manteau est vieux, il n'en réchauffe pas mieux. Il faut que je donne à mon épouse, à la sainte Église un manteau neuf, qui sera celui des derniers Frères dont il est question ailleurs. O Pape, ô mon fils, si tu accomplis cette œuvre, tu prolongeras tes jours. Si tes prédécesseurs ont vécu si peu de temps, c'est pour n'avoir pas voulu exécuter mes secrètes volontés. » C'est ainsi que j'ai vu le Pape pendant sa prière, et que j'ai entendu Dieu lui notifier ces paroles.

8.

LUTTE CONTRE LA TENTATION.

Je priais pour une personne, ainsi qu'on me l'avait demandé, afin que Dieu lui enlevât ces mouvements charnels qui ont lieu toutefois sans péché, quand il ne s'y joint pas de mauvaise volonté. Et Notre-Seigneur me dit : « Tais-toi. Aimerais-tu mieux qu'un chevalier muni de toutes ses armes, bien instruit dans sa noble profession, doué d'une force virile, et habile de ses mains, se montrât insouciant de l'honneur de son maître, et perdît avec sa solde les louanges que lui et son maître recevraient dans leur patrie? Mais si un homme sans expérience, qui par lâcheté n'a jamais pris de part à un combat, veut entrer dans le tournoi des princes, il y perdra aussitôt la vie. Je dois donc ménager ceux qui feraient si facilement une chute ; je les laisse seulement combattre avec les enfants, pour y gagner en prix une couronne de fleurs. »

9.

DE LA RÉMISSION DES PÉCHÉS.

Une personne affligée me demanda de prier pour elle ; ce que je fis avec crainte à part moi. Et Dieu jetant ses regards sur moi m'entendit, et me parla de sa propre voix et avec ses propres paroles en cette manière : « Il n'est pas d'agneau si blanc ni si pur qui ne soit saisi de crainte à l'aspect du loup ; mais personne ne peut détruire l'élection que j'ai faite, et que j'ai témoignée à cette personne en trois choses, dont la première est que je suis miséricordieux pour ses fautes ; la seconde, que je lui ai donné ma grâce, et la troisième, que je ne permettrai jamais que des personnes infidèles lui fassent quelque violence. » Alors je réclamai ainsi pour elle : « Seigneur, elle craint beaucoup que vous ne lui ayez pas complétement pardonné sa faute. » Dieu répondit : « Ce serait impossible : celui qui a de la douleur de ses péchés en reçoit de moi le pardon ; s'il continue à gémir, j'y ajoute ma grâce ; s'il se repent encore, préférant perdre la vie plutôt que d'en commettre encore, et qu'il persévère ainsi, après cette vie, il n'aura plus de peines à souffrir pour ses péchés, excepté pour les graves fautes vénielles dont il n'aurait pas fait pénitence.

10.

D'UNE CERTAINE DÉVOTE (BÉGUINE) QUI DUT SE CORRIGER.

Dans ma société, il y a une personne religieuse dont j'eus beaucoup à souffrir pour sa mauvaise conduite, attendu qu'elle ne voulait m'obéir en rien. Je m'en plaignis à Dieu avec tout mon désir, et je m'étonnais beaucoup d'où cela pouvait provenir. Et Notre-Seigneur dit : « Vois d'où cela vient. » Je regardai et je vis un démon qui éloignait cette personne de tout ce qui pouvait être bon ; et je dis : « Qui t'a donné le pouvoir de faire ainsi injure à Dieu en cette personne? » Le démon répondit : « Je ne tiens ce pouvoir d'aucun autre que de sa propre volonté. »

A ces paroles je vis que le démon poursuit ainsi de ses railleries toutes les personnes de religion qui lui donnent quelque licence sur elles-mêmes, en menant une vie hypocrite, en sorte que, d'après le diable, la faute devant Dieu n'en est ni à lui ni à d'autre créature. Je dis donc : « Qui pourra aider cette pauvre personne à se délivrer de toi ? » Le démon, contraint par Dieu, répondit : « Personne ne peut l'aider que sa propre volonté, car Dieu lui a donné le pouvoir de changer ses sentiments. Si elle le fait, je l'aurai bientôt abandonnée. — « Je te demande maintenant dans l'éternelle vérité, comment tu t'appelles? » Il répondit : « Je m'appelle le crochu (*widerhack*), et cette troupe que tu vois en arrière est celle de mes compagnons qui ont le même emploi que moi-même, et qui sont d'autant plus nombreux qu'ils trouvent plus de gens indociles à faire le bien qu'on leur enseigne avec fidélité. »

Aussitôt mon âme s'élança vers Dieu avec une telle promptitude qu'elle s'éleva sans effort au-dessus d'elle-même, et se trouva devant la sainte Trinité, comme un enfant se trouve sous le manteau de sa mère et repose directement sur son sein. Et mon âme parla avec la puissance et la voix de toutes les créatures en cette manière : « Oui, mon bien-aimé, souvenez-vous présentement de la peine que je souffre de cette personne, et changez ses sentiments par votre divine suavité. » — « Non, dit Notre-Seigneur, elle n'est pas digne de recevoir ma suavité, mais je vais l'affliger dans son corps, et la maladie la paralysera si bien qu'elle ne pourra suivre aucune voie de péché. Je la rendrai si muette qu'elle ne pourra proférer de mauvaises paroles ; elle sera si aveugle, qu'elle aura honte de voir la vanité. Cependant ce qu'on lui fait alors, c'est à moi qu'on le fait. » Et réellement tout cela lui arriva quatorze jours plus tard. Alleluia.

11.

D'UNE BÉGUINE QUI N'EN AVAIT QUE L'HABIT.

UNE dame s'était donnée [en prenant l'habit de Béguine], mais elle voulait néanmoins faire le service à la cour, ce qui fit que je priai pour elle de tout mon pouvoir jour et nuit ; car je la voyais se faire un si grand tort, qu'après cette vie, si elle persistait ainsi, elle serait misérablement la compagne du démon. Elle aimait si fort ses maîtres qu'elle n'avait aucun égard pour l'honneur de Dieu. Elle s'appliquait aux vaines cérémonies de la cour, et ne voyait rien autre chose que la grande noblesse de son seigneur et de sa maîtresse.

Il vint alors un démon grand, embrasé, sanglant, noir, crochu et cornu, avec des yeux de verre, et il s'arrêta devant moi. Je n'en eus pas peur, toutefois je me signai, puis je m'endormis. Alors il se roula sur moi comme une outre pleine d'eau et me fit tant souffrir que je demandai grâce à Notre-Seigneur ; mais un Ange éclatant de blancheur vint à mon secours ; il était du quatrième chœur des Anges, et le gardien de cette dame. Et je lui demandai quel était cet ennemi, et ce qu'il me voulait. Et le bel Ange me dit d'une voix céleste : « C'est un des plus méchants démons que l'enfer puisse fournir, et dont l'emploi est de suggérer aux cœurs purs qui veulent encore rester bons, une affection dangereuse ; et il te persécute parce que tu veux l'éloigner de cette dame. » — « Bien ; doit-il me persécuter longtemps ? » — Non ; Dieu veut ainsi manifester sa bonté. »

En suite de cela le démon vint et me décocha des flèches de feu, qui me firent souffrir les peines de l'enfer dans le corps et dans l'âme. Et je dis : « Fais-moi tout ce que Dieu t'a permis. » Et le démon, comme dérangé, me répondit : — « Maintenant que tu acceptes humblement la souffrance, j'ai perdu toute ma force. » Et l'âme reprit : « Par le Dieu vivant je t'adjure de me dire ton nom et quel est ton emploi auprès de cette personne. » — « Mon nom ? Je ne te le dirai jamais, parce que j'en souffrirais trop de dommage ; tu le sauras au dernier jour. Mon emploi auprès de cette personne est d'exciter en elle un orgueilleux dédain, une sagesse précipitée, et une violente cupidité, éloignant de son cœur tout sentiment de compassion. Mon nom est sécheresse (*grellekeit*) et colère, qui ruine les cœurs des âmes livrées à la dévotion.

12.

DES FRÈRES DES DERNIERS JOURS, ET DE L'ANTE-CHRIST.

L'ORDRE des Frères-Prêcheurs fut violemment attaqué par de faux maîtres, et aussi par d'avides pécheurs[1]. Alors je priai Notre-Seigneur de vouloir lui-même prendre la défense de sa gloire, et Dieu dit : « Tant que je voudrai qu'ils existent, personne ne pourra les détruire. » Et je fis cette question : « Seigneur bien-aimé, l'Ordre doit-il durer jusqu'à la fin du monde ? » Et Notre-Seigneur répondit : « Oui, ils dureront jusqu'à la fin du monde. Mais il en viendra d'autres [d'une nouvelle Religion[2],] qui l'emporteront sur

---

1. En marge dans le manuscrit latin et dans l'allemand : *anno Domini MCCLVI*. Il s'agit sans doute des attaques de certains Docteurs de Paris.

2. En marge dans le m. latin seulement : Ceux-ci viendront en l'an du Seigneur MDL ou LX, et ils prêcheront la parole de Dieu en paix durant trente ans ; après cela viendra l'Ante-Christ.

eux ; car ceux qui viendront alors seront plus sages, plus puissants, plus pauvres des choses de ce monde, et plus embrasés du Saint-Esprit, à raison de la misérable nécessité où sera réduite alors la sainte Église.

Je vis alors ces hommes, et leur vêtement, et leur genre de vie, et avec cela leur grand nombre. Ils n'ont pas plus de deux vêtements, celui de dessous blanc, et celui de dessus rouge, représentant ainsi la pure et innocente humanité de Notre-Seigneur et sa sainte mort. Leurs cheveux et leur barbe resteront tels qu'ils étaient. Ils auront une ceinture faite d'écorce d'olivier, signifiant la sainte compassion qu'ils auront pour l'Église délaissée. Ils iront pieds-nus ; mais dans les pays où il gèle, ils porteront des souliers rouges avec des cordons blancs ; ils n'auront point de bas. Ils se laveront la tête en été dans les bois avec l'eau qui s'y trouvera, mais non en hiver, car ils n'auront de demeure nulle part. Partout ils seront étrangers, et supporteront de nombreuses incommodités. Ils ne posséderont ni maisons ni de cour, et ne conserveront ni or ni argent. Chacun d'eux voyagera avec un bâton peint en blanc et en rouge. Ce bâton aura une crosse, longue d'une palme et qui sera d'ivoire. Par l'ivoire on entend qu'ils seront chastes et purs en toutes choses. Le bâton est rouge pour leur rappeler la mort du Christ ; et sur un côté sera gravée la passion de Notre-Seigneur, et de l'autre son Ascension. Ils devront avoir ce bâton en tous lieux, soit qu'ils mangent ou qu'ils dorment, qu'ils prient ou qu'ils prêchent, ou chantent la messe, ou qu'ils entendent les confessions ; et lorsqu'ils ne pourront le tenir dans leur main, ils le fixeront en terre devant leurs yeux, afin qu'ils contemplent constamment la passion du Christ.

Quand ils auront trente milles de chemin à faire, pour leur utilité ou pour leur besoin, ils pourront avoir un âne pour deux. Mais quand ils le monteront, ils ne porteront pas leur bâton de côté, mais ils le tiendront droit devant eux comme si c'était la croix. Ils doivent ainsi n'user que de vils animaux, pour ressembler à Dieu dans l'humilité, et ce ne sera que lorsqu'ils auront assez mal aux pieds pour ne pouvoir achever toute leur route. Ils ne porteront de souliers que depuis la Toussaint jusqu'au jour de Saint-Pierre, quand il devint pape. (*Chaire de Saint-Pierre*, 18 *Janvier*.)

Ils ne demanderont rien à personne pour leurs livres et pour leurs vêtements ; mais si on ne leur offre pas de nourriture, ils en demanderont humblement, et mangeront avec les gens du commun de tout ce qu'ils leur donneront, excepté de la viande. Ils n'observeront pas d'autres jeûnes que ceux qui sont prescrits aux chrétiens, et se logeront de manière à pouvoir prier et dormir à part des gens, sous un toit particulier.

Tout le monde voyant cette sainte vie, en sera si bien amélioré qu'on s'empressera volontiers de subvenir à tous leurs besoins avec grande charité. Ils ne logeront pas chez des veuves. Les fidèles leur laveront leurs pieds endurcis, avec grande dévotion, et rendront grâces à Dieu de ce que de tels hommes sont venus verser de l'huile sur les plaies de l'Église abandonnée, comme fit Marie-Madeleine pour Notre-Seigneur. Ils leur verseront aussi, à son exemple, des parfums, mais comme à de simples hommes, parce qu'ils ne sont pas dieux[1]. Quand ils leur verront leurs vêtements usés, ils leur en donneront de neufs. On voudra leur donner beaucoup, mais ils n'accepteront pas et conseilleront de faire ces dons plutôt aux établissements utiles.

Leur grand Chapitre se tiendra deux fois l'année, excepté l'utilité ou le besoin de la chrétienté, dans une forêt en été, et en hiver dans une ville, à la maison commune. Si quelqu'un veut entrer dans cet Ordre, il faudra qu'il ait deux livres différents ; ils se serviront du plus gros pour prêcher : en tête de ce livre est écrit : *Credo in Deum*, et c'est d'après ce livre que seront prêchés tous les sermons, le tout dans l'ordre de la foi chrétienne. L'autre livre plus petit leur servira à dire leurs Heures de l'année en l'honneur de Notre-Seigneur.

Le premier maître qui instituera cette vie sera le fils du roi de Rome. Son nom en allemand signifie devant Dieu *Alleluia*. Le Pape lui conférera son pouvoir immédiat, après cela il élira lui-même et recevra du Pape cet état. Alors tous les maîtres élevés s'engageront (par vœu) avec lui, et ils n'auront pas moins de vingt-quatre ans. Ils n'admettront personne qui ne soit d'une bonne santé et qui n'ait étudié dans de hautes écoles, et ainsi tous pourront devenir prêtres, confesseurs, ou de savants maîtres. Ils appelleront leur premier maître leur prince, qui marchera, lui quatrième, entre les Frères, parce que c'est en lui que la foi chrétienne sera le plus attaquée. Quatorze ensuite auront un maître parmi eux qui sera appelé leur

---

1. Cette phrase dans les deux textes, allemand et latin, est fort obscure, ainsi que quelques autres de ce chapitre.

gardien, et ce maître marchera lui troisième des Frères[1]. Leur puissance sera si grande que celle d'un Évêque ne peut leur être comparée. Partout où ils iront, ils prêcheront, entendront les confessions, chanteront la messe et liront (professeront) sans qu'on puisse le leur interdire. Dans chaque évêché, ils seront au nombre de sept, selon le nombre des dons du Saint-Esprit. Dans un archevêché ils seront treize, comme le collége des Apôtres de Notre-Seigneur. A Rome il y en aura trente, en souvenir du prix de la bienheureuse vente qui se fit du Christ. C'est à Jérusalem qu'ils seront le plus nombreux, parce c'est là que Jésus a souffert la mort pour nous.

Leur petit Chapitre se tiendra au bout de trois semaines, en l'honneur de l'union parfaite de la sainte Trinité ; il s'y rendra cinq Frères en souvenir des cinq plaies, ou bien sept, selon les dons du Saint-Esprit, et même plus s'ils peuvent y venir. Soit qu'ils mangent ou qu'ils boivent, le plus ancien dans l'Ordre devra faire un discours de la sainte conversation et vie de Jésus-Christ, tandis que les autres garderont le silence. J'ai vu aussi leur couche, et comment ils doivent dormir sur la paille, entre deux couvertures de laine blanche, avec un oreiller sous la tête, placé sur la couverture de dessous, et sur la paille. Qu'ils soient couchés ou assis, ils doivent éviter toute délicatesse, puisqu'ils seront bien portants, jusqu'à leur bienheureux martyre, comme l'a été le Christ. Toutefois, tout ancien maître qui aura rendu beaucoup de services, et à qui son âge avancé ne permettra pas

---

1. Sans doute qu'il sera partout accompagné de trois Frères, comme le premier maître le sera de quatre pour lui faire honneur et l'assister.

d'attendre la fin de l'Ordre, recevra une couche et un traitement plus délicat, car il peut encore donner de saints avis ; les meilleurs mets lui seront servis.

Cette vie sainte aura trente ans de paix, durant lesquels ils éclaireront et instruiront l'Église, en sorte que personne ne pourra par ignorance et simplicité renoncer à la foi chrétienne. Hélas! après, ce sera la grande misère. Alors viendra l'Antechrist qui s'associera les princes du monde avec de l'or, des pierres précieuses et des artifices infinis, comme ils l'aiment tant aujourd'hui. Ils l'écouteront donc volontiers, et diront qu'il est Dieu et Seigneur, ils lui donneront un grand cortége, leurs sceaux et leurs lettres. Hélas! il vient alors à la puissance ecclésiastique, il y trouve aussi l'avarice, et déploie tellement sa fausse sagesse qu'il ne reste plus guère d'évêques, de prévôts ou de curés. Cependant les pieux Frères font bon marché de leur vie ; ils prêchent avec force la foi chrétienne, et donnent une vraie rémission de tous les péchés à tous ceux qui avec un vrai repentir meurent dans la foi chrétienne, en sorte qu'ils ne passent point par les flammes du Purgatoire. Par suite de ces saintes relations des Frères avec les peuples, beaucoup sont martyrisés avec eux. Beaucoup de Juifs et de sages païens reçoivent des Frères la foi chrétienne et le baptême. L'Antechrist en sera si indigné, qu'il fera peser toute son autorité et une lourde oppression sur tous ceux qui iront à leurs prédications. Bienheureux celui qui va les écouter et persiste avec eux !

Le mal croissant, les bons se sépareront des méchants et renonceront à leur corps et à tout ce qu'ils possèdent. Les envoyés de l'Antechrist arriveront alors, et perceront d'abord le saint prédicateur à cause de sa doctrine avec une lance de fer, où, fidèle à Dieu, il restera suspendu, les yeux tournés vers les pauvres enfants de Dieu. Ainsi transpercé, il sera promené à travers toute la foule de monde ; les bons pleureront, les méchants riront. Mais le saint homme avec la voix de l'Esprit-Saint chantera : *Credo in Deum*. Il les consolera et s'écriera : « Suivez-moi, saints enfants de Dieu. » Tous ceux qui le suivront seront arrêtés, on leur bandera les yeux, on les frappera de verges et on les poussera comme un troupeau volé en une ville où il y aura une grande rivière. Là on leur coupera à tous la tête et on les jettera dans le fleuve ; mais où il n'y aura pas de rivière, ils seront menés dans la campagne et on les y martyrisera. Dieu donne aux méchants l'idée de bander les yeux aux bons afin qu'ils ne puissent voir le grand luxe, l'infinie puissance et gloire qu'ils tiennent de l'Antechrist leur maître, afin qu'ils demeurent plus constants, car ils sont toujours hommes. Ils prendront à la fin le cadavre du saint prédicateur et le placeront en un lieu élevé de la même ville, où il avait prêché et où il a été martyrisé.

Après cela, ceux qui voudront prêcher la foi chrétienne seront martyrisés tout vivants, et deviendront de grands saints. La puissance de l'Antechrist sera si grande, qu'il n'aura pas d'égal. Quand le Pape ne pourra plus lutter avec lui, il se tournera alors vers les saints Frères et souffrira ce qu'ils souffrent. Alors viendront à leur secours Enoch et Hélie qui sont maintenant dans le doux paradis où ils vivent en corps et en âme dans les mêmes délices et mangent les mêmes mets qui auraient été donnés à Adam, s'il y était resté. Ils doivent aussi se garder par obéissance envers Dieu de l'arbre dont Adam et Eve mangèrent la pomme dont Dieu leur avait défendu d'user. J'ai vu cet arbre ; il n'est pas grand, et son fruit est beau extérieurement, agréable comme une rose, mais intérieurement il est très-aigre de sa nature. Il signifie l'amertume du péché, et le tort qu'il nous cause, que Dieu n'aurait jamais fait à l'homme. Aussi pour l'homme noble ce fruit est-il si désagréable qu'il est encore notre poison, et Dieu, qui ne veut jamais qu'il arrive de mal à l'homme, l'avait-il défendu.

Aux derniers temps de cette persécution, quand les Frères auront soutenu si longtemps le peuple de leurs consolations qu'il n'y aura plus d'homme de bien qui n'ait été martyrisé, il vivra cependant encore de ces Frères. Ils souffrent avec tant d'innocence et leur prière est si sainte que Dieu leur envoie Enoch et Hélie, qui les consoleront alors et les feront sortir des forêts pour aller prêcher et se préparer à la mort. Ces deux personnages qui viendront ainsi du paradis sont si remplis de sagesse en la vérité divine qu'ils repousseront avec force l'Antechrist. Ils lui diront franchement qui il est, et en vertu de quelle puissance il fait des prodiges, d'où il vient et quelle sera sa fin. Quand ceux qu'il avait séduits entendront cela, et verront quel malheureux dieu ils se sont donné à cause de leur avarice et le plaisir qu'ils ont pris à toute sorte de mal, que Dieu connaissait dans leurs cœurs, il s'en convertira beaucoup, hommes nobles et belles dames qui, après avoir abandonné le christianisme, avaient suivi l'Antechrist.

Cependant les hommes pieux seront martyrisés, car jamais la puissance de l'Antechrist sur la terre n'aura jamais été plus grande qu'alors. Il fera rassembler tous ceux qu'il pourra trouver croyants en Jésus-Christ. On préparera alors sur la place des chaudières bouillantes, on les en fera approcher et on enverra chercher leurs femmes et leurs beaux enfants. Puis on leur ordonnera de choisir ou de conserver en abjurant la foi leurs belles femmes et leurs chers enfants, leurs richesses et leurs honneurs, ou s'ils croient au Christ, d'être bouillis dans les chaudières et d'y perdre la vie. Et les hommes diront : « Chères femmes et chers enfants, ne pensez pas à moi ; pensez plutôt que vous êtes chrétiens et offrez à Dieu votre vie, ainsi nous ne serons pas séparés. » Alors on liera aux hommes les pieds et les mains et on les jettera dans les chaudières. Mais les femmes et les enfants diront aussi : « Seigneur Jésus, ô fils de Marie, nous voulons, nous aussi, pour votre amour souffrir la même peine. » Alors on fera un grand trou qu'on remplira de feu, et on y précipitera les enfants et les mères avec du feu par-dessus, du bois, de la paille, et ils seront ainsi brûlés.

L'Ange fera sortir Enoch et Elie du paradis. La clarté et les délices dont leur corps y jouissait, n'en sortiront pas. Quand ils verront la terre, ils seront saisis d'effroi, comme font ceux qui voient la mer, et s'effraient comment ils pourront la traverser. Ils reprendront alors toute leur forme terrestre et deviendront des hommes mortels. Ils vivront de miel et de figues et boiront de l'eau mêlée de vin, et leur esprit sera nourri par Dieu.

13.

ENOCH ET HÉLIE AUX DERNIERS JOURS.

*O PUISSANT amour de Dieu, tu m'as fait une si douce violence que mon âme souffre et soupire après tes merveilles. Quand je pense que mon corps doit s'éteindre par la mort, que je ne pourrai plus souffrir ni louer mon bien-aimé Jésus, j'en ressens une telle douleur que je voudrais alors, si cela était possible, vivre jusqu'au dernier jour. C'est à quoi m'engage cet amour fidèle qui est de Dieu, sans moi et non de moi. Mais Notre-Seigneur sur ce sujet me parla ainsi : « Puisque tu dois mourir, fais pénitence tout le temps, quelque sainte que tu puisses être. » — « Ah! Seigneur, je vous en prie, que mon désir ne meure point, quand je ne pourrai plus acquérir de mérites en mon corps. » Notre-Seigneur répondit: « Ton désir vivra ; il ne peut mourir parce qu'il est éternel. Qu'il attende donc à cause de moi jusqu'à la fin des temps, quand le corps et l'âme viendront se rejoindre. Alors je les réunirai, et ils me loueront sans fin, après m'avoir servi dès le premier commencement, puisque tu aurais voulu pour mon amour remonter jusqu'à Adam, et souffrir pour toi toutes les peines et accomplir les devoirs de tous les hommes. Je dis même

---

Nota. — Ce qui est compris entre les deux * ne se trouve pas dans les Manuscrits latins, et appartient peut-être au temps des écrits du VIIe Livre, composé après l'entrée de sainte Mechtilde Monastère d'Helfta.

plus : tu subsisteras jusqu'au dernier homme. » (Ton être demeurera jusqu'au, etc.) — « O mon bien-aimé, comment sera ce dernier homme jusqu'auquel ma vie doit s'étendre? Car à la fin du monde il sera bien difficile qu'il vive encore des hommes religieux? Notre-Seigneur me répondit ainsi : « Enoch sera le dernier homme qui pratiquera la vie religieuse. »

Ensuite Dieu me fit voir la fin de ce monde, quand les derniers Frères seront martyrisés. Ils porteront leurs cheveux dans toute leur longueur par un ordre exprès de Dieu, et c'est par leurs cheveux que l'Antechrist les fera pendre à des arbres. Ils y seront suspendus et y feront une belle mort, car leurs cœurs seront aussi fortement embrasés de l'amour divin que leurs corps souffriront de tortures. Aussi ce sera entre les consolations du Saint-Esprit et les souffrances de leur pauvre corps, que l'âme s'en séparera sans se glacer d'effroi sous la torture. *

Hélie et Enoch voyageront des Indes jusqu'à la mer, suivis chacun d'une grande troupe de chrétiens qui, se sauvant de l'Antechrist, se seront réfugiés près d'eux. Ils seront tous frappés de mort, de la même manière que l'on poursuit dans la rue les chiens enragés, qu'on empoisonne et qui en meurent. Alors ils seront suivis d'autres chrétiens, mais qui ne le sont qu'en secret, car ils auront reconnu par la bonté de Dieu, qu'ils ne peuvent autrement échapper aux infidèles. Hélie sera martyrisé tout le premier ; il sera attaché à une croix élevée, cloué par les mains. Ils lui feront subir ce supplice par l'effet d'une haine cruelle, excitée par tout ce qu'il avait dit des Saints, et de ce que le Christ avait souffert. Ils ne lui donneront pas le coup de la mort, afin que la prolongation de ses tourments l'oblige à renoncer au Christianisme et à se tourner vers l'Antechrist. Mais le saint ami de Dieu ne s'ébranlera pas, et ne fera entendre aucune plainte de ses souffrances. Trois jours et trois nuits il console la sainte chrétienté jusqu'à ce qu'il rende l'âme. J'ai vu le Père céleste assister à sa fin, et recevoir l'âme d'Hélie dans les bras de son humanité, en lui disant : « Viens, mon bien-aimé, maintenant ton temps est arrivé. » Et dans le temps d'un éclair du ciel, Dieu l'introduisit.

Le malheureux homme, l'Antechrist ne permettra pas qu'on ensevelisse l'ami de Dieu, dans l'intention d'effrayer tous les chrétiens : en quoi il se trompe ; car tous ceux qui voient le cadavre en sont mus à la foi chrétienne, ils aiment à le prier ; la présence de ce corps sacré leur est si douce qu'ils en oublient les souffrances de la mort et tous les biens de la terre.

L'Antechrist laisse encore vivre Enoch, car il se flatte de pouvoir par ses doctrines artificieuses donner publiquement un tour fâcheux à toute cette sagesse de Dieu qu'Enoch fait paraître ; s'il pouvait l'attirer à lui, tout le monde lui serait acquis avec gloire. Cependant il se sépare de l'Antechrist un si grand nombre de méchants qu'il en fait de cruels reproches à Enoch, et alors celui-ci pour la première fois lui dit ainsi toute la vérité : « Tu es le fléau de l'univers, envoyé par Dieu à cause de la méchanceté des méchants et de la sainteté des bons. Tu connais bien l'Écriture de l'Ancien Testament et aussi bien celle du Nouveau ; vois donc ce qu'il adviendra de toi d'après tes œuvres. Tu t'y es appliqué avec soin, eh bien ! d'après l'Écriture tu es perdu : c'est ce que tu peux parfaitement y lire. Ce n'est pas toi qui as créé le ciel ni la terre ; tu n'as pas donné aux Anges la vie éternelle ; tu n'as formé de l'homme ni le corps ni l'âme. Tu n'as donné à aucune créature sa vie naturelle ; comment pourrais-tu donc être Dieu ? Ton œuvre tout entier n'est que mensonge et fausseté. L'éternelle vérité, c'est Jésus-Christ qui est Dieu éternel avec son Père. »

L'Antechrist lui répond avec rage : « Comment oses-tu nommer devant moi mon ennemi, et lui donner ma gloire ? Je veux avoir satisfaction de toi, et délivrer le monde de ta personne. Prenez-le sur-le-champ de par ma puissance, et versez-lui dans la bouche de la poix bouillante. Serrez-lui étroitement la gorge, et faites taire aussitôt mon ennemi. Si je voulais entendre ce qu'il dit, je prolongerais volontiers ses tourments. Une fois mort, suspendez-le au-dessus de tous les criminels, afin que tous en le voyant abandonnent la foi chrétienne. Il m'a offensé en mon honneur, personne n'a besoin de ses leçons. Il y a longtemps que je suis prévu, et d'après ma science il en ira bien pour moi. »

Enoch fit intérieurement cette prière : « Père éternel, Fils et Saint-Esprit, Dieu éternel indivis, je vous rends grâces, Seigneur, de ce que vous m'avez élu depuis si longtemps, et je vous loue, Seigneur, pour la torture que je souffre présentement ; je vous prie, Seigneur, pour mon troupeau qui est le vôtre, et qui va maintenant rester sans pasteur, conservez-le tout particulièrement et consolez-le intimement. Maintenant recevez mon âme, je n'ai pour mon corps aucune affection terrestre. » La réponse que Dieu lui donnera, ainsi que son action de grâces et sa prière, qui sont écrites ici, je l'ai vue et lue dans la sainte Trinité écrite ainsi :

« Cher fils, hâte-toi de venir à moi ; je suis vraiment en toi. Tes amis pour qui tu viens de prier baptiseront eux-mêmes leurs enfants, et je les délivrerai bientôt de l'Antechrist. Ils resteront chrétiens de cœur, je veux les préserver de tout doute (ou désespoir). Viens, ami fidèle, je t'attends, et mon cœur se réjouit de te voir. »

14.

DE LA BALANCE QUE TIENDRA JÉSUS-CHRIST.

Au dernier jour Jésus-Christ tiendra devant son Père une magnifique balance, où il placera ses saints travaux et ses souffrances innocentes, avec toutes les autres souffrances également innocentes, tous les mépris, toutes les peines de l'âme, qui ont été endurés de la part des hommes pour l'amour de Jésus-Christ. Ainsi se fera le juste pesage, et ce sera une grande joie pour ceux qui auront beaucoup apporté. Le sang des Vierges dans sa pureté, le sang des Martyrs versé pour la foi, le sang de tous ceux qui auront été égorgés quoique innocents, et dans une persécution soufferte pour la justice, sera pesé par le Fils de Dieu avec son propre sang, car il aura été répandu dans une véritable innocence. Le sang des justes (qui n'aura pas été versé) ne sera pas mis dans cette balance ; pourquoi? C'est qu'il a été d'abord souillé, mais il éteint ces mêmes péchés qui viennent de la parenté de la chair [1]. »

15.

COMMENT L'AME PARLERA AU CORPS AU DERNIER JOUR.

Lève-toi, cher ami, et viens te dédommager de toutes tes peines, de toutes tes maladies, de tous tes mépris, de toute ta tristesse, de ton exil, de ton oppression, de tous tes travaux. L'étoile du matin s'est levée ; c'est la naissance et la vie de sainte Marie. Le soleil a fait paraître sa splendeur ; c'est le Dieu fait homme, ses œuvres et son ascension. La lune persévérera à tout jamais ; à savoir, nous, qui persévérerons à jamais dans la vie. Autrefois tout mon salut reposa en toi, aujourd'hui toute ta consolation te vient de moi. Si je n'étais retournée à toi, tu ne serais pas revenu de ces cendres. Le jour éternel s'est levé pour nous ; nous allons recevoir notre récompense. »

---

1. Passage obscur et qui manque dans le latin.

LIVRE QUATRIÈME

1.

L'AMOUR EXCITE L'AME PARESSEUSE.

L'AMOUR : « Voyons, âme folle, où es-tu, où peut être ta demeure, et pourquoi vis-tu ? Où peux-tu reposer, maintenant que tu n'aimes pas ton Dieu si aimable, par-dessus ta propre volonté et par-dessus toute ta puissance ? »

L'âme : « Laisse-moi et ne m'éveille pas. Je ne sais pas ce que tu me dis. »

L'amour : « Il faut éveiller la reine quand son roi est pour venir. »

L'âme : « Je suis dans un saint Ordre [1], je jeûne, je veille, je suis sans grands péchés, je suis assez liée. »

L'amour : « A quoi sert de lier un vase fêlé dont le vin ne laisse pas de s'échapper ? Il n'est bon qu'à contenir les pierres des travaux extérieurs et les cendres de ce qui ne fait que passer. »

---

1. Ce chapitre semble avoir été pensé et écrit lorsque la Sœur Mechtilde vivait au Monastère.

L'âme : « Je demeure dans l'affection chérie de mes parents et de mes amis religieux. Et comment pourrais-je avoir plaisir à aimer quelqu'un que je ne connais pas? »

L'amour : « O malheur! comment peux-tu ne pas connaître le Seigneur dont on t'a parlé si souvent? tu t'inquiètes davantage de ton chien de corps que de Jésus, ton doux maître ; aussi n'auras-tu jamais de gloire en sa présence. »

L'âme : « Je vis selon ma propre volonté, que j'aime à accomplir toujours. »

L'amour : « Veux-tu être vraiment fidèle à Dieu ? Alors tu dois dans son amour suivre son esprit. »

L'âme : « Je me repose dans le monde de mon corps. »

L'amour : « Tu peux bien rougir aujourd'hui devant Dieu de porter le nom de religieuse, et de vaguer partout avec ton corps. »

L'âme : « Pourquoi devrais-je me nourrir, si avec toi je voulais m'accabler? »

L'amour : « Allons, infidèle, celui qui a créé l'âme si noble, qu'elle ne peut plus avoir que Dieu pour nourriture, ne laissera pas ton corps tomber en défaillance. »

L'âme : « Tu me traites bien sévèrement; si je savais où il est, peut-être me convertirais-je à lui. »

L'amour : « Si tu veux demeurer avec lui dans une noble liberté, tu dois chasser de ta demeure la mauvaise habitude. Hélas! combien il en est qui n'en font rien; sages selon la science et leur sens naturel, ils ne veulent pas se soumettre à la puissance de l'amour qui les dépouille de tout! C'est plûtot vers les purs et les simples qui ne voient que Dieu dans tout ce qu'ils font, que Dieu naturellement s'incline. »

L'âme : « Je pensais, quand je revêtis l'habit religieux, être déjà montée à un degré bien élevé. »

L'amour : « A quoi bon vêtir de beaux habits une personne qui dort, et lui servir des mets choisis pendant son sommeil? elle n'y goûtera pas. Allons, chère amie, éveille-toi. »

L'âme : « Eh bien! dis-moi où il demeure. »

L'amour : « Il n'y a pas de maître qui puisse à la fois habiter dans toutes ses demeures, comme lui seul. Il demeure dans la paix de la sainte affection, et se promène avec son amour dans l'étroite solitude de l'âme. Il l'embrasse aussi dans la noble complaisance de son amour; il la salue de ses yeux pleins d'amour; car ils se contemplent véritablement tous deux. Il la baise de sa bouche divine : Ah! bienheureuse es-tu, et encore bienheureuse, à cette heure solennelle! Il la traite affectueusement avec pleine puissance dans la couche de l'amour. Ainsi parvient-elle au suprême bonheur, et dans l'angoisse de l'amour elle lui est légitimement unie. O chère amie, laisse-toi aimer, et n'aie plus la cruauté de résister? »

L'âme : « Qui sont donc ceux qui ont la cruauté de résister? »

L'amour : « Ce sont ceux qui par leur méchanceté sont à charge aux autres et à eux-mêmes. Maintenant je vais te dire qui il est. Il est le Très-Haut, et lui, le Très-Haut, s'est abaissé dans la vallée la plus profonde, et cette vallée la plus profonde s'est élevée et s'est établie au sommet des hauteurs. Ame de boue, regarde et regarde encore, et ouvre enfin tes yeux aveuglés. »

L'âme : « Il est descendu des hauteurs les plus

sublimes pour mon amour; il s'est complètement donné à moi avec toutes les créatures, et il ne veut pas me reprendre les dons de sa bonté : ce serait pour moi une honte éternelle à ses yeux, si je ne consentais à lui donner complétement mon vil cuivre pour son or précieux. Hélas! où étais-je, misérable aveugle, que j'ai si longtemps vécu sans cet amour si fort, qui me donnait le pouvoir de triompher de toutes mes misères, et certes, sans en avoir de gré de mes ennemis? Maintenant au contraire, pauvre que je suis, que de bien j'ai négligé! mais je veux quand même aller par toutes choses à Dieu. Eh bien! amour, veux-tu me recevoir? »

L'amour : « Oui; Dieu n'a jamais refusé personne. Telle est la juste mesure : Si tu veux avoir qui tu aimes, abandonne ce que tu aimes. »

2.

ENTRETIEN DE L'AME ET DE L'AMOUR.

L'ame s'en vient à l'amour, le salue du fond de son cœur et lui dit : « Dieu vous salue, Seigneur amour. »

— « Dieu vous récompense, chère dame et reine. »

— « Seigneur amour, vous êtes bien parfait. »

— « Reine, c'est pour cela que je suis au-dessus de tout. »

— « Seigneur amour, vous avez lutté bien des années avant de pouvoir obliger la sublime Trinité à s'épancher tout d'un coup dans le sein virginal de l'humble Marie. »

— « Reine, c'est là votre gloire et votre avantage. »

— « Seigneur amour, vous m'avez enlevé tout ce que j'avais pu posséder sur la terre. »

— « Reine, vous avez fait un échange heureux. »

— « Seigneur amour, vous m'avez pris mon enfance. »

— « Reine, en échange je vous ai donné la liberté du ciel. »

— « Seigneur amour, vous m'avez pris toute ma jeunesse. »

— « Reine, en échange je vous ai donné mainte et mainte vertu. »

— « Seigneur amour, vous m'avez enlevé amis et parents. »

— « Ah! noble reine, voilà une vile plainte. »

— « Seigneur amour, vous m'avez enlevé le monde, la gloire du monde et toutes les richesses du monde. »

— « Reine, je vous les payerai en une heure avec le Saint-Esprit, à votre volonté et sur la terre. »

— « Seigneur amour, vous m'avez tellement contrainte que mon corps en est tombé singulièrement malade. »

— « Reine, en échange je vous ai donné beaucoup de sublimes connaissances. »

— « Seigneur amour, vous m'avez dévoré la chair et le sang. »

— « Reine, par là vous avez été purifiée et élevée à Dieu. »

— « Seigneur amour, vous êtes un voleur, vous me le payerez. »

— « Reine, dans ce cas prenez-moi moi-même. »

— « Seigneur amour, maintenant vous m'avez mille fois payée en ce monde. »

— « Reine, vous avez encore Dieu et tout son royaume à recevoir. »

3.

PLAINTES DE L'AME AIMANTE.

O TRÉSOR incalculable dans ta richesse ! ô merveille insaisissable dans ta multiplicité ! O gloire infinie dans la noblesse de ton autorité ! Quelle douleur j'éprouve après toi quand tu veux m'épargner, c'est ce que toutes les créatures ne pourraient pleinement te dire, si elles devaient se plaindre pour moi ; car je souffre une douleur surhumaine, plus douce me serait la mort. Je te cherche dans mes pensées comme une vierge cherche en secret son bien-aimé. Mais je dois languir de douleur parce que je suis liée avec toi. Le lien est plus fort que moi, je ne puis m'affranchir de l'amour. Avec une grande avidité je t'appelle de ma voix d'exilée ; je t'attends le cœur chargé ; je ne puis reposer, je brûle du feu inextinguible de ton amour. Je te poursuis de toutes mes forces, et si j'avais celles d'un géant, je les épuiserais incontinent pour arriver droit sur tes traces. O mon bien-aimé, ne cours plus avec ces forces si loin devant moi, repose-toi un peu amoureusement, afin que je puisse te rejoindre. Ah ! Seigneur, quand vous m'aurez retiré tout ce que j'avais de vous, laissez-moi par votre grâce ce que vous avez donné à un chien par nature, qui est de vous rester fidèle dans mes tribulations sans jamais avoir la moindre défiance. C'est là ce que je désire plus que votre royaume céleste. »

— « Ma colombe bien-aimée, maintenant écoute-moi : Ma divine sagesse te surpasse, et selon cette supériorité j'ordonne en toi et dispose mes dons de telle sorte que tu puisses les supporter dans ton pauvre corps. Tu me cherches intimement, tu me trouveras ; ton cœur gémit, il me fera violence ; ta douce poursuite à la fin me lasse, et j'aspire à me rafraîchir dans ton âme pure à laquelle je suis attaché. Ton cœur qui soupire et palpite de crainte a éloigné de toi ma justice ; ainsi tout est bien et règle entre moi et toi. Je ne puis rester seul sans toi ; et, bien que divisés, nous ne pouvons toutefois être séparés. Je ne puis si légèrement te toucher que je ne cause à ton corps une souffrance infinie. Si je voulais à toute heure selon ton désir me livrer à toi, je devrais renoncer au doux logis que je trouve en la terre, qui est toi-même ; car mille corps ne pourraient rassasier les fantaisies d'une seule âme aimante. C'est pourquoi plus l'amour est élevé, plus rigoureux est le martyre. »

— « O Seigneur, vous ménagez trop ma prison de boue, où je bois de l'eau du monde et mange avec de grands soupirs du pain cuit sous la cendre de mon infirmité. Je suis blessée à mort du trait enflammé de votre amour, et vous me laissez gisante, sans panser ma blessure, dans mes cruelles souffrances. »

— « Cher cœur, ma reine, jusqu'à quand seras-tu si impatiente ? Quand je te fais le plus de blessures, alors même je te panse avec le plus d'amour. Mes grandes richesses sont toutes à toi, et tu as plein pouvoir sur moi-même. Je te suis uni par l'amour le plus intime, et si de ton côté tu n'apportes que de vieux fer, moi j'ai de l'or. Tout ce que pour moi tu as fait, abandonné ou souffert, je veux te le rendre ; et je veux me donner à toi moi-même éternellement en pur don, pour disposer de moi à ta volonté. »

— « Seigneur, je vous ferai deux questions, auxquelles je vous prie de satisfaire selon votre grâce. Quand mes yeux s'attristent dans l'exil, que ma bouche garde simplement le silence, que l'affliction noue ma langue, et que mes sens demandent à toute heure qu'est-ce que je deviens, alors tout en moi, Seigneur, n'aspire qu'après vous : ma chair tombe en défaillance, mon sang se dessèche, mes os se glacent, mes nerfs se contractent, et mon cœur se fond d'amour pour vous, et mon âme pousse les rugissements d'un lion affamé : ce qu'il en est alors de moi, où êtes-vous alors, dites-le-moi, mon bien-aimé. »

— « Il en est alors de toi comme d'une jeune épouse que pendant son sommeil a quittée son époux sur qui toute son affection s'est uniquement reposée, et qui ne peut souffrir d'être séparée de lui seulement une heure. Lorsqu'elle s'éveille, et qu'elle n'a plus de lui rien que la pensée qu'elle peut en conserver en son cœur, alors elle commence toutes ses plaintes. Tant que le jeune époux n'est pas revenu à son épouse, elle ne peut penser à rien qu'à son absence. Moi je viens à toi selon mon plaisir, quand je veux. Sois sage et tranquille, et cache ta douleur où tu pourras, l'amour n'en gagnera en toi qu'une force plus grande. Maintenant je vais te dire où je suis alors : Je suis en moi-même dans tous lieux et dans toutes choses, comme je fus toujours sans qu'il y ait eu de commencement. Je t'attends dans le verger de l'amour, où je cueille pour toi les fleurs pour une douce union, où se prépare une couche des plantes les plus agréables de la sainte connaissance ; là tu seras éclairée du soleil brillant de mon éternelle divinité, je te communiquerai les merveilles cachées de mes délices, dont tu as déjà reçu quelques secrètes faveurs. Alors j'inclinerai vers toi l'arbre élevé de ma sainte Trinité, et tu y cueilleras le fruit vert, blanc et rouge de ma savoureuse humanité, et tu reposeras à l'ombre de mon Esprit-Saint, qui te préservera de toute tristesse naturelle, et tu ne pourras plus penser aux peines de ton cœur. Et lorsque tu auras enlacé l'arbre de tes bras, je t'apprendrai le cantique des vierges, la manière, les paroles, la douce résonnance, que ne peut comprendre en soi-même celle qui n'a pas évité les voies impures ; ce qui ne les empêchera pas d'avoir une vie pleine de douceur. Chante maintenant, ma bien-aimée, et fais-toi entendre comme tu pourras. »

— « Hélas ! mon bien-aimé, j'ai la gorge de ma chasteté enrouée ; cependant la harpe de votre douce libéralité y a vibré de telle sorte que je puis, Seigneur, chanter en cette manière : Ton sang et le mien sont sans souillure ; ton amour et le mien sont inséparables ; ton vêtement et le mien sont sans tache ; ta bouche et la mienne ne connaissent d'autres baisers, ton sein et le mien d'autres embrassements, que ceux qu'ils ont spirituellement échangés entre eux. »

Telles sont les paroles du cantique de l'amour, mais leur douce résonnance au fond du cœur reste inconnue, car aucune main de la terre ne saurait la décrire.

4.

CONTRASTE DANS LE CORPS ET DANS L'AME PAR RAPPORT A L'AMOUR DIVIN.

Mon corps subit une longue torture, mon âme nage dans les délices, parce qu'elle a contemplé et entouré de ses bras en même temps son bien-aimé. Elle éprouve de lui bien du tourment, la pauvre malheureuse. Il l'attire et s'échappe ; elle ne peut se contenir tant qu'il ne l'ait prise en lui-même ; elle parlerait volontiers, mais elle n'en peut mais ; elle est enveloppée et unie d'une façon suprême dans l'admirable Trinité. Il la quitte quelque peu pour qu'elle puisse le désirer ; oui, elle voudrait qu'il l'envoyât en enfer, pourvu qu'il en reçût de toutes les créatures une louange infinie. Elle le regarde et lui dit : « Seigneur, donnez-moi votre bénédiction, » et lui la regarde à son tour, l'attire à lui et lui donne un baiser que la parole ne saurait exprimer.

Alors le corps dit à l'âme : « Où donc és-tu allée ? Je n'en puis plus. » Et l'âme répond : « Tais-toi, fou que tu es ; je veux être avec mon bien-aimé, tu n'en guériras jamais ; je suis sa joie, il est mon tourment : » Tourment, souffrance dont elle ne guérira jamais. Puisses-tu ressentir ce tourment, et n'en être jamais délivré.

[Voici la malédiction prononcée sur moi par le Seigneur :] « Je te maudis : il faut que ton corps meure, que ta voix périsse, que tes yeux soient fermés, que ton cœur se dissolve ; il faut que ton âme s'élève et que ton corps reste en bas ; il faut que tes sens naturels disparaissent, et que ton esprit vienne s'arrêter devant la sainte Trinité. »

— « O montagne ardente, ô soleil sans égal, ô lune parfaite dans sa plénitude, ô source insondable, hauteur inaccessible, clarté sans limite. O sagesse profonde, ô miséricorde sans bornes, ô force irrésistible ! O couronne de toute gloire, reçois la louange de la moindre de toutes tes créatures. »

Ceux qui brûlent du véritable amour, et bâtissent sur le fondement solide de la vérité, et portent du fruit en abondance à leur bienheureuse fin, ceux-là habitent la hauteur. Glose (ou explication) : c'est-à-dire, au-dessus des Séraphins.

Tout homme qui triomphe du monde, et supprime tout désir inutile de son corps, et est vainqueur du démon, voilà l'âme qui aime Dieu. Si le monde l'attaque, il en souffrira peu ; si la chair veut l'émouvoir, l'esprit n'en sera pas blessé ; si le démon lui fait signe de l'œil, l'âme n'en tiendra nul compte ; elle aime, et elle aime encore, elle ne peut se mettre à autre chose.

5.

DIVERS ENTRETIENS DE DIEU ET DE L'AME AIMANTE.

— « Je viens à ma bien-aimée comme la rosée sur les fleurs. »

— « O empereur qui possédez toutes les gloires! O couronnes de tous les princes! ô science et sagesse de tous les dons! ô libérateur de toutes les captivités! »

« O joyeux aspect! affable salutation; embrassement tout aimable! Seigneur, votre merveille m'a enchaînée, votre grâce m'accable. Pierre ardue, dans le trou creusé en toi nul ne peut faire son nid que le rossignol et la colombe. »

— « Sois la bienvenue, chère colombe ; tu as si bien volé sur la terre que ton essor s'est élevé jusqu'aux cieux. Tu as la saveur de la grappe de raisin, l'odeur du baume, la clarté du soleil, le vase où se recueille mon plus sublime amour. »

— « O Dieu qui excédez dans vos dons, ô Dieu qui débordez dans votre amour, ô Dieu qui brûlez dans votre désir, ô Dieu qui fondez (l'âme) dans l'union avec votre amour ; ô Dieu qui reposez sur mon cœur, sans que je n'en puisse mais. »

— « Et toi tu es une belle rose au milieu des épines, tu es une abeille qui s'envole avec son miel ; tu es en toi-même une pure colombe, un beau soleil dans sa splendeur, une lune qui se présente dans sa plénitude ; je ne puis me détourner de toi. »

« Tu es le coussin où se repose ma tête, ma couche amoureuse, mon repos intime, mon désir le plus profond, mon honneur le plus élevé. Tu es la joie de ma divinité, le trône de mon humanité, le ruisseau où s'écoule ma chaleur. »

— « Vous êtes la montagne d'où je fais sentinelle, la vue dont mes yeux se repaissent, ma perte à moi-même, l'ouragan qui emporte mon cœur, la chute et la ruine de toute ma force, ma sécurité suprême. »

L'amour sans la connaissance paraît à l'âme sage n'être que ténèbres ; la connaissance sans la jouissance lui semble une peine d'enfer ; quant à jouir sans qu'elle n'en meure, elle ne peut s'en plaindre.

— « O colombe sans fiel ! ô vierge sans atteinte ; soldat invulnérable, serviteur infatigable ! » Quatre conditions pour le combat du Seigneur, qui ont toutes ses complaisances.

— « O Seigneur, aimez-moi beaucoup, aimez-moi souvent, aimez-moi longtemps : plus vous me donnerez de fréquents témoignages de votre amour, plus je deviendrai pure ; plus vous m'aimerez fort, plus je serai belle ; plus vous m'aimerez longtemps, plus je me sanctifierai ici sur la terre. »

— « Que je t'aime souvent, cela est dans ma nature, car je suis moi-même l'amour. Que je t'aime fortement, c'est selon mon désir, car je veux être fortement aimé. Enfin que je t'aime longtemps, cela est du ressort de mon éternité, car je suis sans fin. »

— « Je suis contente d'être obligée à aimer celui qui m'aime, et je souhaite de l'aimer à en mourir sans borne ni cesse. Réjouis-toi, mon âme, de ce que celui qui est ta vie est mort d'amour pour toi, et aime-le si fort que tu puisses mourir pour lui, et que tu brûles à tout jamais sans t'éteindre comme un charbon ardent dans l'immense brasier de la vivante majesté. »

[L'âme parle à son intelligence :] « Es-tu remplie du feu de l'amour, alors tout est bien pour toi. Tu n'as plus besoin de m'instruire, je ne puis me déprendre de l'amour ; je dois rester sa captive, je ne pourrais vivre autrement. Où il demeure je veux rester à la vie à la mort. La folie des fous est de vivre sans souffrir au cœur. »

[Dieu parle :] « La méchanceté de tes ennemis ne fera que te parer ; les vertus de ton cœur te couvriront d'honneur ; tes bonnes œuvres composeront ta couronne ; notre amour mutuel te donnera une place élevée ; les merveilles où je me plais (avec toi) te rendront sainte. »

— « O bien-aimé, j'ai plaisir à être méprisée quoique innocente ; je désire posséder les vertus du cœur ; les bonnes œuvres, hélas! me manquent ; je gâte notre mutuel amour, et je suis bien indigne de vos merveilles. »

Notre-Seigneur dans le royaume des cieux se glorifie de son âme aimante qu'il a sur la terre ; il dit : « Voyez-la monter celle qui m'a blessé (ou enchaîné). Elle a chassé loin d'elle le singe du monde, elle a vaincu l'ours de l'impureté, elle a foulé aux pieds le lion de l'orgueil, elle a déchiré sa gueule au loup de l'avidité. Elle vient, elle accourt comme un cerf poursuivi à la fontaine que je suis moi-même. Elle vient rapide comme un aigle s'élevant des profondeurs jusqu'au plus haut des cieux. »

— « Tu te hâtes comme un chasseur dans l'amour, ô ma reine, dis-moi ce que tu m'apportes. »

— « Seigneur, je vous apporte mon joyau : il est plus grand que les montagnes, plus large que le monde, plus profond que la mer, plus élevé que les nuages, plus beau que le soleil, plus multiple que les étoiles ; il pèse plus que toute la terre. »

— « Image de ma divinité, glorifiée par mon humanité, ornée de mon Esprit-Saint, dis-moi, comment s'appelle ton joyau ? »

— « Seigneur, il s'appelle la joie de mon cœur, que j'ai retirée au monde, afin de la garder pour moi-même, et la refuser à toutes créatures. Maintenant je ne puis la porter plus loin. Seigneur, où faut-il que je la dépose ? »

— « Tu ne déposeras la joie de ton cœur pas ailleurs que dans mon divin Cœur, et dans le sein de mon humanité. Là seulement tu seras consolée et recevras les baisers de mon Esprit-Saint. »

6.

LES VOIES DE L'AME AIMANTE.

Dieu parle : « Eh bien ! âme aimante, veux-tu savoir combien tu peux suivre de voies ? »

— « Oui, Esprit-Saint bien-aimé, veuillez me l'enseigner. »

— « Après être passée par les douleurs du repentir et la peine de la confession, quand tu en as fini avec les travaux de la satisfaction, avec l'amour du monde, et que tu es au-dessus des tentations du diable, des envahissements de la chair, des élèvements de la volonté propre, qui en a tant retiré par derrière et les a empêchés de jamais parvenir au véritable amour; quand donc tu as ainsi abattu tous tes ennemis, tu te trouves alors si fatiguée que tu t'écries : « Beau fiancé, c'est vous qui êtes ma joie; où vous trouverai-je ? » Et le fiancé répond : « J'entends une voix qui rend un son d'amour. Je l'ai poursuivie de longs jours, de longs jours sans l'entendre. Elle est venue jusqu'à moi, je dois aller à sa rencontre. C'est bien elle qui porte ensemble la douleur et l'amour. »

Le matin, quand la rosée descend, c'est-à-dire quand la ferveur intime pour la première fois pénètre dans l'âme, les sens qui sont ses serviteurs familiers lui parlent ainsi : — « Madame, il faut vous habiller. » L'*âme* : — « Mes amis, où dois-je aller? » — « Nous avons couru et nous avons appris que le prince allait venir à votre rencontre, lorsque la rosée tombe et que les oiseaux font entendre leurs chants ; ainsi, Madame, ne tardez pas longtemps. »

Elle prend alors pour premier vêtement la placide humilité, si humble qu'elle ne peut souffrir personne au-dessous d'elle. Par-dessus elle met la tunique blanche de la pureté, si pure, qu'en pensées, paroles, mouvements, elle ne peut souffrir la moindre souillure. Par-dessus elle se couvre du manteau d'une sainte renommée, qui est tissu de l'or de toutes les vertus.

Elle va ensuite en la compagnie de saints personnages au bois, où les rossignols chantent nuit et jour avec tant de douceur l'union ménagée avec Dieu, et où elle entend mainte belle voix des oiseaux de la sainte connaissance. Le fiancé n'est pas encore arrivé. Elle envoie des messagers, car elle veut danser : elle envoie chercher la foi d'Abraham, et le désir des Prophètes, et la chaste humilité de Notre Dame sainte Marie, et toutes les saintes vertus de Jésus-Christ et toute la tendre piété de ses élus ; cela va faire un beau chœur de danse.

Le fiancé arrive alors et lui dit : « Vierge, il faut que vous dansiez aussi joyeusement que mes élus ont dansé avant vous. » Elle répond : « Je ne puis danser, Seigneur, à moins que vous ne me conduisiez. Si vous voulez que je danse, il faut que d'abord vous chantiez. Alors je ferai mon premier pas dans l'amour, le second, de l'amour dans la connaissance, puis de la connaissance dans la jouissance ; de la jouissance je bondirai au-dessus de tous les sens humains; je désire en rester là, et pourtant j'entends pénétrer plus loin. »

C'est ainsi que dut chanter le fiancé : « A cause de moi je vais à toi ; à cause de toi, (retire-toi) de moi : avec toi le bonheur ; loin de toi, la douleur. »

Alors le fiancé prenant la parole dit : « Jeune fille, cette danse s'est bien passée pour vous. Vous devez maintenant contenter votre désir avec le fils de la Vierge, car vous êtes au fond très-fatiguée. Venez maintenant que le jour est à son midi, à l'ombre près de la fontaine, sur la couche de l'amour où vous pourrez vous rafraîchir avec lui. » La jeune fille répond : « O Seigneur, c'est trop, c'est trop que celle-là jouisse de votre amour, qui n'a en elle-même d'amour que celui que vous excitez en elle. »

L'âme s'adresse alors aux sens ses serviteurs : — « Je suis très-fatiguée de danser ; retirez-vous, que je m'en aille et me rafraîchisse. » Les sens répondent à l'âme : — « Madame, voulez-vous vous rafraîchir dans les larmes d'amour de sainte Marie-Madeleine? vous en serez contente. » — « Taisez-vous ; vous ne savez pas ce que je veux dire. Laissez-moi en toute liberté ; je veux boire un peu de vin pur. » — « Madame, dans la chasteté des Vierges le grand amour est tout préparé. » — « Cela peut être ; mais il y a pour moi quelque chose de plus élevé. » — « Dans le sang des martyrs vous pouvez vous rafraîchir. » — « Je souffre le martyre depuis si longtemps, que je n'ai pas à y venir aujourd'hui. » — « Les âmes pures se plaisent volontiers dans le conseil des Confesseurs. » — « Je veux toujours me tenir au conseil, soit qu'il faille agir ou s'abstenir ; mais ce n'est pas là que je dois aller aujourd'hui. » — « Dans la sagesse des Apôtres vous trouverez un sûr asile. » — « J'ai ici la sagesse d'après laquelle je veux toujours choisir le meilleur. » — « Madame, les anges sont une claire et belle voie d'amour ; si vous voulez vous rafraîchir, élevez-vous jusqu'aux anges. » — « Les délices des anges sont une souffrance pour mon amour, si je ne vois pas leur maître et mon époux. » — « Alors rafraîchissez-vous dans l'âpre et sainte vie que Dieu a donnée à Jean-Baptiste. » — « Je suis prête à souffrir ; toutefois la force de l'amour dépasse tout travail et peine. » — « Madame, si vous voulez vous rafraîchir dans l'amour, inclinez-vous sur le sein de la Vierge, vers le petit enfant : voyez et goûtez comment (celui qui est) la joie des anges suce le lait surnaturel de la perpétuelle virginité. » — « C'est là un amour d'enfant ; on allaite ou berce un enfant : moi je suis une fiancée toute grande, je veux aller trouver mon époux. » — « O Madame, si vous y allez, nous devons perdre la vue, car la divinité est un feu si ardent, comme bien vous le savez, que tous les feux, toute l'incandescence, qui viennent du ciel et de tous les saints luminaires, et qui flamboient, sont tous émanés de son souffle divin, et de sa bouche humaine et du conseil de son Saint-Esprit. Comment pourrez-vous y demeurer seulement une heure ? » — « Le poisson ne peut se noyer dans l'eau, ni l'oiseau tomber dans l'air ; l'or ne peut être détruit par le feu, il n'en reçoit que plus de clarté et son lustre de brillant. Dieu a donné à chaque créature d'agir conformément à sa nature : comment pourrais-je résister à la mienne ? Il faut que de toutes choses j'aille à Dieu, qui est mon père par nature, mon frère dans son humanité, mon fiancé par l'amour ; je lui appartiens sans détour. Retirez-vous, de crainte que je ne sois sensible à ce que vous désirez. Il vient, tout à la fois puissant embrassement et rafraîchissement plein de charmes. Ne vous troublez pas si fort ; j'aurai encore besoin de vos leçons. Quand je reviendrai, je les réclamerai sans doute, car sur la terre il y a toujours quelque fâcheux retour. »

Ainsi s'en va la bien-aimée trouver le plus beau (des époux) dans la retraite cachée de l'invisible divinité. Elle y trouve la couche de l'amour, et la liberté de l'amour, et le divin et l'humain préparés. Notre-Seigneur lui dit : — « Ame, arrêtez. » — « Qu'ordonnez-vous, Seigneur ? — « Il faut vous dépouiller. » — « Seigneur, que va-t-il m'arriver ? » — « Votre nature, ô âme, vous a tellement rapprochée de moi, qu'entre le moi et le toi il ne doit rien subsister. Jamais l'ange n'eut tant de gloire, lui qui n'a joui qu'un moment de ce qui vous est donné éternellement. Ainsi quittez à la fois la crainte et la honte et toutes les vertus du dehors ; mais conservez celles que vous avez en votre intérieur par nature, et que vous devez sentir éternellement : ce sont et votre noble désir et votre avidité insatiable que je remplirai éternellement de mon infinie libéralité. » — « Seigneur, je suis à cette heure une âme toute nue, et vous êtes un Dieu tout couvert des plus riches ornements. Notre fonds commun à tous deux est la vie éternelle qui ne connaît pas la mort. »

Et il se fit un solennel silence de leur mutuelle entente à tous deux ; il se donne à elle, elle se donne à lui. Ce qui lui arrive alors, elle le sait parfaitement, et c'est ce qui fait ma consolation. Mais cela ne peut durer longtemps ; quand le bien-aimé s'unit secrètement à la bien-aimée, ils doivent bientôt se désunir sans néanmoins se séparer.

Cher ami de Dieu, c'est pour toi que j'ai écrit cette voie de l'amour ; que Dieu l'établisse dans ton cœur. Amen.

7.

SALUTATION, PRIÈRE DE LA PÉCHERESSE.

Je vous salue, Dieu vivant! Vous m'appartenez avant toutes choses. C'est pour moi une joie infinie de pouvoir sans être épiée m'entretenir avec vous. Quand mes ennemis me pourchassent, je me réfugie dans vos bras, où je puis accuser ma peine, lorsque vous daignez vous incliner vers moi. Vous savez comment vous pouvez toucher les cordes de mon âme. Allons, commencez sur-le-champ, que vous puissiez toujours être bienheureux. Je ne suis pas une noble fiancée, mais vous êtes mon noble époux ; ce sera là ma joie éternelle. Souvenez-vous comment vous pouvez caresser l'âme pure en votre sein, et faites-m'en tout de suite la faveur, ô Seigneur, quoique je sois si fort au-dessous de vous. Oui, Seigneur, attirez-moi à vous, alors je serai pure et limpide ; mais si vous me laissez en moi-même, je resterai dans l'appesantissement et les ténèbres. »

Dieu répond ainsi : « Le salut que je te rends, est un épanchement des cieux si grand, que si je me donnais à toi selon ma puissance, tu ne pourrais conserver ta vie naturelle. Tu vois donc que je dois contenir ma puissance et voiler ma clarté, pour que je puisse te conserver plus longtemps dans ce séjour de misère. La douceur (à laquelle tu aspires) ne se trouve que dans les hauteurs de l'éternelle majesté, et là seulement mes cordes résonneront pour toi avec harmonie, selon le mérite et la longue fidélité de ton amour. Toutefois je veux commencer d'avance, et tempérer dans ton âme le jeu de mes cordes célestes, afin que tu m'attendes avec plus de patience. Une noble fiancée et un noble chevalier exigent pour leur réception des préparatifs longs et coûteux. »

Voici comment parle l'âme qui a fait l'expérience de la vérité : « Seigneur, mon corps est tué et mort par le renoncement à toute méchanceté ; c'est pourquoi mes ennemis m'ont repoussé loin de leurs regards comme un cadavre qui sent mauvais. Mais, Seigneur, mon âme est vivante en vous, aussi suis-je aimée de vos amis. Oui, Seigneur, mon fiancé chéri, mon doux Jésus, je vous bénis sans cesse en mon cœur pour toutes les choses de ce monde, et je vous supplie de m'en préserver intacte, car si saintes qu'elles puissent être encore, elles m'empêchent au plus haut point de m'approcher de vous. C'est là ce que je ne puis souffrir, et par conséquent je dois triompher d'elles. »

8.

COMMENT L'AME LOUE LA SAINTE TRINITÉ.

« Seigneur Jésus-Christ, qui êtes spirituellement sorti sans commencement du cœur de votre Père éternel, et qui êtes né d'une vierge pure, du corps de sainte Marie, vous qui êtes avec votre Père en un seul esprit, une seule volonté, une seule sagesse, une seule puissance, une seule force supérieure, au-dessus de tout ce qui fut jamais sans fin : Seigneur, Père éternel, puisque moi qui suis la plus indigne de toutes les créatures, je suis aussi sortie spirituellement de votre cœur, et que je suis née, Seigneur Jésus-Christ, corporellement de votre côté, et que je suis, ô vous qui êtes Dieu, ô vous qui êtes Homme, unie à vous par votre Esprit à vous deux, je vous parle, toute pauvre, tout affligée que je suis, et je vous dis : Seigneur, céleste Père, vous êtes mon cœur ! Seigneur Jésus-Christ, vous êtes mon corps ! Seigneur Saint-Esprit, vous êtes mon souffle ! Seigneur Dieu, sainte Trinité, vous êtes mon unique refuge et mon éternel repos. » — « Et toi tu es le solide fondement de ma chair divine ; tu es l'honneur de la constance virginale ; tu es la fleur des délices suprêmes ; tu es le juge des démons, et un miroir de la contemplation éternelle. »

9.

DU PARFUM SPIRITUEL [1].

« O DOUX Jésus, la plus belle forme qui se soit manifestée dans la nécessité et dans l'amour à mon âme exilée, je vous loue avec elle dans l'amour, dans la nécessité, et dans la charité avec l'universalité de toutes les créatures : c'est ce qui me donne plus de joie que toutes choses. Seigneur, vous êtes le soleil de tous les yeux, le charme de toutes les oreilles, vous êtes la voix de toutes les paroles, vous êtes la force de toute piété, la doctrine de toute science ; vous êtes la vie de tout ce qui vit, et l'ordre de tout ce qui existe. »

Alors Dieu loua l'âme aimante, pour le plaisir qu'elle trouvait dans sa douceur, en ces termes : « Tu es une lumière devant mes yeux ; tu es une lyre à mes oreilles, une voix dans mes paroles, une intention dans ma piété ; tu es l'honneur de ma science, tu es une vie dans moi vivant, tu es une louange dans mon existence. »

— « Seigneur, vous languissez en tout temps d'amour pour moi, vous l'avez bien fait voir en vous-même. Vous m'avez inscrite au Livre de la divinité, vous m'avez dépeinte en votre humanité ; vous m'avez gravée en votre flanc, à vos mains et à vos pieds. Permettez-moi, bien-aimé, de répandre sur vous mes parfums. » — « Et où prendras-tu ces parfums, chérie

---

[1]. *Sainte Gertrude*. Liv. IV. 48. *Sainte Mechtilde*. Liv. I. c. 19.

de mon cœur ? » — « Seigneur, je vais fendre en deux le cœur de mon âme, et vous y renfermer. » — « Tu ne peux jamais répandre sur moi de parfums si doux que de me faire reposer sans interruption dans ton âme. » — « Seigneur, voulez-vous me prendre avec vous à la maison, je vous y servirai toujours de médecin ? » — « Oui, je le veux bien : mon amour t'ordonne de travailler, ma patience te commande le silence ; mon affliction t'impose la pauvreté ; les mépris que j'ai soufferts te commandent une patience persévérante ; mon désir te défend de te plaindre ; ma victoire t'oblige à avancer dans toutes les vertus ; ma mort, à supporter mille maux. De tout cela tu auras la gloire, quand je te déchargerai de ton lourd fardeau. »

10.

DANS SA MISÈRE ELLE S'ADRESSE A SON CONSOLATEUR.

Une âme exilée, repoussée par Dieu de sa familiarité, et qui n'aime plus qu'avec de grandes souffrances, se plaint ainsi : « Hélas ! combien peut souffrir un riche, lorsque du comble de ses richesses il est plongé dans une profonde pauvreté ! » Elle dit : « Ah ! Seigneur, me voilà pauvre, malade en mon corps, et toute désolée dans ma pauvre âme, à ce point, Seigneur, qu'aucun prêtre ne récite vos Heures ou ne célèbre votre sainte messe devant moi. »

Alors la bouche aimable qui a blessé mon âme proféra de grandes paroles que je n'avais jamais mérité d'entendre : « Tu es mon désir, tu es le sentiment de mon amour, tu es un doux rafraîchissement pour mon sein, tu es un baiser puissant de ma bouche, tu es la joie de mes merveilles ; je suis en toi, et tu es en moi, nous ne pouvons être plus rapprochés : car nous sommes tous deux fondus et passés en une seule forme, et nous resterons ainsi sans être dérangés, éternellement. »

.— « O mon bien-aimé, comment me parlez-vous de si près ? Toutefois je n'oserai jamais penser avec joie à ces paroles, parce que mon corps, ce chien mort, me fait toujours misérablement sentir sa puanteur, et que mes autres ennemis rugissent constamment, et que moi-même, Seigneur, je ne sais dans mes sens ce qu'il en sera de ma fin. C'est seulement quand je vous contemple que j'oublie mes souffrances ; tellement vous m'avez, Seigneur, enlevée à moi-même et dérobée en vous. Vous m'avez promis alors qu'il en serait ainsi et que cela même tournerait à votre gloire. »

Notre-Seigneur fait cette réponse : « Profondeur où je puis seul descendre, largeur où je puis aller et venir, hauteur où je puis seul aspirer, longueur que je puis seul attendre : il faut que je t'instruise encore. Il en coûte beaucoup aux jeunes filles de haute naissance pour recevoir une bonne éducation et se bien former ; elles doivent se contraindre dans tous leurs membres ; elles doivent comparaître souvent toutes tremblantes devant leur gouvernante : ainsi en est-il de ma fiancée sur la terre, en ce qui regarde son corps. Moi-même sur la terre pour ton amour, j'ai connu la souffrance, mes ennemis portaient avec cruauté devant mes yeux ma mort dans leurs mains, et j'ai supporté dans l'abjection toute sorte de pauvreté. Mais je ne laissai pas de me confier pour tout à l'infinie bonté de mon Père ; d'après cela dirige tes pensées. »

11.

ACTION DE GRACES POUR LA CONSOLATION REÇUE.

« Vous brillez en mon âme comme le soleil sur l'or ; quand je dois me reposer en vous, Seigneur, mes délices sont infinies. Vous vous revêtez de mon âme, et vous êtes aussi son intime vêtement, tellement qu'il n'y a jamais de séparation sans que j'en éprouve ma plus grande douleur. Si vous voulez m'aimer fortement, alors retirez-moi d'ici en sûreté, afin que sans interruption je puisse vous aimer à mon souhait. Maintenant que je vous ai adressé ce chant, je n'ai pas encore obtenu ma demande ; mais si vous me chantez quelque chose à votre tour, il faudra bien que je l'obtienne. »

— « Quand je brille, tu dois reluire ; quand je m'écoule, tu dois déborder ; quand tu soupires, tu attires en toi mon Cœur divin ; quand tu pleures après moi, je dois te prendre dans mes bras ; quand tu aimes, alors tous deux nous ne faisons plus qu'un, et quand les deux ne sont ainsi plus qu'un, il ne peut plus y avoir jamais de séparation, mais une attente délicieuse persiste entre nous deux. »

— « Seigneur, je vous attends ainsi, affamée, altérée, vous poursuivant, aspirant après vous, jusqu'à cette heure joyeuse où de votre bouche tombera le mot choisi que n'entend personne autre que l'âme seule qui se dépouille de la terre et applique son oreille à vos lèvres : Oui, elle sait le fond de l'amour. »

Pécheresse, lâche que je suis, je me disposais à prier une fois que Dieu faisait semblant de ne vouloir m'accorder aucune grâce ; je m'affligeais et me plaignais de mon infirmité corporelle qui me semblait un obstacle à la jouissance spirituelle. « Mais non, dit mon âme ; ne songe qu'à rester fidèle, et loue ainsi ton Seigneur : *Gloria in excelsis Deo*. Comme j'exprimais cette louange, une grande lumière apparut à mon âme, et dans cette lumière Dieu se montra en grande majesté et avec une splendeur infinie. Alors Notre-Seigneur prit dans ses mains deux coupes d'or qui toutes les deux étaient remplies d'un vin vivant. Dans la main gauche était le vin rouge de la souffrance, et dans la droite celui de la consolation supérieure. Et Notre-Seigneur dit : « Bienheureux ceux qui boivent de ce vin [rouge], car à eux seuls je verserai des deux en vertu de l'amour divin ; toutefois, le blanc est le plus noble, et plus nobles que tous sont ceux qui boivent et du rouge et du blanc. »

12.

APRÈS LES DONS LES VERGES, ET APRÈS LES MÉPRIS, LES HONNEURS.

Cette âme rappelait (une fois) au Seigneur ses anciennes paroles, ainsi : « Seigneur, vous avez dit qu'il n'y avait aucun don sur cette terre, que ne suive le fouet de la discipline. C'est là ce que vous m'avez prédit de votre propre bouche, et que vous avez fait suivre maintes fois de l'effet. Vous m'avez dit aussi, il y a de cela plus de six ans, que je serai l'objet de grands mépris de la part de personnes religieuses ; aujourd'hui elles s'y appliquent avec acharnement et une grande animadversion. Est-ce là, Seigneur, le miracle que je devais demander? » Notre-Seigneur me répondit alors, et me dit : « Mon Père m'a donné la force de sa vérité, et la science de sa sainteté, et avec cela il m'a aussi donné de supporter de grands mépris. Mais ensuite il m'en a dédommagé par une grande gloire, et une infinie dignité. C'est ainsi que je te donnerai ma sainte Trinité. »

13.

DES DIFFÉRENTS DEGRÉS D'ASCENSION.

LA vraie salutation de Dieu qui vient de l'océan céleste, et sort de la fontaine exubérante de la Trinité, est d'une force telle qu'elle enlève au corps toute sa puissance, et se rend l'âme si présente que celle-ci se voit elle-même semblable aux saints et reçoit une splendeur toute divine. Alors se fait la séparation de l'âme d'avec le corps avec toute sa puissance, sa sagesse, son amour, son désir ; mais la partie inférieure de son (principe) vivant reste avec le corps comme dans un doux sommeil.

Elle voit alors un seul Dieu complet en trois personnes, et reconnaît les trois personnes indivisibles en un seul Dieu. Et Dieu la salue avec ce langage de cour qu'on ne comprend pas dans cette cuisine, et la revêt des vêtements que l'on doit porter au palais, et se remet en sa puissance. Alors elle peut réclamer et demander ce qu'elle veut ; et on lui répond pourquoi elle n'a pas de réponse. C'est là le premier des trois degrés.

Elle poursuit donc plus loin et parvient à une place intime. Là elle ne doit ni prier, ni rien demander pour personne, parce qu'elle veut jouer avec sa partie un jeu que le corps ne connaît pas, non plus que le paysan à sa charrue, ni le chevalier en son tournoi, ni son aimable mère Marie, qui ne peut l'assister en cette rencontre. Alors elle est portée plus loin en un lieu de délices dont je ne puis ni ne veux parler ; il y aurait trop de danger, je n'ose le faire, parce que je suis trop un homme pécheur. Toutefois, quand le Dieu infini porte sur la hauteur l'âme sans fond, elle perd dans l'extase de l'admiration tout ce qui est terrestre, et ne se souvient plus qu'elle ait jamais été sur terre.

C'est quand le jeu va le mieux qu'il faut le quitter, et le Dieu fleurissant (de jeunesse) dit : « Vierge, il vous faut descendre : » mais elle s'écrie : « Seigneur, vous m'avez tellement retenue ici, que je ne puis plus dans mon corps vous louer avec quelque ordre ; je ne puis plus que souffrir de mon exil et combattre contre ce corps. » Il répond : « Oui, colombe chérie, ta voix est une harpe pour mes oreilles ; tes paroles sont un arome pour ma bouche, et tes désirs témoignent de la libéralité de mes dons. » Elle répond : « Seigneur bien-aimé, il en sera ainsi qu'il m'est ordonné. » Et elle soupire de toutes ses forces, et son corps en est tout ému. Il lui dit alors : « Noble dame, où êtes-vous allée? vous revenez tout aimable, belle, forte, enflammée et les sens transportés ; votre absence m'a enlevé le goût, le repos, la couleur et toute ma force. » Elle répond : « Tais-toi, assassin ; laisse là tes plaintes. Je veux toujours me garder de toi. Si mon ennemi est blessé, cela m'embarrasse peu, au contraire, j'en suis bien aise. »

C'est là un salut qui suit plusieurs canaux, qui de la surabondance de la divinité coule dans la pauvre âme desséchée en tout temps avec une nouvelle connaissance, une nouvelle contemplation, une jouissance spéciale d'une nouvelle présence (de Dieu). « O Dieu de suavité, feu intérieur, épanouissement extérieur, qui avez fait ces dons à la moindre (de vos créatures), puissé-je encore expérimenter la vie que vous avez donnée à celles qui sont au premier rang, dussé-je en souffrir plus longtemps. »

Personne encore ne peut recevoir ce salut qu'il ne l'élève alors au-dessus de lui-même, et le réduise à rien. Je veux dans ce salut mourir toute vivante ; les pieux aveugles ne viendront jamais me le détruire. Je parle de ceux qui ont l'amour, mais n'ont pas la connaissance. [On ne doit pas leur reprocher leur ignorance ; car ils ne connaissent qu'en partie, et comme ne voyant les objets que par un miroir, mais nullement face à face. Ils marchent par la foi à la poursuite de l'espérance.]

14.

DU VOYAGE QUE FAIT A LA COUR L'AME A LAQUELLE DIEU SE MONTRE.

Quand la pauvre âme arrive à la cour, elle y paraît en toute sagesse et modestie, et elle contemple avec joie son Dieu. Oh! avec quelle amabilité elle est accueillie! Elle garde le silence, ne désirant que sa gloire à lui seul. Alors il lui montre avec un immense désir son divin Cœur, qui ressemble à l'or vermeil qui est plongé dans une fournaise ardente; puis il l'approche de ce Cœur embrasé, de telle sorte que le grand prince et la petite fille s'embrassent et s'unissent comme l'eau avec le vin. Elle en est tout anéantie, et défaille d'elle-même, car elle n'en peut plus, tant il est languissant d'amour pour elle, comme d'ailleurs il fut toujours, rien ne venant à lui ou n'en sortant. Alors elle s'écrie : « Seigneur, vous êtes mon ami, mon désir, ma fontaine jaillissante, mon soleil, et je suis votre miroir. » Tel est le voyage que fait à la cour l'âme aimante qui ne peut subsister sans Dieu.

15.

DES TOURMENTS DE L'AME AIMANTE.

Toutes les vertus chrétiennes sont les servantes de l'âme : elle se plaint à l'amour de la douce persécution qu'elle endure, comme il suit : *L'âme :* « Aimable vierge (qui êtes l'amour), il y a longtemps maintenant que vous êtes à mon service ; dites-moi donc où j'en suis aujourd'hui. Vous m'avez poursuivie, vous m'avez prise, liée, et si profondément blessée que je n'en guérirai jamais. Vous m'avez accablée de coups ; dites-moi si à la fin je pourrai m'échapper saine et sauve de vous. Ne me tuerez-vous pas de votre propre main ? »

L'amour : « Si je t'ai poursuivie, c'est que cela me plaisait ; je t'ai prise parce que je le désirais ; je t'ai liée à mon grand contentement ; je t'ai blessée pour t'unir avec moi ; si je t'ai accablée de coups, c'est que tu étais en ma puissance. J'ai bien fait descendre le Dieu tout-puissant du ciel en terre, je lui ai ôté sa vie humaine, et je l'ai rendu avec gloire à son Père. Comment peux-tu, misérable ver, comment peux-tu m'échapper ? »

L'âme : « Parle, vierge, mon impératrice ; je redoute certain petit remède secret que Dieu m'a souvent donné qui pourrait me guérir. »

L'amour : « Comme on ne veut pas que les prisonniers meurent, on leur donne du pain et de l'eau. Le remède que Dieu t'a souvent donné, n'est autre chose que la prolongation dans cette vie naturelle. Mais quand ton jour de Pâques arrivera, et que ton corps recevra le coup mortel, je viendrai te prendre dans mes bras, te pénétrer partout, je te déroberai à ton corps, et je te donnerai à ton bien-aimé. »

L'âme : « O amour, j'ai écrit cette lettre sous votre dictée ; maintenant, noble vierge, apposez-lui votre sceau. »

L'amour : « Quiconque aimera jamais Dieu plus que

soi-même, saura bien où il doit prendre le sceau ; il est entre nous deux. »

L'âme : « Tais-toi, amour ; ne parle plus. Que toutes les créatures avec moi fléchissent les genoux devant toi, de toutes les vierges la plus chère. Dis à mon bien-aimé que sa couche est prête et que je languis d'amour pour lui. » Si cette lettre est trop longue, en voici la cause : j'étais dans la prairie, où j'ai trouvé mainte fleur. Voici encore une douce plainte d'amour : « Celui qui mourra d'amour sera enseveli en Dieu. »

16.

ENTRETIEN AVEC L'AMOUR DIVIN.

« O CHER amour de Dieu, viens embrasser mon âme, car plus que toute douleur, cela m'assassine d'être affranchie de toi. O amour, ne me laisse pas refroidir ; mes œuvres sont toutes mortes aussitôt que je ne te sens plus. O amour, tu rends douces la peine et la souffrance, tu instruis et consoles les vrais enfants de Dieu. O lien d'amour, ta douce main a la force, elle lie à la fois le vieux et le nouveau. O amour, tu rends les grands fardeaux légers, mais les petites fautes avec toi sont graves. Volontiers tu sers sans récompense, te soumettant à toutes les créatures. Allons, doux amour de Dieu, si je dors trop longtemps, négligente pour le bien, sois bon pour moi, éveille-moi, et chante-moi ton chant dont tu ébranles intimement l'âme comme le doux son des harpes. Oui, amour, noble vierge, jette-moi à tes pieds, je serai volontiers ton vaincu, et si tu me prends alors la vie, ce sera toute ma consolation.

O malheur ! tendre amour de Dieu, tu me ménages trop, je m'en plains toujours davantage. Amour, ton noble salut a rempli ma bouche ; amour, ta torture si pure me fait vivre sans pécher ; amour, ta méditation constante m'a plongée dans une douce tristesse. O divin amour, comment puis-je souffrir d'être privée de toi ? Ainsi tu veux t'éloigner de moi ; amour, c'est là un orgueil plein de délices de penser que je suis heureuse de ton éloignement. O merveilleux amour, bienheureux celui que tu enseignes ! c'est pour lui une humilité pleine de délices, quand il te supplie de t'éloigner de lui.

Hélas ! amour, qu'ils sont peu nombreux ceux qui de tout leur pouvoir te recherchent en toutes choses, et usent de toi avec un soin constant, et qui dans un désir amoureux t'ordonnent de t'enfuir loin d'eux ! Mais ils sont nombreux ceux qui t'appellent des lèvres, et dans leurs œuvres se détournent de toi. Amour, que tu partes ou que tu arrives, c'est aussi bien accepté par l'âme bien réglée. Amour, tu as soumis à tes lois tout ce que Dieu a entrepris avec nous dans l'affection de son cœur. Amour, ta noble pureté qui se présente comme un beau miroir devant Dieu dans l'âme chaste, rend plus brûlante l'affection d'un cœur virginal pour Jésus, son bien-aimé. Celles qui aiment beaucoup et sont vierges, celles-là sont les Vierges des Séraphins. Amour, ta miséricorde sainte fait souffrir mainte peine au démon. Amour, ta douce paix apporte le calme dans l'âme et la pureté dans la conduite. Amour, ton saint rassasiement rend libre l'âme dans la pauvreté volontaire. Amour, ta patience sincère ne se plaint jamais des mésaventures ni des travaux pénibles. »

17.

DIX QUALITÉS DE L'AMOUR ; DU DÉSIR QUE L'AME A DE DIEU.

« O amour ! combien large est ta lumière dans l'âme ; combien embrasée est ta splendeur, incompréhensible ton miracle, multiple ta science, et prompte ta largesse ; combien est puissant ton lien, permanente ton essence, tranquille ton courant, prodigieuse ton opulence, constant et fidèle ton travail, sainte ta discrétion ! Quand tu fais pénétrer toutes ces qualités dans l'âme, elle s'élève alors et commence à voler avec les ailes de la colombe, c'est-à-dire, avec toutes les vertus, et commence à désirer avec l'avidité de l'aigle, et s'élève pour se réchauffer vers le ciel, car tout ce qui est passager lui semble froid et insipide.

Alors s'emparant des paroles de la Vérité, elle dit : « Seigneur, le désir que j'ai de vous en votre attrait, la sagesse et la science que je reçois dans l'essor de l'amour ; Seigneur, l'union que je saisis dans votre volonté, la constance que je conserve après vos dons, Seigneur, la douce pensée avec laquelle je vous remémore en moi ; l'amour éperdu que j'ai pour vous, qui de soi-même est si riche et si grand devant vos yeux divins, que si vous ne le saviez pas, Seigneur, ni tous les grains de sable, ni les gouttes d'eau, les brins d'herbe, les feuilles des arbres, les pierres, les arbres ; toutes les créatures inanimées, et de plus, toutes les créatures vivantes, poissons, oiseaux, bêtes, vermisseaux, qui volent ou qui rampent ; démons, païens, juifs et tous vos ennemis, et plus encore vos amis, hommes, anges, saints, bref, tout ce qui pourrait, voudrait, sans jamais cesser parler, pousser un cri jusqu'au dernier jour ; en vérité, Seigneur, vous le savez bien, ne pourrait de vous exprimer seulement à demi ce que veut mon désir, ce que je ressens de torture, ce que poursuit mon cœur, ce qu'invoque mon âme, attirée que je suis par l'odeur de vos parfums, d'une attraction permanente et indivisible.

O Marie, Notre Dame, Mère de Dieu, comment y parviendriez-vous, si avec votre Fils vous entrepreniez d'annoncer à l'éternelle divinité l'amour que dans ce corps une âme unie vraiment a pour le Dieu éternel et le contact dont il daigne l'y favoriser. O Reine, vous vous lasseriez et votre Fils y deviendrait impuissant, car la force ignée de l'amour divin dévore toute puissance humaine. »

18.

L'OFFICE DE L'AMOUR BÉNI EST MULTIPLE.

« Amour béni, qui ne connus pas de commencement, ton office dure encore, lorsque tu réunis ensemble Dieu et l'âme de l'homme, office que tu rempliras sans qu'il y ait de fin. Je te salue, vierge, ma reine ; prends garde que jamais je me plaigne de toi à mon beau Seigneur. Quand il reste loin de moi trop longtemps, je me refroidis et je gèle ; prends-y garde, dame de mon cœur, ma reine ! »

« Tu m'as séduite et amenée à Dieu, à qui je suis dès lors heureusement attachée. O amour! viens à mon secours; que je meure dans ses bras, puisqu'il m'y retient captive. Toutefois je veux bien subir la mort en ce corps de péché. O amour! ta puissance l'emporte sur toutes les vertus, et je veux remercier Dieu de ce que tu m'as ôté bien des peines de mon cœur. »

Moi je n'ai aucune vertu, mais lui (Dieu) me sert avec ses vertus. Ce serait pire pour moi que la mort si je faisais quelque bien sans mon Seigneur et maître.

Tout ce que je dis d'amour, je n'oserais, hélas! m'en faire honneur; mais Dieu en cela songe à tous ceux qu'il a élus dans son cœur. Ceux que cela regarde le trouveront bon. L'amour remplit plus d'un cœur vide auparavant; mais si nous sommes pleins de rancune et d'amertume, nous ne sommes pas prêts à l'action de l'amour. « Bonsoir, amour, maintenant je veux dormir. Alleluia. »

19.

DE QUELQUES FORMES ET AFFECTIONS DE L'AMOUR.

Le véritable amour de Dieu se comporte en ces sept manières : l'amour joyeux entre dans la voie; l'amour craintif supporte des travaux; l'amour fort peut faire beaucoup; l'amour aimant renonce au bruit; l'amour sage possède la connaissance; l'amour libre vit sans chagrin ; l'amour puissant veut toujours davantage.

L'amertume du cœur vient de l'humanité ; la faiblesse du corps vient seulement de notre chair ; un esprit prompt s'inspire de la noblesse de l'âme ; l'horreur en face de la peine vient de votre culpabilité ; les maladies du corps viennent de la nature ; l'affliction et la désolation viennent de la volonté ; la rareté de la consolation provient de l'inquiétude d'esprit.

L'âme qui est une fois blessée du véritable amour n'en est jamais bien guérie ; elle baise encore la bouche qui lui a infligé sa blessure.

20.

QUELQUES EFFETS DE L'AMOUR.

Le véritable et pur amour de Dieu renferme quatre choses qui ne reposent jamais : la première est un désir toujours croissant ; la seconde, une excessive souffrance ; la troisième, un embrasement de l'âme et du corps ; la quatrième, une grande union jointe à une constante précaution.

Personne n'y peut parvenir qu'en faisant un échange complet avec Dieu, en sorte que tu donnes à Dieu tout ce qui est à toi, intérieurement et extérieurement, et lui te donne véritablement tout ce qui est à lui au dedans comme au dehors.

Quand l'heure heureuse est passée en laquelle Dieu a favorisé l'âme aimante de sa consolation suprême, alors, oui, alors elle est si affectueusement disposée qu'elle trouve bon tout ce qui fait mal à une âme restée étrangère (à cette consolation). Si alors tu montres quelque âpreté, il est bien à craindre que le diable ne t'ait frottée de ses onguents.

L'amour qui a grandi a cela de sa nature qu'il ne s'épanche pas en larmes, mais il est plutôt fortement embrasé du feu divin ; et pendant qu'il s'épanche le plus de toutes parts, il reste le plus tranquille en lui-même. Il monte tout près de Dieu et reste en lui-même au-dessous de tout. Il appréhende et saisit plus que tous, et garde pour soi moins que personne. O bienheureux amour! où sont ceux qui te connaissent? Ils sont tout embrasés dans la fournaise de la sainte Trinité, et n'habitent plus en eux-mêmes. Ces bienheureuses âmes ne peuvent jamais tomber dans les péchés mortels. Pourquoi ? Ils sont tellement imprégnés et enveloppés de Dieu, que plus ils sont tentés, plus ils se fortifient. Pourquoi? Parce que plus ils luttent ici-bas sans se départir de l'amour, plus ils sont nobles aux yeux de Dieu, et plus ils s'estiment vils et indignes à leurs propres yeux. Pourquoi? Plus l'amour est saint, plus grande est l'angoisse, et plus grande est la consolation, plus grande est aussi l'appréhension. Toutefois l'âme aimante n'a point la crainte cruelle, sa crainte est toujours noble. Il y a deux choses que je ne puis jamais assez déplorer : l'une est que Dieu soit si oublié dans le monde, l'autre est que les gens de religion soient si imparfaits. Il en doit résulter plus d'une chute, car les gens parfaits n'en font pas.

21.

QUATRE PROPRIÉTÉS DE L'AMOUR PUR.

Le pur amour de Dieu a ces propriétés : d'abord d'être d'accord avec Dieu en tout ce qui nous arrive, hors le péché, ce dont nous lui devons rendre d'intimes actions de grâces. La seconde est que nous usions avec ordre des dons que nous tenons de Dieu, soit en notre corps, soit en notre âme. La troisième est que nous menions une vie pure, exempte de péché. Enfin la quatrième est que nous possédions toutes les vertus. Hélas! que ne les ai-je moi-même et les pratiqué-je en toute occasion? Je le préférerai à n'importe quelle contemplation dont j'ai jamais ouï parler. A quoi servent les paroles sublimes sans les œuvres de miséricorde? A quoi sert l'amour de Dieu avec la haine pour les gens de bien? Tu dis : « Que Dieu me le donne, je le ferai volontiers. » Ecoute maintenant : « Les vertus sont moitié dons de Dieu, et moitié nos propres œuvres. Quand Dieu nous donne la connaissance, alors pratiquons la vertu. »

22.

DE DEUX ÉPOUSES : L'UNE DU CHRIST, L'AUTRE DU DIABLE.

Je veux vous écrire ici d'une sœur vraiment religieuse, et d'une béguine ou dévote qui s'entretiennent en la manière suivante : la sœur religieuse parle d'après la vraie lumière du Saint-Esprit et sans la moindre tristesse de cœur, tandis que la dévote du monde parle d'après sa chair selon l'esprit de Lucifer, et avec des peines cruelles. Il y a en ce monde deux sortes de dévots, qui s'inspirent de deux sortes d'esprit. Dieu communique son Saint-Esprit aux âmes pures qui dans toute leur conduite se règlent fidèlement sur une intention sainte. C'est ainsi que deux puretés se rencontrent : d'une part le feu ardent de la divinité, et de l'autre la cire molle de l'âme aimante. Il y a l'abri d'une constante humilité, d'où il résultera une lumière magnifique qui se verra de loin. O âme aimante, tu es si riche que personne ne peut t'appauvrir, et pourtant nul n'est plus pauvre que toi. L'humilité enrichit, des mœurs modestes et bonnes donnent de la noblesse et de la naissance, l'amour embellit et s'attire des compliments, et l'abjection ne nous en élève que plus haut devant Dieu. Voilà ce que tu dois méditer, Sœur religieuse, et ne permettre à personne de te détourner de tes bonnes voies, et ainsi tu pourras rester sainte.

Le diable, lui aussi, communique son esprit aux esprits que l'envie, l'orgueil, l'avarice disposent à tout ce qu'il y a de pire. Ils ignorent absolument tout ce que l'amour porte de biens en soi. Ils deviennent si pauvres par cette envie funeste et cette cruauté du diable, qu'il leur est impossible de trouver ou de suivre jamais l'amour de Dieu. L'amour fidèle a toujours pour Dieu des paroles de louange ; l'amour qui désire rend douces aux cœurs purs toute espèce de peines ; l'amour qui cherche est tout à lui-même ; l'amour qui connaît se communique à toutes les créatures ; l'amour illuminé est toutefois mêlé de tristesse ; l'amour qui se tait jouit sans travail. Oh ! comme il travaille avec calme, puisque le corps n'en a pas connaissance ! L'amour pur est tranquille en Dieu seul, parce que tous deux ils n'ont qu'une volonté, et aucune créature, si noble qu'elle soit, ne peut les empêcher.

Voilà ce que la connaissance a écrit d'après le livre éternel. L'or est souvent falsifié avec du cuivre ; ainsi fait l'hypocrisie, la vaine gloire, qui déracine toutes les vertus dans l'âme de l'homme. L'âme vile qui s'attache à ce qui passe, qui ne connaît rien des appréhensions de l'amour, à laquelle jamais Dieu n'en parle le langage, hélas ! ne trouve dans toute cette vie qu'une nuit perpétuelle.

23.

DE L'ASCENSION ET DE LA DESCENTE DE LA MONTAGNE DE DIEU. DE L'HUMILITÉ CHEZ L'AME AIMANTE.

O MERVEILLEUX amour de Dieu, tu as une force sainte et grande. Tu illumines l'âme et instruis les sens et donnes à toutes les vertus leur pleine puissance. C'est un grand bonheur pour moi, pauvre villageoise, d'avoir vu une noble vierge comme toi. Oui, amour, tu es délicieux, digne de louanges dans toutes tes œuvres ; je trouve en effet dans mon âme que toutes les vertus te sont subordonnées. Mais la profonde humilité qui n'est pas supprimée par l'orgueil dans la vie religieuse, la chasteté innée ou acquise, toutes deux également pures, doivent marcher avec la charité (c'est-à-dire, l'amour), et toutefois lui être subordonnées.

L'amour se répand dans tous les sens et se précipite avec toutes les vertus sur l'âme. Mais tandis qu'il croît dans l'âme, il monte avec avidité vers Dieu, et en s'élargissant il se répand sur toutes les merveilles dont elle est ornée. Il se fond à travers l'âme et passe dans les sens; ainsi le corps doit en avoir aussi sa part, et se discipliner en toutes choses. Qu'avec l'amour de Dieu on puisse avoir de mauvaises mœurs, c'est ce que je n'ai trouvé nulle part, si grande est la vertu du pur amour de Dieu. Toutefois l'âme n'en est jamais tellement imprégnée qu'elle ne soit souvent tentée par les objets terrestres : ce que ne peut saisir l'âme qui est toute remplie d'un amour hypocrite. Quand l'amour a atteint toute sa croissance dans l'âme, il est également parvenu aussi haut qu'il est permis à l'homme de s'élever, parce que l'amour a sa mesure et sa règle. S'il n'avait aucune mesure, ah! doux Jésus! combien de cœurs se briseraient de délices!

Quand l'âme entraînée par l'amour et harcelée par le désir de son cœur pour Dieu est parvenue sur la montagne de l'amour fort et de la belle connaissance, il fait alors comme un pèlerin qui a gravi une montagne avec un grand désir; il en descend l'autre pente avec une grande crainte de se précipiter. C'est-à-dire, quand l'âme est toute enflammée à la chaleur d'un long amour, et qu'elle défaille dans l'embrassement de la sainte Trinité, alors elle commence à s'abaisser et à se refroidir, comme le soleil qui du point le plus élevé du ciel descend, descend jusque dans la nuit. Dieu le sait : il en est ainsi pour l'âme, et cela s'accomplit même aussi pour le corps.

L'âme riche d'amour descend attirée par une profonde humilité, et s'efface absolument devant ce que Dieu lui fait par amour ; et cela convient bien à la noble nature que Dieu et elle remplissent en une seule et même intention. Elle détourne l'œil de toute volupté, afin que Dieu en retire une grande gloire. Le corps, lui aussi, s'humilie grandement, en servant ses ennemis, en gardant le silence, et évitant de voir ses amis pour la gloire de Dieu. L'âme sans doute s'humilie davantage, parce que sa puissance est la plus grande ; elle descend avec énergie dans la place la plus infime que Dieu ait en son pouvoir. Oh! comment pourrais-je prendre cette place à ceux qui ne connaissent pas cet abîme de l'humilité !

La première humilité consiste dans les vêtements et le logement, qui doivent être modestes, taillés et cousus à la manière des religieux, et toutefois propres. La seconde réside dans les manières à l'égard de ceux avec qui l'on vit, qui dans toute rencontre doivent être aimables et prévenantes. L'amour de Dieu lui-même s'en accroît. La troisième humilité s'exerce dans les sens qui ne s'attachent régulièrement à rien que pour son légitime usage. La quatrième habite en l'âme, c'est une humilité profonde qui aborde ainsi et prépare mainte merveille dans l'âme aimante. Elle la pousse jusqu'au ciel, puis la rabaisse jusqu'au bas de cet abîme. Elle conduit l'âme à chaque créature et lui dit : Vois maintenant ; voilà qui est meilleur que toi ; puis elle la mène à sa place, au-dessous de laquelle il ne peut plus y en avoir d'autre, c'est-à-dire, sous

Lucifer. Et là, si elle écoutait son désir, et que la gloire de Dieu l'exigeât, elle préférerait de rester.

C'est ainsi que cette pauvre âme aimante se laisse enchaîner par l'amour humble, à ce point qu'elle n'a plus pour soi ni crainte ni confusion, qu'autant qu'il convient à sa modestie, et comme on craint dans le ciel. Mais le pauvre corps, à raison des ténèbres de son cœur, et de l'infirmité de ses sens extérieurs, doit persévérer dans la crainte et la honte, car il n'est pas encore transformé par la mort. L'âme au contraire est belle dans son corps comme dans le céleste royaume, excepté qu'elle n'y a pas la sécurité. Elle est hardie, mais pas forte; elle est ainsi ardente, mais manque encore de fermeté ; elle est affectueuse, mais pas aussi joyeuse ; elle est libérale, mais pas également riche ; elle est sainte, mais pas aussi innocente ; elle se tient pour rassasiée, mais elle n'est pas remplie. Telle est l'âme qui ici-bas est toute pénétrée de l'humilité pour l'amour de Dieu.

Quand elle est ainsi parvenue à sa plus grande hauteur possible, restant en attendant attachée à son corps, et plongée dans la profondeur la plus infime qu'elle peut trouver, elle atteint alors son plein développement dans les vertus et la sainteté. Elle doit alors recevoir l'ornement de la souffrance qu'impose une longue attente. Elle s'établit donc sur le roc de la fidélité, et de là considère toutes choses avec grande sagesse ; aucune ne lui peut échapper, et elle y trouve toujours de quoi louer Dieu.

24.

DES DIVERSES SORTES D'AMOUR DIVIN.

L'AMOUR débonnaire qui procède d'une sainte miséricorde, bannit la vaine gloire et la faiblesse méchante. Le véritable amour procédant de la sagesse de Dieu apporte le rassasiement, et bannit une indigne avidité. L'amour humble qui s'inspire d'une sainte simplicité triomphe seul de l'orgueil, et transporte l'âme avec puissance dans la sainte et vraie connaissance. L'amour constant, entretenu par de bonnes mœurs, ne peut se prêter à aucune fausseté ; l'amour grand qui s'est formé de l'audace connaît toujours quel parti on doit prendre. L'amour inquisitif, instruit par la familiarité divine, aveugle ce monde sans se donner de peine. L'amour enchaîné à une sainte habitude ne repose jamais et vit toutefois en soi-même sans travailler. L'amour qui se précipite par sa surabondance, repose tout tranquille, et tout lui est amer hors de Dieu ! L'amour qui crie, pressé d'une sainte impatience, ne se tait jamais et a le bonheur d'avoir oublié toute faute. L'amour instruit à l'école de Dieu aime encore à s'incliner et à devenir enfant ; le bel amour plein de force rajeunit l'âme et vieillit le corps ; l'amour affectueux qui reçoit des dons visibles déracine l'amère plainte du cœur ; l'amour riche et puissant ne prend son plaisir qu'en Dieu seul. L'amour caché porte un précieux trésor de bonne volonté et de saintes actions. L'amour éclairé par un rayon qui se joue, rend douce à l'âme sa souffrance ; il tue aussi sans faire mourir. L'amour qui tourne au gré d'une puissance supérieure, c'est là ce que personne ne peut supporter.

25.

C'EST PAR L'AMOUR SEUL QU'ON ARRIVE PRÈS DU BIEN-AIMÉ.

L'AME parvient à sa hauteur par l'amour, le corps reçoit sa parure dans le saint baptême chrétien ; car au-dessus de l'amour il n'y a plus rien, et hors de la chrétienté il n'y a rien de beau. C'est donc une énorme folie que de vouloir parvenir à cette hauteur avec des travaux affreux, inhumains, en conservant un cœur haineux ; ceux-là n'ont point la sainte vertu d'humilité, qui peut conduire l'âme à Dieu. En eux trône plutôt la fausse sainteté, et la propre volonté exerce seule l'autorité dans leur cœur.

Je mourrais volontiers d'amour, si cela pouvait se faire ; car celui que j'aime, je l'ai vu de mes yeux illuminés qui se tenait dans mon cœur. La fiancée qui a chez elle son bien-aimé n'a pas besoin d'aller au loin ; l'amour ne peut passer au delà. Quand la vierge reste assidûment auprès du jeune fiancé, lui par sa noble nature est tout disposé à la recevoir et à l'approcher de son cœur. Il n'y a que les insensés qui perdent cette occasion, eux qui n'aiment pas à rester auprès du bien-aimé.

[Jésus loue ainsi son épouse :] « Tu es la lumière

du monde ; tu es la couronne de vierges ; tu es le baume pour les blessés ; tu es la fidélité pour ceux qui sont faux ; tu es la fiancée de la sainte Trinité. »

[La fiancée répond ainsi au Seigneur :] « Vous êtes la lumière de toutes les lumières ; vous êtes la fleur de toutes les couronnes ; vous êtes le baume de toutes les blessures ; vous êtes l'immuable fidélité sans fausseté aucune ; vous êtes l'hôtelier partout où l'on est reçu. »

26.

DE TROIS POSITIONS D'OÙ IL EST PARLÉ A L'AME.

IL est une position d'où le diable s'adresse souvent à l'âme ; dans les deux autres, il ne peut rien faire. Cette position est dans les sens de l'homme. Elle est commune à Dieu, au démon, à toutes les créatures, qui y peuvent entrer, et parler comme ils l'entendent. La seconde position d'où Dieu parle à l'âme, est dans l'âme elle-même : là personne ne peut pénétrer que Dieu seul ; et quand Dieu y parle à l'âme, les sens n'en ont aucune connaissance, tant est grande, forte et prompte l'union de Dieu avec l'âme. Ainsi les sens ne peuvent saisir ce délicieux entretien, ce qui rend l'âme si humble qu'elle ne peut souffrir au-dessous d'elle aucune créature. L'homme doit-il s'abaisser au-dessous du diable ? Oui, en se souvenant que dans sa vie il a fait souvent à Dieu cet affront, de prendre la ressemblance du diable en son âme, non-seulement en commettant des péchés véniels, mais aussi en infligeant à cette âme d'énormes blessures par le péché mortel.

L'âme captive du Saint-Esprit ne peut s'empêcher de se dérober à toute consolation terrestre et à tout plaisir. Mais l'âme qui est captive de sa volonté propre, se porte toujours avec volupté aux choses de la terre.

La troisième position d'où Dieu parle à l'âme, c'est le ciel : là Dieu élève l'âme selon son bon plaisir et la tient ainsi suspendue, qu'elle puisse se délecter de ses merveilles.

27.

CONSOLATION DU SEIGNEUR A L'AME AIMANTE.

« O BIEN-AIMÉ Seigneur, ayez pitié de celui qui est ici embrasé de votre amour, plongé dans votre humilité, et anéanti en toutes choses. » Dieu parle : « Ma divinité t'a embrasé, mon humanité t'a confessé, mon Saint-Esprit t'a sanctifié dans ta pauvreté. » Ceux qui aiment beaucoup observent volontiers le silence ; ceux qui n'aiment pas, observent ceux qui aiment (pour en parler).

28.

ENTRE DIEU ET L'AME TOUT EST BEAU ; ACTIONS DE GRACES, ETC.

Quand l'âme aimante regarde dans le miroir éternel, elle parle ainsi : « Seigneur, entre vous et moi toutes choses sont belles ; mais entre le diable et sa fiancée, l'âme damnée, tout est horrible et affreux ; et quand elle pense à l'aimable Jésus, elle tremble, et sent se renouveler en elle tous les tourments de l'enfer. »

« Ah ! Seigneur bien-aimé, combien étais-je pauvre quand je ne pouvais méditer toutes ces paroles, ni prier, ni aimer. Alors je m'approchai vers vous en rampant avec mes pauvres sens d'exilé, et je vous dis : Mon bien-aimé Seigneur, comment pourrai-je vous honorer ? et vous répondîtes à la plus indigne qui fut jamais de vos créatures : « Tu me loueras pour ma protection fidèle ; tu me remercieras pour la libéralité de mes dons ; tu me demanderas avec désir (d'opérer en toi) mes merveilles ; enfin tu prieras pour avoir une bonne mort. »

Alors l'âme demanda avec noblesse : « Bien-aimé, quelles merveilles dois-je désirer ? » C'est en pleurant que j'écris ce qui suit. Que Dieu m'aide, moi la plus pauvre des créatures, à demeurer avec Jésus. Mon bien-aimé me répondit donc ainsi : « Je veux mettre la lumière sur le chandelier, et tous les yeux qui verront cette lumière, en recevront un rayon spécial qui éclairera leur connaissance. » Alors l'âme demanda encore en grande soumission, mais sans crainte : « Mon bien-aimé, comment sera le chandelier ? » Et Notre-Seigneur dit : « C'est moi qui serai la lumière, et ton sein sera le chandelier. »

29.

L'ÉPOUX EST HONORÉ ET L'AME HUMILIÉE.

Elle est volontiers sans honneur, volontiers sans hommages de respect, volontiers seule, tranquille, abaissée, élevée, et se communique aussi volontiers.

Entre toi et Dieu, (ô âme), doit à jamais subsister l'amour. Entre les choses de la terre et toi, il ne peut plus y avoir qu'angoisse et crainte. Entre le péché et toi, haine et combat perpétuel. Entre le ciel et toi, qu'il subsiste une constante espérance.

L'âme n'a point de fond dans son désir ; elle est toute ardeur dans l'amour ; affectueuse en présence (du bien-aimé) ; elle est un miroir du monde, petite auprès de la grandeur, fidèle quand il s'agit de secourir, recueillie en Dieu.

Voici comment Dieu recherche l'âme simple et l'instruit dans son amour : « Ma colombe chérie, tes pieds sont rouges, tes plumes sont lisses, ton bec est droit, tes yeux sont beaux, ta tête bien posée, ta démarche gracieuse, ton vol est rapide, trop rapide vers la terre. »

— « Seigneur, mes pieds sont rougis véritablement du sang de votre rédemption ; mes ailes sont lissées par votre noble élection, mon bec est droit sous l'action de votre Saint-Esprit, mes yeux brillent des feux de votre lumière, ma tête se dresse noblement sous votre protection fidèle, ma démarche est gracieuse par suite de votre libéralité ; mon vol est rapide, accéléré par votre volupté inquiète, et quand je descends avec rapidité vers la terre, c'est que mon corps auquel je suis unie m'entraîne. Plus vous m'affranchissez, plus je me tiens longtemps en votre présence. »

A quel prix l'âme s'enivre du vin sans mélange, ô Seigneur ; combien est pauvre et abandonnée l'âme qui dans ce monde n'est pas fécondée par votre amour ! Oh ! qui m'aidera à déplorer son malheur, puisqu'elle-même ignore ce qui lui manque, ne sait pas même ce que c'est !

« Épouse (des Cantiques), vous dites dans le livre de l'amour à votre bien-aimé de s'éloigner de vous [1] ; dites-moi franchement, noble dame, comment cela a-t-il pu vous arriver ? Pour moi, j'aimerais mieux mourir, s'il devait m'arriver dans le pur amour de commander à Dieu, en écoutant une sagesse de ténèbres, de s'en aller de moi. Quand j'ai à jouer intimement avec mon bien-aimé, la sagesse n'a point à me faire de leçons de discrétion. Quand au contraire je m'applique avec mes sens extérieurs à d'autres travaux, je l'écoute volontiers, quand elle me recommande la modération. »

— « Écoute-moi, chère compagne : j'étais toute joyeuse et tout enivrée d'amour, c'est pourquoi je m'épanchais avec tendresse dans mes sens ; mais quand mon ivresse dépasse toutes les bornes, je ne puis alors me souvenir de mon corps, parce que

1. Cantiq. VII. 14.

l'amour ne commande et ne veut qu'il n'arrive que ce qui lui plaît, et que Dieu accepte pour agréable; je me laisse donc aller; car, lors même qu'il m'enlèverait la vie, mon âme est à lui. Ah! si tu veux aller avec moi aux celliers, il t'en coûtera cher, et quand même tu aurais mille marcs, tu les dépenserais en un moment. »

« En effet, si tu veux boire le vin sans mélange, tu dépenseras toujours plus que tu ne possèdes, et encore l'hôtelier ne t'en donnera pas ton content. Alors tu seras pauvre, dépouillée, et méprisée de tous ceux qui aiment mieux boire la lie, que de dépenser leur argent pour ce qu'il y a de meilleur dans le cellier. Tu auras aussi à souffrir de l'envie de ceux qui veulent entrer avec toi dans le cellier. Oh! quels mépris parfois ne te feront-ils pas supporter, parce qu'ils ne veulent faire d'aussi grandes dépenses! Ils veulent que leur vin soit trempé d'eau. »

— « Noble épouse (des Cantiques), j'irai volontiers à la taverne dépenser tout ce que j'ai; je me laisserai tirer à travers les charbons de l'amour, frapper avec les tisons du mépris, pourvu que je puisse aller souvent dans ces bienheureux celliers. C'est là ce que je choisis ici-bas, parce que je ne peux jamais perdre avec l'amour. C'est pourquoi, quand on me fait souffrir ou qu'on me méprise, on me verse du vin de l'hôtelier, et dont il a bu lui-même. Je m'enivrerai si bien de ce vin, que je me soumettrai de grand cœur à toute créature, qu'à raison de mon indignité naturelle, de ma perversité volontaire, je ne trouverai jamais qu'on me traite si mal, qu'on puisse commettre envers moi malheureuse le moindre péché. Ainsi je ne veux pas faire retomber mes peines sur mes ennemis, bien que je n'ignore pas qu'à mon égard ils peuvent aussi violer les commandements de Dieu. »

— « Chère compagne, lorsque la porte du cellier se trouvera fermée, tu resteras dans la rue, affamée, nue, pauvre et dans une telle abjection que de tous les mets de la vie chrétienne il ne te restera plus que la foi. Si alors tu persistes dans l'amour, tu ne périras jamais. »

— « Noble épouse, je suis prise pour le Père céleste d'une telle faim que j'en oublie tout autre souci ; j'éprouve pour son Fils une telle soif qu'elle m'ôte tout sentiment des plaisirs de ce monde ; et pour leur Esprit à tous deux je ressens une amitié si intime qu'elle dépasse (en moi) la sagesse du Père que je ne puis comprendre, les travaux du Fils, plus que je ne puis supporter, et la consolation du Saint-Esprit, plus que j'en puis recevoir. Quiconque sera enchaîné des liens de cette intime amitié, restera toujours attaché, sans être jamais séparé, à la félicité de Dieu. »

30.

DIALOGUE ENTRE LA CONNAISSANCE ET L'AME.

La connaissance commence ainsi : « Ame aimante, je t'ai considérée ; tu es merveilleusement faite pour toujours aimer. J'ai reçu une lumière toute particulière pour te bien voir, ce qui m'aurait été autrement impossible. Tu es triple en toi-même, et vraiment l'image de Dieu. Dans tes luttes tu possèdes une force virile, tu es d'autre part une vierge avec tous ses atours dans le palais de ton maître. Tu es une délicieuse épouse dans ta couche nuptiale. Ame qui est l'amante de Dieu, dans tes combats tu es armée d'une puissance infinie, et ton courage a réuni tant de forces que ni la multitude du monde, ni le secours que lui prête ta chair, ni les troupes de démons, ni la vigueur de l'enfer ne peuvent te séparer de Dieu.

C'est comme avec des fleurs que tu te défends : ton épée est la noble rose, Jésus-Christ ; ton bouclier est le lis blanc, Marie. Sans doute que ces armes ne t'empêchent pas d'être attaquée; mais alors elles ajoutent à ta parure, et augmentent infiniment en toi l'honneur et la gloire de Dieu. Tous ceux qui se maintiendront intacts dans ce combat, recevront de grandes richesses de l'empereur. Dis-nous donc, âme merveilleuse, quelle est ta gloire dans ton palais de la sainte Trinité, où tu te tiens amoureusement devant ton Seigneur ? »

L'âme : « Connaissance, vous en savez plus que moi; pourquoi m'interrogez-vous ? »

La connaissance : « Ame, Dieu vous a élue par-dessus toutes choses ; vous êtes ma maîtresse et ma reine. »

L'âme : « Connaissance, je suis noble et née libre ; je ne dois pas être déshonorée pour ne faire qu'aimer. C'est ainsi que je pourrai avoir qui m'aime, qui m'embrasse et qui m'honore, et ce sera la sainte Trinité. Tout ce que le ciel et la terre contiennent me sera éternellement soumis. Si je donne à l'amour sur moi pleine puissance, et que je lui livre la place, qu'il m'attache avec les liens de la sainte patience, que je n'ajoute plus au nombre de mes fautes; alors il me conduira dans une noble et douce tranquillité, qui me rendra prête en tout et pour tout ; il m'astreindra à une rigoureuse obéissance, qui me soumettra avec affection à Dieu et à toute créature. »

La connaissance : « C'est bien, noble épouse ; mais donnez-moi encore un aperçu de l'ineffable familiarité qui s'est établie entre vous et Dieu. »

L'âme : « Connaissance, je ne le puis ; l'épouse ne peut dire tout ce qui lui arrive : sa sainte contemplation, la précieuse jouissance, je vous en ferai part ; mais cette expérience exquise de Dieu vous restera cachée à jamais, ainsi qu'à toutes les créatures : moi seule je la sais. »

La connaissance : « O âme, cette merveille de contemplation, cette parole sublime que vous avez vue, que vous avez entendue en Dieu, si je m'efforce de la faire connaître tant soit peu, il en sera comme si je voulais placer dans une vile et ténébreuse écurie le lustre qui éclaire le palais de l'empereur. Les brutes sont contentes de manger leur paille ; oui, certains qui paraissent les enfants de Dieu, comme un bétail qui n'est point attaché, se heurtent dans leur étable (d'ignorance et) de ténèbres, parlant de ce qu'il leur plaît d'appeler illusion, et disant que ce n'est là qu'imagination de l'esprit et fiction de l'hypocrisie. »

L'âme : « Connaissance, on trouve dans l'Ecriture que saint Paul fut élevé jusqu'au troisième ciel. Cela ne lui serait jamais arrivé s'il était resté Saul ; lors même qu'il aurait trouvé la vérité dans le premier et le second ciel, il ne serait jamais parvenu au troisième. Il est un ciel que le diable a fabriqué, et auquel il a donné une certaine beauté par ses faux artifices. La connaissance s'y exerce au milieu de sens et chagrins troublés ; l'âme y reste immobile, ne trouvant pas ce qu'elle aime naturellement. Elle n'y éprouve aucune joie ni consolation, et fait illusion aux simples sens. Dans ce ciel le diable se fait voir semblable à un ange de lumière; il va même, en montrant les cinq plaies, jusqu'à prendre la ressemblance de Dieu même. Ame simple, prends-y garde!

« Le second ciel est fait du saint désir des sens, et de la première partie de la charité. Dans ce ciel il n'y a point de lumière, et l'âme n'y voit pas Dieu. Elle goûte toutefois une incompréhensible suavité qui pénètre tous ses membres. Elle y entend aussi certaine voix qui lui fait plaisir, encore qu'elle soit mêlée aux sens terrestres. Si alors il n'y a pas une profonde humilité, le démon fait apparaître sa lumière, et ce qui se fait alors ne procède plus de Dieu. Mais s'il s'y trouve une parfaite humilité, l'âme doit alors aller plus loin et s'élever au troisième ciel. Là elle reçoit la vraie lumière. Alors les sens parlent ainsi : « Notre maîtresse, l'âme, dormait depuis son enfance; la voilà éveillée au grand jour de l'amour : dans cette lumière elle regarde autour d'elle, et elle voit qui est celui qui se manifeste à elle, et connaît ce qu'on lui dit. Ainsi voit-elle véritablement et reconnaît-elle comment Dieu est tout en toutes choses. » Maintenant je dépose tous mes soucis et m'élève avec saint Paul au troisième ciel, quand Dieu abat par son amour mon corps de péché. Ce troisième ciel est formé, ordonné et admirablement illuminé par les trois personnes qui chantent ainsi : « La véritable salutation de Dieu vient du sang céleste. »

31.

DES VÊTEMENTS ET ORNEMENTS DE L'ÉPOUSE ET DE SES SERVITEURS.

L'ÉPOUSE est revêtue du soleil et a la lune sous ses pieds, et elle est couronnée par l'union. Elle a pour chapelain la crainte, qui tient à la main une verge d'or, laquelle est la sagesse. Le chapelain est vêtu du sang de l'Agneau, et couronné de gloire. La sagesse est revêtue de recueillement, et couronnée de l'éternité. L'épouse est servie par quatre vierges : l'amour qui conduit l'épouse ; l'amour est une vierge vêtue de chasteté et couronnée de dignité. La seconde vierge est l'humilité qui garde l'épouse, elle est vêtue d'abjection et couronnée de sublimité. La troisième est la douleur des fautes, qui est vêtue des grappes de la vigne, et couronnée de joie. La quatrième vierge est la compassion, qui est vêtue de baume et couronnée de délices. Ces deux dernières portent le manteau de l'épouse, lequel est la réputation sainte.

L'épouse a un Evêque qui est la foi et qui conduit l'épouse devant l'époux. L'Évêque est vêtu de pierres précieuses et couronné avec le Saint-Esprit. Il a aussi deux chevaliers, dont l'un est la force, vêtu de combats et couronné par la victoire ; l'autre est l'audace, qui est vêtu par la vélocité et couronné de toute félicité. Elle a un chambellan qui est la précaution, revêtu de constance et couronné par la persévérance ; il porte le flambeau devant elle et étend pour elle le tapis. Le flambeau est la raison, qui est vêtue de modestie et couronnée de l'esprit de compassion ou de largesse. Le tapis est une bonne conscience, qui est vêtue de la bonne volonté et couronnée pour le souvenir de Dieu. Elle a un échanson, à savoir, le désir qui est vêtu d'avidité et couronné par la paix. Elle a un joueur d'instrument, qui est l'amabilité ; sa harpe est la dévotion intime, son vêtement est la faveur, et le secours sa couronne.

L'épouse possède cinq domaines[1] : le premier est dans ses yeux, qui sont cultivés par les larmes, et ornés par la répression. Le second est la pensée, qui est cultivée par la lutte et parée par le conseil ; le troisième est la parole, qui est cultivée par la nécessité, et parée par la fidélité ; le quatrième est l'ouïe, qui est cultivée par la parole de Dieu et parée par la consolation ; le cinquième est le toucher, qui est cultivé par la force et est orné par une habitude pure. Ces cinq domaines ont un préposé qui est la faute, laquelle est vêtue de la confession, et couronnée par la satisfaction. Il y a aussi un juge qui est revêtu de la discipline et couronné par la patience. L'épouse a une bête de somme, qui est le corps, lequel est tenu en bride par l'indignité ; le mépris fait sa pâture, et son écurie est la confession. La bête de somme porte un coffre qui

---

1. Le texte allemand porte *hungrich*, que le latin a traduit par *fortes*; le mot allemand *gebuwen*, qu'on peut traduire par *cultivé* ou *bâti*, s'applique mieux à l'idée d'un domaine qu'à celle d'un brave. Au reste tout ce chapitre est assez subtil et difficile à saisir dans ses détails.

est l'innocence. L'épouse a un porte-manteau[1], lequel est l'espérance, avec la vérité pour vêtement, et pour couronne le chant. Elle tient une palme d'une main, qui est la victoire sur le péché, et de l'autre un vase à parfums tout rempli de désir et d'amour, qu'elle veut porter à son bien-aimé. Elle a un chapeau de plumes de paon, qui est la bonne réputation sur la terre et une gloire élevée dans le ciel..

L'épouse suit donc ainsi son chemin qui est la tranquillité, revêtue du miel qui se répand, et couronnée par la sécurité. Elle chante alors : « Mon bien-aimé, élu entre tous, je vous désire : vous m'ôtez et me donnez bien des tourments au cœur. Je tiens de vous une angoisse surnaturelle ; quand vous le commanderez, je serai délivrée de moi-même. » Et lui répond : « Mon aimable, ma bien-aimée, rappelle-toi cette heure où tu mettras la main sur tout le trésor, et ne t'impatiente pas d'attendre,. puisqu'à toute heure je te tiens serrée dans mes bras. » Puis Notre-Seigneur dit encore à son épouse élue : « *Veni, dilecta mea, veni, coronaberis.* Viens, ma bien-aimée, viens, tu seras couronnée. » Alors il lui donne une couronne de vérité que personne ne doit porter, si ce n'est les personnes de religion. Dans la couronne on voit quatre vertus : la sagesse et la sollicitude, le désir et la conservation (des dons). Que Dieu nous donne à tous cette couronne. Amen.

---

1. En allemand : *pellebovivir;* dans le texte latin : *velum purpureum.*

32.

EXPLICATION DE CERTAINES PAROLES.

J'ai dit en un endroit de ce livre que Dieu est mon père par nature [1] ; c'est là ce que tu ne comprends pas, et tu dis : Tout ce que Dieu a fait avec nous, il l'a fait de sa grâce, et non de nature. Tu as raison, et moi aussi j'ai raison. Écoute donc une comparaison : quelque bons yeux qu'ait un homme, il ne peut voir au delà d'un mille ; quelque fins et pénétrants que soient ses sens, il ne peut saisir ce qui n'est sensible que par la foi, et il saisit alors comme un aveugle dans les ténèbres. L'âme aimante qui aime Dieu, et hait tout ce que Dieu hait, a un œil qui est illuminé par Dieu même. Elle voit dans l'éternelle divinité comment Dieu a opéré avec sa nature à elle dans l'âme. Il l'a formée d'après lui-même, il l'a implantée en lui-même, il s'est surtout uni avec elle entre toutes les créatures. Il l'a enfermée en lui-même, et a répandu en elle tant de sa nature divine qu'elle ne peut plus dire autre chose sinon qu'en toute union il est plus que son père.

Le corps reçoit sa dignité du Fils du Père céleste par l'association fraternelle et la récompense des travaux dont il lui fait part. Le Fils de Dieu, Jésus-Christ, a aussi opéré son œuvre dans un affectueux amour, en passant par la pauvreté, la nécessité, la souffrance, le travail, les mépris, et par sa sainte

---

1. Liv. IV. p. 200.

mort. Le Saint-Esprit a aussi opéré son œuvre, comme tu le dis, avec sa grâce dans tous les dons que nous recevons jamais. Cette opération est triple, et cependant Dieu l'a accomplie indivisiblement en nous. Deux forces opèrent sans relâche par la vertu divine sur la terre et dans le purgatoire ; mais de ces deux une seule fait son œuvre dans le ciel, une autre seule aussi dans l'enfer : c'est la volupté dans le ciel sans la peine, et la peine dans l'enfer sans la volupté.

Où était Dieu avant qu'il eût créé quelque chose ? Il était en lui-même, et en lui étaient toutes choses présentes et manifestes, comme elles sont aujourd'hui. En quelle forme était alors Notre-Seigneur ? Absolument comme un orbe, avec toute chose enfermée en Dieu, sans porte ni serrure. La partie inférieure de l'orbe est un fondement sans fond au-dessous de tous les abîmes ; la partie supérieure s'élève à une hauteur au-dessus de laquelle il n'y a plus rien. Le tour de l'orbe est un circuit incompréhensible. Dieu alors n'était pas encore créateur, et quand il créa l'univers, alors l'orbe s'ouvrit. Non : il est encore entier, et il restera entier à tout jamais. Quand Dieu devint créateur, alors toutes les créatures devinrent manifestes en elles-mêmes : l'homme pour aimer Dieu, pour jouir de lui, pour le connaître, pour lui obéir ; les oiseaux et les animaux, pour attester leur nature ; les créatures inanimées, pour se tenir dans leur essence. Maintenant écoute : quand nous reconnaissons que tout n'est rien, nous aimons Dieu alors selon l'ordre en toutes choses, comme lui-même a créé toutes choses selon l'ordre de l'amour, et nous a fait lui-même des commandements et donné des enseignements (à cette fin).

33.

CE QU'ELLE RÉCITAIT COMME HEURES CANONIALES, LORSQU'ELLE ÉTAIT MALADE.

MATINES : La plénitude de l'amour est un doux bien-être.

Prime : Le désir de l'amour est une douce blessure.

Tierce : La volupté de l'amour est une douce soif.

Sexte : La sensation de l'amour est une douce fraîcheur.

None : La mort de l'amour est une douce nécessité.

Vêpres : L'effusion de l'amour est un doux épanchement.

Complies : Le repos de l'amour est une douce allégresse.

34.

L'ÉPREUVE. PERSONNE NE PEUT CONSOLER L'ÉPOUSE QUE LE FILS DE DIEU.

L'ÉPOUSE de Dieu, laquelle a demeuré dans la chambre secrète de la sainte Trinité, parle ainsi : « Allons, levez-vous et allez-vous-en toutes loin de moi, créatures ; vous me faites mal et ne pouvez me consoler. » Les créatures demandent : « Pourquoi? » L'épouse répond : « Mon bien-aimé est parti pendant mon sommeil, comme je reposais avec lui. » — « Est-ce que tout ce beau monde et tout le bien qu'il renferme ne peuvent vous consoler? » — Non; je vois le serpent de la fausseté qui se glisse artificieusement dans tous les plaisirs de ce monde; je vois aussi l'hameçon de la cupidité dans la pourriture de l'ignoble volupté; je le vois en prendre ainsi un grand nombre. » — « Est-ce que le ciel ne peut vous consoler ? » — « Non, il serait lui-même le séjour de la mort, si le Dieu vivant n'y apparaissait pas. » — « Noble épouse, les Saints ne peuvent-ils vous consoler ? » — « Non ; s'ils étaient séparés de l'effusion de la vivante divinité, ils pleureraient encore plus que moi, parce qu'ils sont allés plus haut que moi et ont demeuré plus profondément en Dieu. » — « Le Fils de Dieu peut-il vous consoler ? » — « Oui ; je lui demanderai quand est-ce que nous irons nous promener parmi les fleurs de la sainte connaissance; et je le prierai de m'ouvrir le jet d'eau qui sort de la sainte Trinité, où seulement l'âme puise la vie. Alors je serai consolée selon ma noblesse, alors le souffle de Dieu m'attirera sans effort à lui-même; car le soleil rayonnant de la vivante divinité luit à travers l'eau limpide de la joyeuse humanité, et la douce volupté de l'Esprit-Saint qui procède de tous deux m'a enlevé tout ce qui demeurait au-dessous de Dieu. Je ne goûte plus autre chose que Dieu, je suis miraculeusement morte. Et ce goût, je consens à le perdre, pourvu qu'il en retire une admirable gloire. Parce que si dans mon indignité je ne puis avec tout ce que j'ai de puissance louer Dieu, j'enverrai à son palais toutes les créatures et leur enjoindrai de louer Dieu pour moi, avec toute leur science et sagesse, avec tout leur amour, avec toute leur beauté, avec tout leur désir, telles que Dieu les avait créées pures et innocentes, et aussi avec la voix qu'elles pouvaient alors faire entendre. Quand je considère cette louange immense, je ne sens plus de douleur. Je ne puis au reste souffrir qu'aucune autre consolateur ne me touche que mon bien-aimé. J'aime mes amis de la terre comme des associés pour le ciel, et j'aime mes ennemis en soupirant saintement pour leur félicité. Dieu a de tout en suffisance ; mais pour ce qui est de toucher l'âme, il n'en a jamais assez. »

Cette merveilleuse consolation avait déjà duré huit années, quand Dieu voulut y ajouter bien au-dessus de la noblesse de mon âme. « Oh! non, Seigneur bien-aimé; ne m'élevez pas si haut, » dit l'âme indigne; « c'est encore trop bon pour moi d'être à la dernière place, où je voudrais être toujours pour votre gloire. » Alors la pauvre misérable tomba parmi les âmes qui vivent suspendues dans l'anxiété et la crainte, et elle trouve que c'était trop bon pour elle. Et Notre-Seigneur l'y suivait, autant qu'il est permis à ceux qui sont au plus infime degré de la joie de pouvoir le supporter ; car Dieu paraît chez eux aussi beau qu'ils sont ici-bas saints dans l'amour et ennoblis de vertus. Saint Jean a dit : *Nous le verrons comme il est*[1]. C'est vrai ; mais le soleil brille selon le temps qu'il fait ; souvent il y a des nuages entre le soleil et la terre ; de même il y a plusieurs demeures dans le royaume des cieux. Autant que je puis le supporter et le voir, ainsi en est-il pour moi.

1. Jean I. 3.

Notre-Seigneur me dit alors : « Combien de temps veux-tu rester ici ? » — L'épouse : — « O Seigneur, retirez-vous de moi, et laissez-moi descendre encore pour votre gloire. » Là-dessus le corps et l'âme entrèrent l'un et l'autre dans de telles ténèbres que j'en perdis la connaissance et la lumière ; de la familiarité divine je ne connus plus rien, et l'amour même passa outre son chemin. Et l'âme dit : « Où êtes-vous maintenant, ô fidélité ? Je veux vous confier l'office de l'amour, et vous garderez en moi la gloire de Dieu. »

Aussitôt cette servante se trouva près de sa maîtresse, l'assistant avec une si sainte patience et une si gaie attention, que je n'éprouvai aucun ennui. Mais survint l'incrédulité, qui m'enveloppa de profondes ténèbres, et m'interpella avec une telle cruauté, que sa voix me remplit d'effroi, car elle me dit : « Si cette grâce était venue de Dieu, il ne t'aurait pas ainsi abandonnée. » Et l'âme s'écria : « Où êtes-vous maintenant, ô constance ? » Alors le Père des cieux dit à l'âme : « Rappelle-toi ce que tu as trouvé et ce que tu as vu, quand entre moi et toi rien n'était. » Et le Fils dit : « Rappelle-toi les souffrances que par amour tu as endurées dans ton corps. » Le Saint-Esprit dit ceci : « Rappelle-toi ce que tu as écrit. » Alors le corps et l'âme répondirent ensemble avec la vraie foi de la constance : « Telle j'ai cru, j'ai aimé, j'ai joui, j'ai connu, telle je veux rester immuable à jamais. »

Survint alors l'éloignement sérieux de Dieu, et il saisit l'âme avec tant de force qu'elle s'écria : « Sois le bienvenu, bienheureux éloignement ! Je suis bienheureuse moi-même d'être née, et de t'avoir pour serviteur ; car tu m'apportes une joie inaccoutumée, une merveille incompréhensible, et de plus une insupportable suavité. Mais, Seigneur, ôtez-moi cette suavité, et laissez-moi dans votre éloignement. Je suis heureuse, Dieu fidèle, qu'après l'expérience de l'amour, je sache aussi ce que c'est (que votre éloignement) ; je ne saurais dire combien je l'accepte volontiers ; car le fiel s'est changé en miel en descendant dans mon âme. C'est pourquoi je veux qu'en retour toutes les créatures louent le Seigneur avec le *Te Deum laudamus*. » Mais les créatures me refusèrent d'en rien faire, et me tournèrent le dos. L'âme n'en fut que plus joyeuse et dit : « Vous m'insultez maintenant, et me tournez le dos, tant mieux ! c'est là une louange immense pour Notre-Seigneur. Maintenant il en va bien pour sa gloire avec moi, car Dieu est admirable à présent avec moi, maintenant son éloignement m'est plus agréable que sa présence. » L'âme connut bien que dans cet extrême éloignement, Dieu voulait la consoler ; mais elle dit : « Rappelez-vous, Seigneur, ce que je suis, et tenez-vous éloigné de moi. » Mais Notre-Seigneur me dit : « Accorde-moi cette faveur de pouvoir rafraîchir en toi la chaleur de ma divinité, le désir de mon humanité, et la volupté de mon Esprit-Saint. » A quoi l'âme répondit : « J'y consens, Seigneur, mais avec cette réserve, que vous seul, et non moi, en ressentiez la douceur. »

Après cela l'épouse fut enveloppée de si grandes ténèbres que son corps en fut tout couvert de sueur, et se tordit de douleur. Quelqu'un vint la prier alors de faire pour lui une commission auprès de Dieu. Et je dis : « O souffrance, je t'enjoins de me délivrer en ce moment [de moi-même], parce que tu es maintenant à ton plus haut point chez moi. » La souffrance alors s'éleva au-dessus de l'âme et du corps comme une vapeur noire, et monta intelligemment vers Dieu, et cria à haute voix : « Seigneur, tu sais ce que je veux. » Notre-Seigneur vint alors au-devant d'elle à la porte du royaume et lui dit : « Souffrance, soyez la bienvenue ; vous êtes le dernier vêtement que j'ai porté en la terre sur mon corps, ayant pour vêtement supérieur les mépris de tout le monde. Bien que je vous aie si fort aimée alors, pourtant vous n'entrerez pas ici ; toutefois la vierge qui voudra accomplir deux choses, recevra de moi deux récompenses : la première est de se tenir constamment dans la sagesse et la modestie, et ainsi elle aidera à te faire acquitter de son message, et en récompense je la prendrai dans mes bras et la serrerai contre mon cœur. » La souffrance dit alors : « Seigneur, j'ai fait beaucoup de bienheureux, et toutefois je ne suis pas heureuse ; j'ai dévoré plus d'un saint corps, et je ne suis pas sainte ; j'en ai conduit un grand nombre au ciel, et pourtant je n'y viendrai jamais. » Notre-Seigneur lui fit cette réponse : « Souffrance, tu n'es pas née au ciel, tu ne peux par conséquent y revenir ; mais tu es née dans le cœur de Lucifer, tu y rentreras et tu y resteras éternellement. »

O bienheureux éloignement de Dieu! avec quel amour je te suis attachée. Tu affermis ma volonté dans la souffrance, et me rends chère cette longue et lourde attente qui me retient dans ce pauvre corps. Plus je m'associe à toi, plus Dieu opère avec grandeur et avec miracle en moi. O Seigneur, dans la profondeur d'un abaissement d'humilité sans mélange, je ne puis vous échapper ; hélas ! cela m'arriverait facilement dans l'orgueil : mais plus je m'enfonce, plus je suis à même de boire. »

35.

LE DIVIN PÈLERIN.

Une personne (c'est elle-même) avait depuis longtemps pour pratique de tenir un chapitre rigoureux dans son cœur, d'y examiner les pertes qu'elle avait faites, et l'injure que Dieu avait reçue. Elle rejeta donc de son cœur toute affection criminelle de sa chair, et se résolut au contraire à supporter volontiers toutes les souffrances pour l'amour de Dieu. Elle rejeta également tout plaisir qui lui viendrait de l'affection de ses parents ou de ses amis, et accepta en sa place toutes les attaques de ses ennemis. Elle rejeta enfin tout amour des richesses et des honneurs, qui font la joie d'un monde pécheur, et les remplaça par la pauvreté, autant qu'il est permis de la pratiquer suivant la discrétion.

Dans ce chapitre vint Notre-Seigneur Jésus-Christ, sous la forme d'un pauvre pèlerin. L'esprit de cette personne à l'aide d'une lumière supérieure reconnut que c'était Notre-Seigneur et dit : « O cher pèlerin, d'où venez-vous ? » Il répondit : « Je viens de Jérusalem, où j'ai été grièvement blessé, où j'ai souffert de grands mépris, la pauvreté, la souffrance ; tout cela, je te l'apporte. » — « Je vous en fais de grands remercîments, Seigneur bien-aimé ; c'est en effet ce que j'ai éprouvé bien longtemps. » Alors Notre-Seigneur prit une simple couronne, la posa sur la tête de cette personne et lui dit : « Voici la couronne de la pauvreté, du mépris et de la souffrance ; cette couronne sera de plus ornée de mon portrait. » Alors le pèlerin partit. La personne resta toute troublée et dit : « Hélas ! où est mon cher pèlerin ? Oui, j'aurais voulu causer davantage avec lui. » Puis elle regarda en haut par où il s'était en allé. Et là elle le vit semblable à un homme fort et puissant, tout entouré des délices célestes, et il dit : « Je te bénis, je te salue ! que ma paix soit avec toi. » Amen.

Puis une voix fut entendue qui disait : « La voici : elle vient [1] celle qui a méprisé le monde, qui a fui le mensonge, aimé la vérité, et béni (Dieu). Il faut la recevoir avec tous les honneurs, la confirmer dans la vérité, la bénir sans fin. Il faut la revêtir de toute beauté, la couronner de toute dignité, l'asseoir sur le trône de l'éternelle félicité. Il faut la saluer avec toutes les langues, lui rendre tous les services, et la réjouir par toute sorte de présents. »

36.

CONSOLATION DE L'AME.

Seigneur, ma faute qui est cause que je vous ai perdu, est devant mes yeux comme une énorme montagne ; elle a amassé entre vous et moi d'épaisses ténèbres, et m'a éloigné de toi pour toujours. Malheur et encore malheur à moi ! O amour de tous les amours, attire-moi de nouveau à toi. Mais, Seigneur, la chute future

---

[1] Sainte Mechtilde, Liv. V, c. 6.

est encore devant mes yeux, semblable à la gueule enflammée du dragon, qui à toute heure voudrait m'engloutir. O mon unique bien ! viens à mon secours, que je puisse sans tache retourner à toi ! »

« Seigneur, ma nature terrestre est à mes yeux comme un champ desséché, où il ne peut pousser que peu de bonnes herbes. O doux Jésus, envoyez-moi la pluie de votre humanité, faites luire sur moi le soleil de votre éternelle divinité, faites-y descendre la rosée douce de votre Esprit-Saint, afin que je puisse déplorer la peine de mon cœur. »

« Seigneur, votre royaume éternel est à mes yeux semblable au noble appareil et au grand banquet des noces, ou encore à une grande maison sagement administrée. Oui, c'est là, mon époux, que vous devez sans cesse retenir votre épouse avec vous. »

« Seigneur, tous les dons que j'ai reçus de vous, sont à mes yeux comme un soufflet douloureux qui m'aurait été appliqué, parce que cette haute faveur ne fait que m'humilier en cette vie. »

Dieu qui donne tout, répondit ainsi : « Ta montagne se fondra dans l'amour ; tes ennemis ne gagneront rien sur toi ; ton champ sera réchauffé par le soleil, sans que ton fruit en pâtisse ; tu seras une jeune épouse dans mon royaume où je te donnerai un doux baiser de ma bouche ; ma divinité entière pénétrera ton âme, et mon triple regard se reflétera à jamais dans ton double cœur. Où sera alors ta tristesse ? Quand tu prierais alors mille ans, je ne t'accorderais pas un seul soupir. »

LIVRE CINQUIÈME

1.

D'UN ANIMAL QUI DÉSIGNE L'AME.

Voici comment se plaignait une âme affligée, et comment elle parlait du fond de l'exil : « Hélas ! Seigneur, il y a deux choses que je désire depuis longtemps, et que je n'ai pas encore obtenues. La première est de vivre avec fidélité dans la religion. Malheureuse que je suis, ô mon bien-aimé, tout est resté à moitié chemin. La seconde est une heureuse fin ; je me réjouis tellement (de l'obtenir) que j'en oublie mon chagrin. »

A ce moment le Seigneur fit sa réponse, et me montrant un petit animal sans prix et sans considération, il me dit : « Regarde, tu ressembles à ce petit animal. » Alors je vis que cet animal était né dans une île de la mer, formé de l'écume qui se séparait de la mer, entre le soleil ardent et la mer ; en sorte que le soleil était son père, l'eau sa mère, et l'écume la matière de son corps. Ainsi par la puissance de Dieu fut fait Adam sur la terre, formé d'une matière infirme,

Cet animal désigne les personnes vraiment spirituelles. Quand un homme reçoit un souffle spirituel, il est engendré de la chaleur de la divinité, conçu dans le sein maternel de la divinité de Dieu ; l'Esprit-Saint est sa matière, qui exclut tout ce qu'il a de pécheur dans sa nature. Cet animal grandit sous l'action du vrai soleil : ainsi fait l'homme spirituel qui a reçu l'Esprit de Dieu ; c'est là une noble semence, qui germe et qui croît jusqu'à la bienheureuse fin de cet homme.

Cet animal ne mange pas, mais il suce continuellement sa queue qui est remplie de miel. Il a aussi une barbe d'or comme un épi, qui résonne lorsqu'il suce ainsi si agréablement, que sa douce voix et son mélodieux résonnement nourrit de joie son cœur, et refait son corps d'un breuvage de miel. Cette queue désigne la fin bienheureuse que l'homme spirituel a joyeusement et prudemment devant les yeux, tout enrichie de bonnes œuvres et de constantes vertus, tandis qu'il l'attend volontiers longtemps avec une grande fidélité. La crinière d'or est le noble amour de Dieu, qui par le cœur aimant résonne dans une âme noble. Heureux l'homme qui a pu en faire au moins une fois une juste expérience !

Cet animal parfois prend un plaisir naturel à boire de l'eau de la mer pour étancher une soif dépravée ; il en périrait certainement s'il ne vomissait ensuite cette eau amère. Il nous en arrive de même à nous pécheurs : quand nous buvons la pourriture du monde, et usons de l'ignominie de notre chair selon les inspirations du méchant esprit, alors malheur ! nous nous empoisonnons de nous-mêmes. Si nous voulons être guéris, il nous faut renoncer à nous-mêmes, et vomir le péché que nous avons pris dans le monde. Cet animal a de grandes oreilles, qui sont ouvertes vers le ciel, et lui permettent ainsi d'entendre le chant des oiseaux, de fuir les bêtes malfaisantes et de se sauver des serpents de la terre. C'est ce que fait réellement l'âme aimante : elle fuit constamment les mauvaises sociétés, elle hait la fausse sagesse, et ses oreilles sont toutes disposées à entendre la sagesse de Dieu.

Cet animal est doué d'un noble courage. Il ne peut rester dans la mer, quand les autres animaux s'y jouent et que les flots s'agitent avec violence. Il aime la pureté et gravit les plus hautes montagnes qu'il connaît, choisit le plus bel arbre et y grimpe avec joie, il en embrasse la branche la plus élevée, et là se repose avec grand amour dans une paix sublime. Ainsi fait l'âme aimante : la vanité lui est amère, et elle fait tout ce qui passe, comme une eau s'écoule. Elle sait bien aussi comment elle doit courir avec de grandes vertus et de saints travaux pour gravir la haute montagne du royaume des cieux. Mais elle grimpe et s'élève dans la grâce sans travail, sur le bel arbre de la divinité, elle en embrasse la branche supérieure, et est elle-même embrassée par la sainte Trinité.

Cet animal a deux cornes aiguës, avec lesquelles il se défend si bien que les autres animaux le laissent parfaitement libre. O âme aimante, comment comprends-tu cela ? Avec la sagesse de Dieu tu chasses le démon loin de toi, et tu vis dans une sainte pureté libre de tout péché. Il a deux beaux yeux comme ceux d'un homme, desquels s'échappe un torrent de larmes vers la belle montagne ; mais cela se fait volontiers. Oui, âme aimante, ils sont beaux les yeux de la connaissance, quand tu as regardé dans l'éternel miroir, et tu es toute prête à verser de douces larmes; toutefois tu souffres volontiers l'amertume de la mer de péché.

Cet animal a une bouche pure et une langue pure, mais il n'a point de dents dont il puisse grincer ou mordre. La bouche de l'âme aimante est également utile ; elle instruit et enseigne volontiers à toute heure ; et sa langue s'abstient de toutes paroles offensives. Loin de mordre, elle console les affligés. Elle n'a de colère que contre le péché et l'affront fait à Dieu, ce qui lui est plus pénible qu'aucune souffrance. La bouche de l'animal est toute grande ouverte par en haut, étroite par en bas. Ce qui indique d'une part cette louange incompréhensible que nous devons rendre à Dieu avec l'universalité de toutes les créatures, par nos œuvres en toutes choses et à tout moment. La partie inférieure de notre bouche ne s'entretient que trop volontiers de cette terre de péché. Malheur à tout discours des hypocrites qui entretiennent faussement leur corps pécheur des dons des personnes pieuses, et se montrent justes aux yeux du monde, comme s'ils avaient tout expérimenté dans la droite vérité de Dieu. Le Dieu fidèle qui n'aime que la vérité, préservera d'eux ses purs amis.

L'animal a des pieds rapides et n'a pas de voix, restant tranquille en lui-même. C'est la nature qui a été donnée à l'âme bien élevée; dans l'amour suprême, il y a tout ensemble rapidité et tranquillité.

La peau et les poils de cette bête sont d'une couleur commune, aussi a-t-elle un aspect terne et vil. C'est pourquoi on ne la chasse pas pour la beauté qu'elle a de son vivant, mais bien pour celle qu'elle a après la mort, alors que les autres animaux se corrompent, sa peau à elle devient si précieuse et sa fourrure si belle, que les grands personnages qui peuvent se la procurer l'estiment à l'égal de la zibeline. La paix des âmes parfaites, leurs mœurs dont chacun peut profiter, leurs saints enseignements, sont malheureusement peu appréciés durant leur vie; mais après leur mort, quand nous autres pécheurs, nous nous rappelons avec quelle sainteté ils ont vécu, avec quelle fidélité ils nous ont exhortés, nous éprouvons une singulière confusion de leur être si étrangers. Ainsi leur vie devient une belle fourrure de zibeline que nous pécheurs trouvons belle à nos yeux, et que nous portons dans nos cœurs. Nous avions eu pour leur sainte vie de la répugnance comme pour un cuivre couvert de vert-de-gris, et c'était un or précieux que nous refusions de toucher.

On mange la chair de cet animal le vendredi. Il ne meurt pas, sinon qu'on le trouve frappé de mort par les flots de la mer. La vie des saints est un continuel vendredi, car ils jeûnent toujours de péchés, et ne mangent point de ces viandes défendues, vivant toujours d'une façon divine. Les vagues soulevées par les tempêtes de l'amour les font mourir à toutes les créatures et vivre pour Dieu seul; ou encore l'amour de Dieu les met en relation avec toutes les créatures, et possède la vertu bienfaisante de louer Dieu en toutes choses.

Les ossements de cet animal sont comme ceux d'un poisson précieux dont on fait toute espèce de joyaux dont se parent les nobles. Quel précieux joyau est un saint corps tout rempli d'amour et affranchi de tout péché, c'est ce que Dieu nous fait voir dans ses meilleurs amis, comme nous l'attestent leurs miracles. Dieu nous laisse en ses saints, maints joyaux d'une grande ressource, et si nous n'en lui offrons de dignes actions de grâces, nous ne deviendrons pas un de ces saints, qu'on élève ici-bas de dessus terre (pour les canoniser). Le nom de cet animal signifie *bon à tout*. Bienheureux l'homme qui pourra jamais recevoir de Dieu un tel nom !

2.

LE NOM DE RELIGIEUX DOIT ÊTRE EXALTÉ........

O NOM de Religieux, combien tu es noble au-dessus de tous les autres noms ! C'est pourquoi Jésus-Christ a voulu durant sa vie te porter avec tant de fidélité que tous les autres d'empereur, de roi, de comte, et tous les noms nobles qu'on peut encore citer, passeront tous, tandis que le nom de Religieux sera exalté, après avoir été noblement porté ici-bas. Oui, il sera merveilleusement, singulièrement, bienheureusement exalté, ce nom qui nous permet d'appeler Jésus notre frère, et Marie notre sœur ; car ils sont les premiers qui aient porté un nom de religion au prix d'une grande réprobation extérieure.

Tout au contraire de cela, il y a des gens qui extérieurement affectent une contenance si sainte, font des inclinations si profondes, et s'expriment en public avec de si saintes paroles, qu'on s'imaginerait facilement qu'intérieurement ils ont reçu la grâce du Saint-

Esprit, qui provoque ces démonstrations. Non : c'est parfois malheureusement une très-subtile tentation à laquelle on consent, de dire de belles paroles sans qu'il en coûte rien dans le fait, et tout cela sans recevoir en son cœur la vraie inspiration du Saint-Esprit. On reconnaîtra ce qu'il en est à cette disposition, que le même personnage sera un ours furieux ou un lion rugissant pour les gens de son intérieur, quand il devrait s'y montrer comme un agneau pour la douceur, et comme une colombe pour les autres vertus.

La vie qu'ils mènent ainsi devant le monde est une duperie, et celle qu'ils mènent devant Dieu et devant leurs familiers, un mensonge très-funeste. Malheur à toi, misérable avarice, combien es-tu odieuse à mon cœur! Car tu prives mes sœurs bien-aimées de la douceur intérieure de Dieu, et de l'amabilité extérieure, qui les prépareraient et les conduiraient au sacré lit nuptial de la sainte Trinité. Tu les endurcis intérieurement, et les rends si difficiles extérieurement, qu'on n'ose dire un mot de spiritualité devant elles, qu'il ne soit aussitôt pris dans un faux sens.

Non, ma chère sœur; vous devez tout d'abord avoir un sens large, un cœur plein de bonne volonté et une âme tout ouverte, afin que la grâce puisse y couler. Si sans raison ni besoin vous exagérez vos exigences, vous n'aurez jamais de place assez élevée pour les saints désirs, assez large pour que Dieu la remplisse, assez profonde pour que la suavité de Dieu y soit contenue. Car c'est une honte éternelle et la suprême inconvenable qu'une fiancée royale se plaise ainsi dans un bourbier.

Oui, ma sœur, si vous voulez légitimement prier,

alors donnez-vous tout entière à Dieu, et dites : « Mon époux bien-aimé, Jésus-Christ, cette heure est toute à vous, aux pauvres pécheurs, à la sainte chrétienté (l'Église), aux âmes affligées, et non à moi. Toute la puissance et la vertu de mon cœur est à vous aujourd'hui, Seigneur, afin que pour votre propre gloire, mon bien-aimé, selon l'étendue de mon désir, vous veniez à leur secours, et que vous m'accordiez à moi de connaître qui je suis, et qu'ainsi je m'afflige pour la première fois (à la vue de mon indignité). »

Ma chère sœur, quand vous devrez ensuite vous mettre au travail, faites d'abord le signe de la croix, et dites : « Cette heure, ô Seigneur, est à vous et non à moi. Venez à mon aide, Jésus mon bien-aimé, afin que mon âme et mes sens soient tellement perdus en vous, que la cupidité des biens de ce monde ne puisse m'absorber. » Oui, ma sœur, si vous êtes sage dans vos sens (naturels), vous ne serez pas prise au cruel hameçon de l'avarice ; et si vous êtes sage de par la grâce, vous ne vous laisserez séduire ni décevoir par aucune malice. Car avec la grâce qui descend de la sainte Trinité dans un cœur qui se tient toujours ouvert pour le ciel, on trouve la vérité et le discernement pour toutes choses. On passe facilement pour une personne de bien aux yeux du monde, mais si ce n'est pas la vérité, alors vous n'êtes qu'un serpent empoisonné. Que votre cœur soit au dedans pur, et au dehors faites-vous humble et petite, alors Dieu se communiquera à vous.

3.

VERTU DE LA PRIÈRE.

La prière de l'homme qui prie de toutes ses forces est très-avantageuse. Elle adoucit un cœur aigri, elle rend joyeux un cœur triste, fortifie un cœur faible, éclaire un cœur aveugle, rend hardi un cœur lâche, enrichit un cœur pauvre, rend sage un cœur insensé, et rend fervente une âme froide. Elle attire ici-bas le grand Dieu dans un cœur bien petit; elle pousse l'âme affamée vers le Dieu qui est la plénitude même; elle réunit deux amants, Dieu et l'âme, en un lieu délicieux, où ils peuvent parler d'amour. O malheur ! infortuné que je suis, enfermé dans ce sac, de ne pouvoir mourir !

On ne sait pas ce que c'est la consolation, la peine ou le désir, à moins d'en avoir fait l'expérience. Je cherche du secours, car ma douleur est trop violente. J'ai trois fils que je ne regarde qu'avec un grand chagrin : le premier ce sont les pauvres pécheurs, qui gisent dans une mort éternelle; ils ne m'offrent point d'autre consolation, si ce n'est qu'ils vivent encore naturellement. O malheur ! c'est avec un cœur saignant que je regarde ce fils, et c'est les yeux baignés de larmes que je le prends affectueusement dans mes bras et que je le porte aux pieds de son père, de qui je l'ai conçu. Et je le regarde alors, et je prie Jésus, son père fidèle, de ressusciter cet enfant avec la même voix de cette divine miséricorde avec laquelle il a ressuscité Lazare. Dieu me répondit ainsi : « Je veux guérir cet enfant ; s'il ne veut plus retomber dans cet état de mort, il me ressemblera toujours en beauté, en noblesse, en richesse, et il sera tout entouré et pénétré de délices pour l'éternelle éternité. Lève-toi, mon enfant, tu es guéri : retourne à ton libre arbitre que je t'ai donné, et que je ne t'enlèverai jamais. C'est d'après son usage que seront pesés tes mérites dans le beau royaume des cieux, et que tu seras assimilé aux Saints. » Hélas ! il est encore là, muet, appuyé sur sa seule volonté propre !

Mon second fils, ce sont les pauvres âmes qui souffrent dans le purgatoire, à qui je dois donner à boire le sang de mon cœur. Quand je prie pour elles, et que je considère les peines particulières et l'odeur amère qu'elles souffrent pour chaque péché, j'éprouve une douleur de mère, et toutefois j'aime à voir qu'elles souffrent avec justice pour la gloire de Dieu. Elles endurent leurs peines avec une grande patience, parce qu'elles voient clairement leurs offenses ; elles souffrent avec sagesse et convenance, et s'abreuvent en elles-mêmes des peines de leur cœur. Pour accélérer la guérison de cet enfant, sa mère doit y mettre beaucoup de fidélité et de compassion.

Mon troisième fils, ce sont les religieux ou gens d'Eglise imparfaits. Quand je considère mes trois enfants, je n'en trouve aucun qui me cause plus de douleur : en effet, il s'est tellement jeté avec les sens extérieurs dans les choses qui passent, il s'éloigne tant de celles du ciel, qu'il en a perdu la noblesse des habitudes et la douceur de la familiarité divine, où Dieu par une élection particulière l'avait attiré. Ils sont ainsi devenus si pervers qu'ils n'écoutent plus aucune bonne parole ; ils calomnient la dévotion, interprètent malignement la suavité de Dieu, et critiquent tout ce qu'ils en voient ou qu'ils en apprennent. Ils paraissent sages à l'extérieur, mais au dedans ils ne sont malheureusement que des insensés. Cet enfant est le plus difficile à guérir, parce que tout d'abord il tombe dans une disposition de dispute, puis dans la lâcheté, ensuite dans une fausse sécurité, puis dans la défiance, après quoi il reste privé de toute grâce. Alors ce pauvre enfant se traîne tout le reste de sa vie dans le péché jusqu'à la mort, et on est très-embarrassé de dire ce que devient son âme négligente.

4.

DU BON TRAVAIL.

Quiconque veut suivre Dieu dans un travail fidèle, ne doit pas rester oisif ; il doit se tirer souvent pour s'exciter, penser à ce qu'il était dans le péché et à ce qu'il doit être maintenant dans la vertu, et ce qu'il peut encore redevenir dans la chute. Il doit crier, louer et prier nuit et jour. Quand l'épouse fidèle s'éveille, elle doit penser à son époux, et si elle ne peut l'avoir avec elle, alors elle s'abandonne aux larmes. Oh ! combien cela arrive-t-il souvent aux épouses spirituelles de Dieu !

5.

DE SEPT VERTUS.

La très-noble joie des sens, la très-sainte paix du cœur, la très-aimable aisance des actions viennent de ce qu'un homme est vrai et sincère dans tous ses actes. Notre bon maître m'a parlé en ce monde et m'a fait connaître sept choses que devront posséder tous les bienheureux qui s'asseoieront avec Jésus-Christ au dernier jugement pour prononcer sur le genre humain. Quiconque ne les aura pas, comparaîtra devant le tribunal comme serviteur à vendre devant son maître ; car tous ceux qui se raidissent contre la vérité de Dieu par de subtils mensonges, sont des vendeurs de vertu. La première est la justice sans respect humain : par exemple, je vois qu'un de mes amis n'est pas équitable à l'égard de mon ennemi et de celui de Dieu ; je dois fidèlement donner tort à mon ami, et secourir avec amour mon ennemi. La seconde est la miséricorde (pour ceux qui sont) dans la nécessité; exemple : je vois mon ami et mon ennemi ensemble dans la nécessité, je dois les secourirs également. La troisième est la fidélité envers (ceux de) votre société; exemple : Je ne dois jamais réprimander ceux avec qui je vis en société, si ce n'est pour leur infidélité. La quatrième est l'assistance dans les besoins secrets; explication : Cherchez et informez-vous où il y a de pauvres malades, des prisonniers ; portez-leur des paroles de consolation, et priez-les de vous faire connaître leurs besoins secrets, afin que vous puissiez les secourir. Malheur à celui qui s'éloigne d'un pauvre malade sans un soupir ou sans une larme, ou sans quelque marque de compassion ! C'est là ce qui serait mal pour des gens d'Eglise, et les éloignerait malheureusement de Dieu, tellement que sur-le-champ ils perdraient sa douce familiarité, et ne se douteraient pas cependant qu'ils sont frappés ainsi du jugement de Dieu.

La cinquième vertu est le silence dans les tribulations. Explication : ainsi, qu'on évite les paroles d'emportement qui procèdent de l'orgueil, ou d'un cœur irrité ; cette retenue nous vaudra une grâce infinie auprès de Dieu. La sixième vertu est d'être rempli de vérité. Glose : un homme est réellement rempli de vérité quand sa conscience, après un mûr examen, ne lui reproche aucune faute, qu'il se réjouit de ce que l'œil de Dieu pénètre dans son cœur, et qu'il n'éprouverait aucune confusion, si tout le monde pouvait voir dans son cœur. La septième est la détestation du mensonge en autrui, sans prétendre le dissimuler en soi-même.

Nous devons pratiquer ces sept vertus malgré l'inclination de notre pauvre chair, malgré la volupté et l'infirmité de nos sens naturels; sans cette condition nous ne pourrions pas y réussir. Mais la noblesse de notre âme, aidée de la vraie suavité de Dieu, nous conseillera tout d'abord, bien que notre chair dépravée négligera dans sa villenie d'accomplir maintes bonnes œuvres (qui sont comme) les jours divins. Quand nous pensons à cette heure bénie en laquelle Dieu de son cœur infini, de sa suprême sagesse, de ses bienveillantes intentions, d'où sans interruption émane une plénitude de toute bonté, à cette heure où de sa bouche suave il a si bien réparti les dons spirituels dans notre âme, l'intelligence dans nos sens, l'aide et la force dans notre corps, nous devons être confus aux yeux de tous de notre mauvaise conduite, et en nous-mêmes de l'infidélité de notre cœur. Nous aurions aussi de quoi rougir pour nos sens de ce que nous y portons si inutilement les nobles dons de Dieu, et de ce qu'ils reporteront si peu de fruit là d'où ils ont émané, c'est-à-dire, dans le cœur de Dieu. Oh! malheur à moi, qui ai tant de raisons de m'affliger! Au moins la bonne volonté conduit les vertus à leur juste point, si la faiblesse du corps ne peut en venir à l'effet.

6.

MÉRITE DE LA DÉVOTION AU MILIEU DES TRIBULATIONS.

Il est une chose dont je jouis surtout au ciel; elle est aussi la plus noble et la plus belle aux yeux de la sainte Trinité ; c'est aussi celle qui coûte le plus en cette vie : c'est de vivre dans la pauvreté, dans le mépris, loin de sa patrie, dans les maladies, dans la pauvreté spirituelle, ce qui est le plus pénible de tout, dans la contrainte de l'obéissance, dans toute sorte d'amertumes intérieures et extérieures; et qu'ainsi on veuille, on puisse louer Dieu de tout son cœur, le remercier avec joie, tendre à lui par le désir et pratiquer les bonnes œuvres. On en devient ainsi, corps et âme, si considéré et si loué dans le ciel. Leur chant y est plus beau, leur amour plus grand que celui des autres; ils y brillent dans la joie d'une plus grande clarté, ils s'y élèvent plus haut, ils y vivent dans de plus grandes délices, dans de plus grandes richesses et une dignité plus élevée, enfin, ils jouissent plus délicieusement et boivent plus profondément que les autres au sein de la bienheureuse Trinité.

Seigneur Dieu, je vous le demande : « Comment goûtez-vous cette louange et cet acquiescement que vous rend un homme affligé, privé de toute consolation ? » Ecoute maintenant ce qu'il répond : « Cette louange s'élève avec puissance, son honneur est grand et multiple; tout ce qui fut jamais doit lui faire place; elle parvient au trône divin de ma sainte Trinité; elle y accomplit de tels prodiges, qu'elle pénètre en toutes mes trois personnes. Elle touche, elle ravit, elle comble de volupté mon entière Trinité. Cependant le goût que je ressens se retrouve en l'âme elle-même; je ne puis me communiquer familièrement à elle qu'elle ne veuille, oisive et dépouillée de tout, se reposer sur mon bras divin, où je puis me récréer avec elle; car je me suis pour cela remis à sa discrétion, enfant, pauvre, nu, dépouillé, couvert de mépris, et pour finir, victime de la mort, afin qu'elle puisse seule, elle n'a certes qu'à le vouloir, être ma compagne, et la plus rapprochée de moi. Et toujours plus elle pénétrera, corps et âme, dans ma sainte Trinité, et se récréera à satiété, et y boira comme le poisson dans la mer. Où sera alors toute la peine qu'elle aura soufferte pour moi et à mon exemple ? C'est ainsi que je lui donnerai un doux dédommagement. »

7.

DANGER DE NE PAS SUIVRE L'ATTRAIT DE LA GRACE.

Celui qui se tiendrait droitement à l'attrait qui vient de Dieu, et à la lumière qu'il connaît, parviendrait à de telles délices et à une si sainte connaissance, qu'il n'y a pas de cœur capable de la supporter. Il serait comme un ange uni à toute heure dans l'amour et en toutes choses avec Dieu; il serait l'enfer du diable et le ciel de Dieu. Mais quand l'homme de bien quitte l'attrait (divin), Dieu lui envoie le démon pour le tenter dans tout ce qu'il y a de plus pénible, afin qu'il se réveille. Toutefois Notre-Seigneur bien-aimé retire au démon ses forces, et protége l'homme pour le préserver d'une chute; mais le démon s'imagine avoir la permission de faire de cet homme à sa volonté, aussi se montre-t-il si actif nuit et jour.

Oh! malheur à moi misérable! c'est là ce qui m'est arrivé bien souvent. Dieu m'avait indiqué quelque chose de magnifique, et m'avait promis de me l'accorder; mais, à raison de mon indignité, je n'osai m'y fier, et malheureusement je ne lui en rendis pas d'actions de grâces. Aussitôt le démon vint à moi et voulut m'en punir; alors je lui dis : « Que veux-tu? tu vois bien pourtant que Dieu est ici avec moi. Comment oses-tu me châtier en sa présence? » Le démon répondit : « Je ne veux maintenant que ce que j'ai toujours voulu : mettre mon trône auprès du sien ; oui, je voudrais le chasser du trône de ton âme, si je pouvais, et m'y asseoir : je voudrais que tout, ciel, paradis, purgatoire et terre, ne fût plus qu'un enfer dans l'enfer éternel. » Je repris : « Est-ce que tu ne voudrais pas que tout cela ne fût plus qu'un ciel, où tu rentrerais en grâce ? » Il répondit : « Non, je ne puis jamais en venir là. » Et je dis : « O malheur ! comment es-tu si malheureux de n'avoir pas honte devant Dieu ? » Il répondit : « Quiconque a quelque bien en soi n'est pas absolument mauvais ; mais celui qui pèche a perdu toute honte, car s'il en avait, il ne pècherait pas. Je suis impudent comme une mouche, et je me heurte toujours à tout. Je n'épargne personne ; seulement celui qui se défend avec les armes des vertus, reste sain et sauf, et celui qui demeure ferme en Dieu, triomphe avec gloire de tout ce qui peut affliger son cœur. »

8.

DEVOIRS DES SUPÉRIEURS RELIGIEUX.

GRAND péril dans la puissance. Quand on vous dit : vous voilà notre prélat, notre prieur, ou notre abbesse, Dieu le sait, cher ami, c'est pour vous la plus haute tentation : alors vous devez avec grande humilité vous prosterner, vous mettre incontinent à la prière et demander à Dieu de venir vous consoler. Vous devez alors concevoir dans votre cœur un si saint amour de Dieu, que vous puissiez traiter avec une singulière affection chacun des Frères ou chacune des Sœurs qui vous sont confiés. Vous devez être avec vos sujets et Frères, sérieux avec bonté, gaîté, amabilité ; compatissant pour tous leurs travaux ; ne les congédier jamais qu'avec de douces paroles, pour qu'ils aillent prêcher avec hardiesse, et confesser avec piété, puisque c'est pour cela que Dieu les a envoyés en ce monde, afin de délivrer et de secourir les pauvres pécheurs, comme le Christ a délivré tout le monde, et pour cela est descendu du palais sublime de la sainte Trinité en cette terre de corruption.

Voici comment vous devez parler à chaque Frère avec l'infinie humilité d'un cœur pur : Eh bien! cher ami, tout indigne de tout bien que je suis, me voilà votre serviteur pour tous les services que je pourrai, et non votre maître. Par malheur j'ai puissance sur vous ; c'est avec une cordiale affection, un véritable amour de Dieu, que je vous envoie au dehors. Vos travaux m'inspirent une grande compassion, je l'ai néanmoins décidé. Je me réjouis de la haute dignité que le Père céleste vous a préparée : je vous envoie maintenant au même nom que Jésus a été envoyé par son Père, rechercher la brebis perdue si longtemps qu'il en mourut d'amour. Le vrai amour de Dieu doit vous guider en de saintes voies, en d'utiles travaux ; j'envoie avec vous le désir de mon âme, la prière de mon cœur, et les larmes de mes yeux pécheurs. Que le Dieu saint et plein d'amour vous ramène à mon affection. Amen.

C'est ainsi que vous devez consoler vos Frères lorsqu'ils partent ; vous devez aussi les réjouir lorsqu'ils reviennent. Vous devez aller auparavant à l'hôtellerie ; préparez-y avec la libéralité de Dieu toutes les commodités dont peuvent avoir besoin les disciples de Dieu, autant que cela vous est possible. Oui, mon ami, vous devez leur laver les pieds vous-même ; sans doute que vous restez toujours le maître, ou la maîtresse, mais par votre humilité vous vous mettez au-dessous d'eux.

Ne restez pas longtemps avec les hôtes, vous devez veiller à l'ordre dans le Convent. Les hôtes ne doivent pas prolonger leurs veilles ; il y a là une sainte raison. Tous les jours vous irez à l'infirmerie, et vous adoucirez les peines avec des paroles divines de consolation, et procurerez les soulagements matériels avec libéralité, car Dieu a plus de richesses que vous ne ferez de dépenses. Agissez toujours en toute pureté avec les malades et riez avec eux en Dieu avec suavité. Interrogez-les fidèlement et amicalement sur leurs infirmités secrètes, et assistez-les paternellement : alors la suavité divine s'épanchera en vous.

Vous devez aussi aller visiter la cuisine, afin que ce qui est nécessaire aux Frères soit assez bon pour qu'on n'accuse pas votre avarice ou la paresse du cuisinier d'avoir volé à Notre-Seigneur le doux chant qui s'accomplit au Chœur ; car un clerc affamé n'a jamais bien chanté. De plus un homme qui n'est pas rassasié suffisamment ne peut étudier à fond ; ainsi Dieu pour ce qu'il y a de pire perd ce qu'il y a de meilleur.

Au Chapitre vous devez être juste sans vous départir de la douceur, et juger avec équité de toutes les fautes. Vous devez grandement vous garder de vous attacher à quelque point de votre autorité contre la volonté des Frères et celle du Convent, car il résulte de là de grandes divisions. Vous devez toujours vous défendre de pensées d'orgueil par le signe de la croix ; sous une belle apparence elles se glissent toujours dans le cœur pour y tenir ce langage : Oui, tu es leur prieur, ou leur prieure, tu peux faire tout ce qui te semble bon. Non, mon ami, avec cela tu romprais la sainte paix de Dieu. Tu dois avec une contenance soumise et une aménité affectueuse parler ainsi : Cher Frère, ou Sœur, comment cela vous va-t-il ? et alors te régler d'après leur meilleur vouloir.

Lorsque vos Frères, ou vos Sœurs, vous témoignent leur respect, vous devez intérieurement craindre, et veiller avec un œil perçant sur votre cœur, et rougir extérieurement, et garder une contenance modeste. Vous devez accueillir avec compassion toutes les plaintes et donner avec fidélité tous les conseils nécessaires. Si les Frères veulent élever de grands bâtiments, vous devez vous y opposer saintement et leur dire : « Eh bien ! mes chers Frères, nous bâtirons à la sainte Trinité un délicieux palais, charpenté avec la sainte Écriture et maçonné avec les pierres des saintes vertus. La première pierre de ce magnifique palais où le Dieu éternel se récréera sans fin avec son aimable épouse, selon la puissance de sa volupté et la saveur de ses désirs, sera la profonde humilité, qui se contente si facilement lorsqu'il s'agit de jouir des choses passagères ; aussi l'insatiable orgueil, et la vanité qui tranche partout, n'auront pas cette puissance de nous faire bâtir comme font les grands seigneurs et les grandes dames du monde ; mais nous bâtirons plutôt comme les princes du royaume céleste. Ainsi au dernier jour pourrons-nous prendre place, semblables à Jésus pauvre, et aux seigneurs Apôtres. Chers Frères, nous bâtirons notre demeure céleste avec une divine allégresse, et notre école terrestre avec sollicitude, parce que le temps de notre vie nous est incertain même pour le lendemain. »

Vous devez avoir un œil d'aigle, observer et considérer en Dieu vos subordonnés, avec amour et non avec soupçon ou malveillance. Si vous en trouvez qui soient en but à une tentation secrète, vous devez les assister en toute charité, et par là Dieu n'oubliera pas de se rendre familier à vous-même.

Aux pieux Frères qui ont quelque emploi je dirai en toute sincérité ce que j'ai vu en la sainte Trinité, quand je faisais ma misérable prière. Quand quelqu'un prie dans la foi chrétienne, avec une humilité si profonde qu'il ne peut souffrir personne au-dessous de lui, avec une âme si détachée que toutes choses s'évanouissent dans sa prière, excepté Dieu seul, il devient alors un Dieu divin avec le Père céleste. Mais alors même, l'homme doit se considérer comme ce qu'il y a de plus vil, pour ce qu'il est lui-même; dans ce doux embrassement il doit aussi se craindre si fort lui-même, qu'il ne reconnaisse pas d'autre gloire que celle de Dieu. Quand ensuite quelqu'un se livre à d'utiles travaux pour une juste nécessité, pour un vrai besoin, avec le même amour qui l'animait dans sa prière, il devient alors un Dieu-homme avec le Christ; mais tout ce qu'on tente et qu'on fait de travaux sans utilité ou nécessité, tout cela est mort devant Dieu. Enfin, quand on instruit les ignorants pour l'amour de Dieu et non pour une rémunération terrestre, que l'on convertit les pécheurs et console les affligés, qu'on ramène à Dieu les désespérés, alors on est un Dieu spirituel avec le Saint-Esprit. Oui, l'homme bienheureux qui fait à la louange de

Dieu tout ce qu'un homme peut faire, qui avec un amour égal pour Dieu dirige à sa gloire la ferme intention de son cœur, alors il est toute une personne avec la sainte Trinité.

La poussière de péché qui se répand sur nous comme à notre insu, est par l'amour de Dieu si bien réduite à rien, que d'un mouvement de l'œil de notre âme nous pouvons toucher la divinité avec les gémissements désolés d'un suave désir auquel nulle créature ne peut résister. A mesure que ce désir s'élève, l'âme se dérobe à la poussière de péché, et elle devient un dieu avec Dieu, en sorte qu'elle veut ce qu'il veut, et qu'ils ne peuvent plus être qu'unis dans une complète union.

Donc, mon Frère, tu dois donner chaque jour une heure pleine à Notre-Seigneur Dieu, et l'y prier sans aucun empêchement, avec le plus d'affection que tu pourras ; car les dons avec lesquels Dieu aime à prévenir et à instruire ses élus bien-aimés, sont si nobles et si délicats, et coulent avec tant de suavité, [que tous les biens de ce monde leur doivent céder la place], lorsque le Dieu éternel veut venir trouver l'âme éprise d'amour dans le secret de la chambre nuptiale. Il s'est laissé en effet tellement captiver par son amour que, plus de trente années durant, il a renoncé à toutes commodités, afin de pouvoir lui donner son baiser et ses embrassements. Et si tu réfléchis à cette prévenance, comment pourras-tu n'en être pas touché ? C'est une heure par jour que pour trente années tu dois lui donner !

Quand moi, la plus pauvre des créatures, je me mets à ma prière, je me pare selon ma vileté, et je me revêts de cette poussière que je suis moi-même. Ensuite je m'examine, sur le temps, le temps précieux que j'ai perdu tous les jours, et je me fais alors une ceinture des fautes que j'ai commises. Je me couvre après cela du manteau de la méchanceté dont je suis remplie. Sur ma tête je pose une couronne de secrète confusion, d'avoir ainsi agi contre Dieu. Je prends dans ma main le miroir d'une connaissance vraie, où je me regarde et me vois telle que je suis, et malheureusement, je ne vois guère autre chose que du mal.

Je préfère me revêtir de ces vêtements que posséder tous les biens de la terre, et cependant ils pèsent si lourdement à mon impatience, que je me résignerais à être plutôt revêtue de l'enfer et couronnée par les démons, si cela se pouvait sans avoir péché. Malheur à nous! Combien de fois les larrons de l'inconstance ne sont-ils pas venus nous dérober ces vêtements! Quand nous nous complaisons en nous-mêmes, qu'au milieu de nos fautes nous nous proclamons innocents, alors nous sommes pillés par la vaine gloire et battus de coups par l'orgueil, nous sommes plus dépouillés qu'un corps tout nu. O malheur! combien alors devons-nous rougir devant Dieu et ses saints, devant toutes les créatures! Que si nous voulons triompher de notre honte avec grande gloire, il faut alors nous revêtir de nous-mêmes. Ainsi parée, je cherche Jésus, mon doux maître, et je ne le trouve jamais plutôt que dans tout ce qu'il y a de plus pénible et de plus incommode. Il faut entrer dans cette voie avec un désir puissant, avec la confusion d'un coupable, avec un amour fervent et une humble crainte, et alors s'évanouit la souillure des péchés devant les yeux divins de Notre-Seigneur; il commence à luire avec amour sur cette âme, et elle commence à déborder d'amour. Alors l'âme perd sa culpabilité et toute sa tristesse, et lui commence à lui faire connaître toute sa volonté ; alors elle commence à goûter sa douceur, et lui, à la saluer avec sa divinité, en sorte qu'elle est toute pénétrée en elle-même et dans son corps par la sainte Trinité, et qu'elle reçoit la vraie sagesse et science. Il commence à la traiter si affectueusement, qu'elle en devient malade, et elle le sollicite avec tant de puissance qu'il en devient tout languissant, et lui impose une mesure, car il connaît mieux la mesure qui lui convient à elle, qu'elle ne la connaît elle-même. Alors elle cherche à lui rendre fidèlement la pareille, et lui commence à lui communiquer la pleine connaissance; elle commence à ressentir avec joie même dans son corps la douceur de son amour, et lui commence à confirmer par une sainte volonté tous ses dons dans son âme. Que si alors elle se tient en garde contre l'amour vil de sa chair, et l'attrait de toutes les choses de la terre, elle peut alors parvenir à l'amour parfait, et procurer à Dieu une grande gloire en toutes choses.

Maintenant, cher ami, il y a encore deux choses auxquelles tu dois avec une sainte vigilance prendre garde, car jamais elles ne portent de fruits de sainteté : l'une est de s'appliquer, homme ou femme, aux bonnes œuvres ou d'observer une bonne conduite à l'intention d'être choisi pour supérieur. C'est là une intention que mon âme réprouve. Quand de telles personnes ont obtenu le pouvoir, leurs défauts se trouvent si nombreux, que personne de ceux qui ont été empressés à les élire n'en reçoit de satisfaction. On les dépose alors de leur charge, et leurs fausses vertus se changent ouvertement en vices. Le second écueil est le changement qui s'opère dans un homme qui a été louablement élu et sans qu'on puisse lui rien reprocher à cette occasion; il change si bien qu'il ne veut plus sortir de charge. C'est là un signe de beaucoup de défauts. Si pourtant on l'y maintient en toute honneur, qu'il y reste avec crainte et humilité.

Toute femme sincère et tout homme de bien qui voudra s'entretenir avec moi et ne le pourra quand je serai morte, n'a qu'à lire ce petit livre.

9.

DE QUELQUES VOIES DE L'AME AIMANTE.

Dieu conduit ses enfants qu'il a élus par de merveilleuses voies. C'est une voie merveilleuse, une noble voie, une sainte voie, suivie par Dieu lui-même, que celle de la souffrance dans l'innocence. Dans cette voie se réjouit l'âme qui soupire après Dieu, parce qu'il est naturel qu'elle soupire et soit contente de suivre son maître, qui pour elle a enduré tant de souffrances. Son maître, le Père céleste, a livré son Fils bien-aimé aux gentils pour être persécuté, et aux Juifs pour être martyrisé innocent. Aujourd'hui le temps est venu où certaines gens qui paraissent religieux persécutent les enfants de Dieu dans leur corps, et les martyrisent dans leur âme, parce que Dieu veut qu'ils ressemblent à son Fils, qui a été persécuté dans son corps et dans son âme.

Il est une voie plus rare et plus élevée où marche

l'âme fidèle, où elle guide les sens après elle, comme le voyant guide l'aveugle.

Dans cette voie l'âme est libre et vit sans tristesse ou peine de cœur, parce qu'elle ne veut rien autre chose que son maître, qui fait toute chose pour le mieux.

Trois conditions sont requises pour rendre quelqu'un digne de connaître cette voie et d'y marcher. La première est de se contraindre en Dieu, sans que l'intervention de l'autorité d'autrui soit nécessaire; que pour cela on reçoive saintement la grâce de Dieu, et qu'on la porte volontairement, renonçant à tout ce qui flatte la volonté naturelle. La seconde, qui conservera l'homme dans cette voie, est de rendre de tout, le péché excepté, de continuelles actions de grâces. La troisième parfait l'homme dans la voie : elle consiste à faire tout pour la gloire de Dieu; par là j'élèverai mes besoins les plus vils aussi haut vers Dieu que je le ferais de la contemplation la plus sublime, puisque je le fais à la gloire de Dieu par un même motif d'amour; c'est donc une même chose. Mais, du moment que je pèche, je ne suis plus dans cette voie.

10.

DANS QUELLE DISPOSITION ON DOIT FAIRE SES ACTIONS.

LORSQUE tu pries, tu dois te faire tout petit avec grande humilité. Quand tu te confesses, fais-le avec sincérité. Accomplis avec soin ta pénitence ; dans tes repas observe la tempérance ; sois modeste dans ton sommeil ; lorsque tu es seul, reste toujours fidèle ; avec le monde sois prudent ; si l'on y donne de bons avis, sois-y docile ; si l'on y blâme tes défauts, prends-le en patience ; si tu fais quelque bien, ne pense de toi que du mal, et si tu fais du mal, recours aussitôt à la grâce. Si tu es vain, conçois de la crainte ; si tu es affligé, mets en Dieu ta plus grande confiance ; si tu travailles des mains, fais-le avec application, afin de chasser les pensées mauvaises.

11.

TRISTES EFFETS DES PÉCHÉS VÉNIELS.

Un grand empêchement à ce que les gens d'Église parviennent à la perfection, vient de ce qu'ils font si peu de cas des péchés légers. Je vous le dis en vérité : si je m'oublie dans une plaisanterie qui ne blesse personne, ou dans une aigreur intérieure que ne connaît personne, ou dans une légère impatience dans mes peines, mon âme s'en obscurcit, mes sens s'y hébètent, et mon cœur s'y refroidit tellement que je dois pleurer lamentablement et me plaindre en gémissant, prier avec ferveur, désirer avec ardeur, reconnaître humblement tous mes défauts, avant que ma pauvre âme reçoive la grâce de pouvoir rentrer en se glissant, comme un chien battu revient dans la cuisine.

Encore plus : quand j'ai découvert en moi une

infraction à vos commandements que je ne connaissais pas et dont je ne m'étais pas corrigée, la tache infernale est là fixe dans mon âme ; je ne sais plus quel parti prendre. Le démon qui s'occupe du purgatoire, où les péchés doivent être consumés, y contemplera aussitôt son image : je commence à m'effrayer quand je suis seule ; car mon âme était affranchie de tout effroi, lorsque j'avais reçu le don qui s'appelle l'amour connu. Je me prosterne donc à terre et je dis : *miserere mei, Deus*, ou *Pater noster*, et je retourne en mon doux paradis d'où cette tache m'avait bannie.

12.

DE L'AVEUGLEMENT AVEC LEQUEL ON SE GARDE DE L'AMOUR DIVIN.

« O Jésus bien-aimé, Dieu du ciel, je dois vous demander une chose que je ne puis vous taire plus longtemps : c'est sur l'aveuglement que mettent les personnes religieuses à se garder de la dévotion divine. Quand Dieu, mû par l'amour de son divin Cœur, abaisse un regard sur l'âme bienheureuse, avec une aussi grande énergie que ferait une étincelle ardente qui viendrait frapper l'âme froide, et qui, reçue, commencerait à embraser le cœur, à fondre l'âme, à changer les yeux de cet homme en une source de larmes ; c'est qu'alors Notre-Seigneur veut transformer volontiers cet homme terrestre en un homme céleste, à ce point qu'on pourrait reconnaître en lui, aimer et suivre Dieu même. Mais le sens humain dit : non ; je veux me rendre utile dans les choses extérieures. Tel est le langage des premiers personnages d'un cloître, de ceux qui sont les plus avisés. »

Notre-Seigneur répondit ainsi à cette demande : « Ma divinité est venue en la terre, mon humanité y a soutenu les travaux ; ma divinité est montée à la croix, mon humanité y a souffert la mort ; ma divinité a ressuscité de la mort mon humanité, et l'a conduite au ciel. Tous ceux qui me repoussent seront repoussés par moi. Que peut faire l'homme réduit à lui-même ? Rien que pécher, depuis surtout que mon humanité elle-même n'a rien accompli qui n'eût été réglé d'avance par ma divinité. »

Ils disent : « C'est agir avec sagesse que de ménager le corps ; car votre souffle divin qui émane de votre sainte Trinité exerce ici-bas une si douce contrainte et pénètre l'âme avec tant de force, que le corps en perd toute sa puissance, et ainsi l'homme ne fait plus de fruit. »

Notre-Seigneur répond ceci : « On ne doit pas servir les mets du roi pour la parade, ni les retirer avant que les nécessités naturelles ne soient satisfaites. Les dons spéciaux que j'accorde confèrent à l'homme une dignité spéciale en son corps et en son âme. Ils instruisent les ignorants et consolent les sages. Ils procurent aussi une louange éternelle et une gloire infinie à la source insondable dont ils émanent, quand ils remontent tout pleins de fruits vers moi d'où ils se sont écoulés. Oui, la grâce que Dieu a coutume de conférer aux hommes avec force et prévision, est de soi si noble et procède d'une affection si grande de Dieu, que ce n'est pas commettre un péché de peu d'importance que de lui préférer les choses passagères. Oh ! malheur à toi, âme indigne ! comment peux-tu souffrir de repousser Dieu loin de toi, avant d'avoir joui de lui selon sa volonté, puisque ses délices suprêmes sont cachées en toi ! Veux-tu savoir comment tu dois jouir des saints dons de Dieu et les employer selon sa volonté ?

Oui, sa grâce te l'apprendra elle-même, si tu veux la bien accueillir. Tu dois la recevoir avec les vertus extérieures et un désir fervent à l'intérieur. Tu dois la conserver avec une humble crainte, restant soumis dans toutes les nécessités. Donne-lui en toi l'heure et la place qu'elle demande ; elle ne désire rien autre chose. Elle te fondra et fera descendre en Dieu si profondément que tu reconnaîtras sa volonté ; tu sauras combien de temps il veut te récréer dans sa familiarité, quand et comment tu dois travailler pour les pécheurs et pour ceux qui sont dans le purgatoire, assister tout homme dans sa nécessité, qu'il soit vivant ou trépassé.

Ceci s'accomplit donc selon le bon plaisir de Dieu et selon la puissance de ton âme, car elle sent bientôt que la fatigue la prend, tant qu'elle est emprisonnée dans son corps mortel. Donc après cette jouissance (de la grâce) l'âme tient ce langage : « Seigneur, retirez-vous de moi intérieurement, mais restez avec moi extérieurement : de cette sorte toutes mes œuvres brilleront selon vos dons, et je supporterai volontiers les tribulations. »

13.

COMMENT NOUS RESSEMBLERONS A DIEU, A MARIE ET AUX SAINTS.

Si nous aimons la miséricorde, et pratiquons la constance, nous ressemblerons au Père céleste, qui exerce ces perfections à notre égard.

Si nous aimons ici la pauvreté, les mépris, l'abandon, et que nous endurions les souffrances, nous ressemblerons au vrai Fils de Dieu.

Si la libéralité déborde de notre cœur, si nous donnons notre bien aux pauvres, les forces de notre corps à l'assistance des malades, nous ressemblerons d'autant au Saint-Esprit, qui est une libérale effusion du Père et du Fils.

Quand nous sommes vrais, mesurés et réglés dans une sainte simplicité, nous ressemblons alors à la sainte Trinité, qui est un Dieu simple et qui a ordonné toutes ses œuvres avec mesure et les y maintient encore à présent.

Quand nous sommes purs et chastes, humbles en toute soumission, serviables en toute discrétion, innocents de toute malignité, alors nous ressemblons à notre Dame sainte Marie, qui a été ennoblie de toutes ces vertus, en sorte que vierge elle a été mère, que mère elle est restée vierge et seule est l'impératrice de toutes les créatures.

Quand nous sommes bons, aimables, pacifiques, nous

ressemblons aux anges qui ne font jamais de mal à personne.

Quand nous vivons saintement dans l'exil et dans toute sorte d'incommodités, nous ressemblons à saint Jean-Baptiste, qui a été élevé au-dessus de saints nombreux.

Quand nous avons le désir de la louange de Dieu, de la connaissance qui suit ses dons, de l'accomplissement en nous de sa volonté, alors nous ressemblons aux Prophètes et aux saints Patriarches, qui se sont attachés à Dieu par la pratique de ces vertus.

Quand nous enseignons la sagesse et que nous convertissons ainsi les autres et les assistons avec Dieu en tous leurs besoins, alors nous sommes comme les saints Apôtres, qui se sont renoncés jusqu'à la mort.

Si nous souffrons dans les tribulations avec une grande foi et une patience non moins grande jusqu'à la mort, nous ressemblerons alors aux saints Martyrs, qui ont marqué de leur sang la voie qui doit nous conduire au ciel.

Quand nous supportons avec diligence la nécessité de la sainte Eglise, que nous secourons les fidèles vivants et les trépassés, alors nous ressemblons aux saints Confesseurs qui s'appliquent à maints travaux, et entendent avec soin les confessions.

Quand nous avons des luttes et que nous triomphons de la tentation, que nous conservons l'honneur virginal, alors nous sommes comme les saintes vierges qui n'ont jamais perdu le vrai sceau de la virginité.

Quand nous ressentons une grande contrition et que nous accomplissons beaucoup de saintes satisfactions, nous ressemblons aux saintes veuves qui, après avoir péché, ont pu moissonner une si grande gloire.

Enfin, quand nous avons en nous toutes les vertus, nous ressemblons à Dieu et à tous ses saints, qui en toute piété ont suivi Dieu.

14.

UTILITÉ DE LA TRIBULATION.

Je remercierai Dieu pour toutes ses bontés, et je m'accuserai moi-même tout le temps que je vivrai, car Dieu n'afflige personne sans cause. Tant que l'homme est capable de péché, les tribulations lui sont aussi nécessaires que les vertus. Il y a un grand profit à retirer de la tribulation qu'on éprouve en soi-même pour Dieu et à son intention. Mais la tribulation est autant plus utile et plus précieuse, quand Dieu nous l'envoie par ses ennemis ou par ses amis, que Dieu est plus noble que les instruments de ces tribulations. Ce n'est pas par la souffrance qu'il endurait en lui-même, que le Christ nous a délivrés; il ne voulait par là que nous apprendre comment nous devions servir et travailler sans nous ménager. Mais il nous a délivrés par les souffrances que lui firent endurer ses ennemis, quoiqu'il fût innocent, alors qu'il n'eut plus avec lui d'amis, une vierge exceptée, Marie sa mère, qui lui était véritablement unie intérieurement, et qui extérieurement persista partout avec lui.

Comme des personnes infidèles me causaient des tribulations, Dieu me consola ainsi me disant : « Vois maintenant : il n'est personne à qui la souffrance ne soit nécessaire ; car elle purifie à tout moment l'homme de ses divers péchés. » O malheur ! je vis aussitôt voler derrière nous comme un affreux essaim de péchés de toute sorte ; on eût dit que toutes les montagnes, toutes les pierres, toutes les gouttes de pluie, les brins d'herbe, les arbres, les feuilles, les grains de sable étaient devenus des personnes vivantes, qui se pressaient sur nous pour nous empêcher de parvenir jamais jusqu'à Dieu. Hélas ! quelle poussière funeste de péchés ; on ne pourrait jamais trouver de paroles pour l'exprimer ! C'est contre cette poussière que nous sont nvoyées les diverses tribulations que nous devons supporter secrètement dans notre pauvre corps. En second lieu, l'amertume de la peine nous préserve des chutes futures, que redoute un cœur pur qui tient renfermé en soi l'Esprit de Dieu. Troisièmement, la tribulation a cela de précieux qu'elle nous rend dignes de recevoir la grâce de Dieu ; car, lorsque je n'accepte les agréments, les choses nécessaires à ma vie et toutes les joies de ce monde qu'avec un cœur plein d'anxiété, de crainte, et comme exilé, aussitôt Dieu vient m'assister de ses consolations.

15.

COMMENT DIEU CONSOLE DANS LA TRIBULATION.

J'ÉTAIS accablée de mépris, lorsque Notre-Seigneur me dit : « Que cela ne t'étonne pas : puisqu'on a si méprisé et couvert de crachats ce vase si magnifique, que ne fera-t-on pas à ce vase de vinaigre qui ne contient rien de bon ? »

« Quand on vous rend des honneurs, vous devez vous confondre de honte ; quand on vous persécute, vous devez vous réjouir ; quand on vous traite bien, soyez dans l'appréhension. Si vous agissez contre moi, affligez-vous dans votre cœur; que si vous ne vous affligez pas, voyez alors combien et combien de temps je me suis affligé pour vous. »

Mon âme parla ainsi à son bien-aimé : « Seigneur, votre libéralité est le miraculeux bénéfice qui nourrit mon corps, et votre miséricorde est la consolation singulière de mon âme; l'amour est le repos éternel de ma vie. ».

Le Seigneur répond : « Quand tu souffres, tu es mon agneau; quand tu gémis, ma tourterelle; quand tu m'attends, tu es ma fiancée. »

« Tu dois aimer le rien; tu dois fuir le moi; tu dois rester seule et n'aller à personne. Tu dois te préoccuper beaucoup, et t'affranchir de tout. Tu dois délivrer les captifs, et captiver ceux qui sont libres. Tu dois soulager les malades, et ne garder rien pour toi-même. Tu dois boire l'eau de la tribulation, et attiser le feu de l'amour avec le bois des vertus; c'est ainsi que tu demeureras dans une vraie solitude. »

16.

QUALITÉS QUE DOIVENT POSSÉDER LES VIERGES.

Si tu veux parer la virginité que Dieu a tant honorée que pour ton amour il a voulu naître d'une vierge, pèse bien ce que je vais dire! Tu dois garder humblement le silence, souffrir avec amour les chagrins, et en tous lieux, en tous temps retenir une pudeur virginale ; c'est ainsi que tu pourras garder la chasteté. O vierge, quel don magnifique tu recevras alors de Dieu! Il sera pour toi comme un beau fiancé, qui te conduira au royaume des cieux. Et moi! misérable chien perclus que je suis! je te suivrai tout en boitant. Pèse bien ce que je veux dire : de pures vierges, il n'y en a guère.

17.

COMMENT ON DOIT S'APPROCHER DE LA TABLE SAINTE.

O DÉVOTES, Béguines insensées, comment êtes-vous si téméraires que vous ne trembliez pas devant votre juge tout-puissant, quand vous allez recevoir si souvent le corps du Seigneur en suivant une aveugle routine! Eh bien! je suis la moindre parmi vous ; je dois me morfondre de honte, suer d'effroi, trembler de crainte. En une solennité j'étais si découragée que je n'osais aller le recevoir, tant j'avais de honte de toute ma piété. Je demandai alors à mon bien-aimé de me faire voir sa gloire. Il me dit : « Viens à moi avec d'humbles soupirs et une sainte frayeur, alors je te suivrai comme l'eau se précipite d'en haut dans la roue du moulin. Si tu viens avec l'ardent désir d'un amour qui s'épanche, alors il faut que j'aille à ta rencontre, et que je te touche de ma nature divine comme mon unique reine. » Je dois me vanter moi-même, si je veux publier selon la vérité toutes les faveurs que j'ai reçues de Dieu ; mais cela ne m'arrête pas plus qu'on ne refroidit un four ardent en le remplissant de pain blanc.

Je ne vais jamais à la table sainte sans me faire accompagner d'une troupe nombreuse, qui, tout en me gardant avec une grande fidélité, me retient aussi avec force d'y aller. La vérité me tire en arrière, la crainte me fait des reproches, la honte me flagelle, la douleur de mes péchés m'accable ; mais le désir m'attire, l'amour me conduit, la foi me protége, l'intention fidèle me dispose, et toutes mes bonnes œuvres crient aux armes sur moi.

Le Dieu tout-puissant m'a accueillie, sa pure humanité s'est unie à moi, son Esprit-Saint m'a consolée. Alors je dis : « Seigneur, maintenant vous êtes à moi, parce que vous vous êtes aujourd'hui donné à moi, et vous vous êtes aussi donné, ainsi qu'il est écrit : *Puer natus est nobis*. Ce que je désire maintenant, Seigneur, c'est votre gloire, et non ma commodité, et je vous prie de faire que votre corps sacré vienne en consolation aux pauvres âmes (du Purgatoire). Vous êtes maintenant véritablement à moi ; ainsi vous devez être un gage de délivrance pour ceux qui sont en captivité. [Le Seigneur m'exauça ainsi qu'il est dit ailleurs en ce livre [1].]

---

1. Liv. VI, c. 3.

18.

DIEU EST FORT ET L'HOMME EST FAIBLE.

Hélas ! Seigneur bien-aimé, Dieu tout-puissant, combien de temps dois-je rester ici dans la terre de ma chair, semblable à un but ou à un poteau vers lequel le monde court, ou lance des pierres ou des traits, démolissant ma réputation, avec une ardente malveillance? Écoutez maintenant cette réponse : « Personne n'est si rapide à la course, personne si puissant à lancer le trait, personne si adroit à diriger sa flèche, personne n'est si malicieux dans sa colère, qu'il puisse détruire mon ciel, en forcer l'entrée, ou même apporter le moindre dommage à ce ciel où je fais ma demeure. Mais ceux qui m'hébergent aujourd'hui, et le lendemain me chassent de chez eux, sont semblables à l'enfer. Je suis le fondement, je serai aussi le pinnacle de l'édifice. » — « Ah! Seigneur ! qui m'aidera à diriger mes voies de telle sorte, que je ne tombe pas, même lorsque je serais ébranlée? La crainte doit me préserver, et la volonté de Dieu me guider. »

Personne ne sait combien il est ferme tant qu'il n'a pas subi l'assaut de la tentation du corps. Personne ne sait combien il est fort, tant qu'il n'a pas été attaqué par la malignité du monde. Personne ne sait combien il est bon, tant qu'il n'a pas fait une bonne fin.

Seigneur, en retour de ce que je me suis soumise à toutes les créatures, vous m'avez attirée à vous au-dessus de toutes les créatures ; et en retour de ce que je ne possède aucun trésor terrestre, j'ai reçu aussi un cœur qui n'a rien de terrestre. Car vous êtes, Seigneur, mon trésor ; vous êtes aussi mon cœur[1], vous êtes mon seul bien, et moi je suis changeante pour toutes choses. C'est là une chose inscrutable, que Dieu considère le pécheur comme s'il était déjà converti ; et c'est là une volonté droite de servir Dieu, que de venir à moi en hâte, sans regarder en arrière, et je porterai tous les fardeaux qui seront acceptés pour mon amour. »

En tout temps regardez en votre cœur avec la vérité du Saint-Esprit, et tout mensonge vous inspirera une sincère douleur. Car le mensonge bannit l'amour de Dieu, et affermit dans l'âme un sens faux et simulé, ainsi que la haine et la cruauté.

Quiconque étant dans la peine s'en plaint comme d'un obstacle, n'est encore qu'un aveugle dans la connaissance : ou il est mou devant la souffrance, ou il est froid dans l'amour ; ou sans forces comme un vieillard pour la vigueur, un obtus dans ses sens, et muet en fait de bonnes œuvres.

Aussi Notre-Seigneur tient ce langage : « Cet homme ne veut pas être malade, il ne veut pas être méprisé ; sur quoi édifierai-je sa gloire ? » — « Seigneur, quand l'homme est dans la maladie ou dans le mépris, avec quoi édifiez-vous sa gloire ? » — « Quand il est malade, il m'honore, il me sert, il m'aime, rien que par une gaie patience ; dans le mépris il m'aime et m'attend. Ainsi les confesseurs et les prédicateurs, obligés quelquefois à s'abstenir de leur office, quoique

---

1. *Peut-être faut-il lire* : mon Seigneur.

ayant toujours une sainte volonté, n'en éprouvent aucun obstacle à leur perfection, mais y trouvent un ornement de leur auréole. »

19.

DE LA BONNE VOLONTÉ.

J'AI maintes fois cruellement souffert de ne pouvoir réaliser en bonnes œuvres ma bonne volonté. Cela m'est interdit par mon indigence, mon impuissance, par le défaut de conseil de la part d'autrui, et parce que je n'ose pas malheureusement rien risquer au-dessus de ma nature. C'est surtout depuis que Dieu m'a laissé tomber dans la pente de mon libre arbitre du sommet des délices, où j'étais dans une telle admiration que je ne pouvais trouver de bornes en aucune chose, où l'amour puissant m'avait attirée par sa flamme de feu, que dès lors je suis plongée dans un abîme où je ne trouve point de fond. Tout ce que j'y endure, je ne l'appelle pas une véritable souffrance ; car je descendrais encore volontiers plus bas, à la dernière place, où je serais repoussée comme un chien malade, sans un seul ami, exilée, inconnue, ne vivant qu'avec des pauvres dans une terre étrangère. Toutefois je ne veux pas vivre en dehors de l'obéissance, car l'humble et sainte obéissance est le cachet de toutes les vertus.

La bonne volonté qu'on ne peut amener à un bon effet ressemble à une belle fleur, de suave odeur, mais qui ne devient jamais un fruit. C'est ainsi que Dieu m'a consolée, en m'enseignant que la bonne volonté qui a inspiré une vie toute de perfection deviendra une fleur d'éternelle volupté, dont Dieu fera de nombreuses couronnes à son festin des noces sans fin, que porteront ses élus qui en ce monde auront vécu dans une fréquente disposition de bonne volonté sans pouvoir la convertir en bonnes œuvres.

O Seigneur plein de bonté, tendez-moi encore votre main paternelle, et conduisez-moi dans la patrie de l'amour ; car j'ai malheureusement perdu beaucoup de ce temps précieux que je voudrais, Seigneur, pouvoir regagner avec vous. On doit en effet accepter avec une humble crainte les commodités du corps et la consolation des sens, si l'on veut persévérer dans la complète vérité.

20.

COMPARAISON DE DEUX VOIES TRÈS-DIFFÉRENTES.

Les richesses temporelles sont un hôte infidèle ; la sainte pauvreté porte devant Dieu un précieux fardeau.

La vanité ne songe pas aux dommages qu'elle éprouve ; la constance s'amasse un bagage où sont toutes les vertus.

La sottise se complaît en elle-même ; la sagesse ne peut jamais assez apprendre.

La colère répand dans l'âme de grandes ténèbres ; une sainte placidité reçoit l'assurance de toutes les grâces.

La superbe veut être la meilleure ; l'humilité ne

peut reposer tant qu'elle n'a pu se faire la servante de toutes les créatures.

La vaine gloire est devant Dieu sourde et aveugle ; l'abjection qu'on souffre sans l'avoir meritée sanctifie tous les enfants de Dieu.

La fausseté (ou hypocrisie) a la plus brillante apparence ; la perfection subit les mépris des gens les plus élevés.

L'avarice ne parle jamais qu'avec aigreur et sécheresse ; la sainte modération a toujours un grand fonds de douceur.

La paresse néglige de précieux trésors ; une sainte activité ne cherche pas ses commodités.

L'infidélité donne toujours de faux conseils ; une fidélité parfaite ne néglige jamais une bonne action.

Une sincère religion ne blessera jamais personne ; un cœur sans édification détruira partout la paix.

La bonne dévotion n'entreprend jamais rien de mal ; la volonté méchante ne veut se soumettre à personne.

La méchanceté a naturellement un fonds mauvais ; la grâce divine a un air aimable et une bouche qui ne parle qu'avec douceur.

Les cœurs mondains recherchent la considération ; l'âme spirituelle veut toujours être traitée autrement.

La cruauté cachée parle d'un ton coulant ; l'amabilité qui se manifeste possède un fonds de Dieu.

Le sentiment qui fait qu'on observe les gens avec partialité est bien près de la haine ; la sainte miséricorde est toujours avec Dieu.

Le mensonge a une belle apparence et un intérieur très-laid, c'est pourquoi il est aimablement accueilli de ceux qui s'en font les complices. La vérité est repoussée, faute de considération ; car tous ceux qui l'aiment, doivent souffrir avec Jésus de nombreux mépris.

La haine est sans cesse en fureur ; l'amour brûle sans faire mal, il conserve la joie au milieu de la peine.

L'envie méchante hait la bonté de Dieu ; le cœur pur plein d'amour se réjouit de tout le bonheur (qui arrive aux autres).

La médisance a honte des hommes et non de Dieu, qui pourtant voit et entend toute chose.

Le désespoir est une chute cruelle ; l'espérance sincère conserve tout. La fausse confiance n'aura pas lieu d'être contente ; une faute réelle viendra la troubler.

Et Notre-Seigneur, après m'avoir révélé ce qui précède, me parla ainsi : « Celui qui méditera combien je suis bon, s'attachera à moi fermement pour jamais. »

Daigne le Seigneur nous y aider pour sa gloire !

21.

DEUX ESPÈCES DE PAUVRETÉ.

J'AI vu des pauvres de deux sortes : les uns sont pauvres par amour, et craignent toujours avec sollicitude de trop posséder des biens de cette pauvre terre. Les autres sont pauvres malgré eux ; ils en souffrent, ils courent de tous côtés, et craignent toujours de n'avoir jamais assez de cette pauvre terre. A cet égard le Seigneur me parla ainsi : « Ceux qui souffrent d'être pauvres, sont sous le coup de ma justice, car s'ils avaient de grandes richesses temporelles, ils ne m'en aimeraient ni ne m'en connaîtraient pas davantage ; c'est pourquoi je dois les gagner à moi en les faisant passer par ce qu'il y a de plus dur. A ceux qui sont pauvres par amour, je donne plus qu'ils n'osent désirer, car je ne puis supporter en eux la poussière dont ils se couvriraient trop en possédant les biens de la terre, et je veux que leurs cœurs soient toujours ouverts de mon côté, afin que je puisse sans obstacle et sans interruption y faire luire et briller mon amour. »

22.

FAUSSES VERTUS.

J'AI un maître : c'est le Saint-Esprit, qui m'instruit avec suavité ce qu'il veut, et me tient le reste en réserve. Voici ce qu'il me dit pour le moment : « La sagesse qui ne s'appuie pas sur l'Esprit-Saint finira par devenir une montagne de superbe. La paix sans ce lien du Saint-Esprit deviendra bientôt un vain tumulte ; l'humilité sans le feu de l'amour finira par n'être plus qu'une fausseté manifeste. La justice sans une profonde humilité de Dieu se changera en une odieuse cruauté. La pauvreté avec une incessante cupidité est en soi une coupable superfluité. La crainte cruelle avec une faute réelle ne produit qu'une impatience chagrine.

Des allures agréables avec les sentiments d'un loup n'en imposent pas longtemps au sage. Un saint désir de la complète vérité n'est jamais sans un grand travail. Une vie de bien qui n'a pas de luttes à soutenir, se portera à bien des choses inutiles. Une grande vertu sans le don (de la grâce) de Dieu sera bientôt abattue par les coups de l'orgueil. De belles promesses que ne suivent pas fidèlement les faits, sont une fausseté que le diable a conseillée. Une confiance qui n'a pas une vraie sécurité, fondée sur l'union de l'âme avec le Saint-Esprit, finira au dernier jour de la vie par une mort qui ne sera pas joyeuse. Une grande patience, sans que pourtant le cœur se porte vers Dieu, n'est qu'une faute secrète ; car tout ce qui ne se rattache pas à la vérité du Dieu éternel en sera rejeté à jamais avec une grande confusion. L'amour qui n'a pas pour mère l'humilité, et pour père un saint effroi, sera orphelin, abandonné pour toutes les vertus.

23.

SEPT ENNEMIS DE NOTRE PERFECTION.

L'INUTILITÉ est pour nous une conduite très-dommageable ; la mauvaise habitude nous fait aussi grand tort en tous lieux ; la cupidité des choses de la terre déracine en nous la parole de Dieu. La lutte injuste de notre esprit produit en nous souvent la mort, et l'hostilité de notre cœur en chasse le Saint-Esprit. Une âme irascible nous prive de la familiarité divine ; la fausse sainteté ne peut tenir longtemps, tandis que le véritable amour de Dieu ne peut jamais défaillir. Que si nous ne voulons pas éviter ces ennemis, ils nous enlèvent alors plus que le ciel, car c'est un avant-ciel que de vivre saintement en cette terre. Si nous favorisons ces ennemis dans leurs artifices et leurs violences, ils nous dérobent les sept dons du Saint-Esprit et éteignent en nous la belle lumière du véritable amour de Dieu. Ils nous couvrent les yeux d'un bandeau en égard à la sainte connaissance, et ainsi aveuglés nous conduisent aux sept péchés capitaux. Or où peut conduire une telle voie, si ce n'est à l'éternel abîme ?

24.

ÉNORMITÉ DU PÉCHÉ ; SON VÉRITABLE AUTEUR.

A LA grandeur du Dieu tout-puissant aucune grandeur n'est comparable, si ce n'est la grandeur criminelle de ma perversité.

Quelques gens, qui sont instruits, disent que c'est chose humaine que de pécher. Et moi dans toutes les tentations de mon misérable corps, dans toutes les sensations de mon cœur, dans tout ce que connaissent mes sens, dans toute la noblesse (naturelle) de mon âme, je ne peux rien trouver d'autre, sinon que c'est chose diabolique que de pécher. Le péché petit ou grand a le diable pour complice. Cette diabolicité que nous nous approprions de notre libre volonté, nous est seule plus funeste que toute notre humanité. Voici ce qui est de l'homme : la faim, la soif, le chaud, le froid, la souffrance, la douleur, la tentation, le sommeil, la fatigue ; toutes choses que le Christ a endurées en lui-même, lui qui était un vrai homme, pour nous et avec nous. Et si le péché eût été chose humaine, lui aussi aurait dû pécher, car il a été véritablement homme dans la chair ; mais il a été un homme juste en sagesse, un homme constant dans les vertus, un homme parfait dans le Saint-Esprit ; et de plus, il était un Dieu éternel dans l'éternelle vérité, et non un pécheur. Plus nous voudrons lui ressembler, plus nous devrons conformer notre vie à la sienne, ou nous rattraper par la pénitence.

25.

LA NÉGLIGENCE FAIT QU'ON TOMBE D'UN VICE DANS UN AUTRE.

Voici ce qui chasse un homme si loin de Dieu qu'il ne peut plus revenir à lui, à moins qu'il ne lui soit fait grande violence de par la sainte Trinité. La vanité ou futilité est le premier péché qui commence à chasser l'homme d'auprès de Dieu, et si nous n'y renonçons, nous tomberons directement dans l'impureté. Si nous ne lâchons l'impureté, nous irons à l'avarice, de l'avarice à la paresse ; si nous ne quittons la paresse, viendra le mensonge, après le mensonge, le parjure, ensuite la colère, puis la détraction ; si nous ne laissons la détraction, nous arriverons à la superbe, de la superbe à la haine, à la vengeance, à une sorte de désespérance, puis à une funeste témérité, de là à l'impudence, à une sagesse perverse, et si l'on n'y renonce, on tombe dans l'incrédulité et l'on tient ce langage : ça n'est pas comme l'on dit.

O malheur! alors ils reçoivent tout ce qui vient de Dieu avec une telle malice qu'on n'ose plus leur rien dire, et tout ce qu'ils avancent eux-mêmes est si travesti et mêlé de mensonges, qu'on ne peut plus rien trouver du Saint-Esprit dans aucune de leurs paroles. Et s'ils paraissent quelquefois estimables, ce n'est malheureusement qu'une apparence trompeuse.

Mais toi, âme qui marches dans la perfection, réjouis-toi ; tu es seule semblable à Dieu. Il est bien juste que tu boives avec une divine patience, et quoique innocente, toute sorte d'amertume. Tu es souvent affligée par tes ennemis : c'est ainsi que l'enfer cherche à flétrir les fleurs du ciel ; mais leur fleur s'épanouit avec liberté dans les hauteurs, avec une noble beauté ; parce que la racine de leur persévérance est en tout temps rafraîchie par le Saint-Esprit.

LIVRE SIXIÈME

1.

DESCRIPTION DE L'ENFER.

J'AI vu une cité : elle s'appelle : *Haine éternelle.* Elle est bâtie dans le plus profond de l'abîme des pierres diverses des péchés capitaux. L'orgueil fut la première pierre, ainsi qu'il en apparut bien en Lucifer. La désobéissance, la mauvaise convoitise, la gourmandise, l'impudicité, quatre pierres très-pesantes qu'y a déposées avant les autres notre père Adam. La colère, la fausseté, l'homicide sont trois pierres ajoutées par Caïn. Le mensonge, la trahison, le désespoir avec le suicide : avec ces quatre pierres s'est aussi fait périr le pauvre Judas. Le péché de Sodome, la fausse sainteté, sont les pierres angulaires qui sont placées dans l'œuvre.

C'est durant de longues années que la ville se construit ; malheur à quiconque y apporte sa pierre ! Et plus ils y envoient de matériaux, plus ils s'en rapprochent, et plus ils subiront de dommages et de peines.

La cité est tellement sens dessus dessous que les

plus élevés sont au plus bas et dans la place la plus infime. Lucifer est tout au fond de l'abîme, enchaîné par son crime, et de son cœur embrasé, de sa bouche embrasée s'écoule sans interruption le torrent de tous les péchés, de toutes les peines, de toutes les douleurs, et de toutes les hontes qui étreignent l'enfer, le purgatoire et cette terre.

Dans la partie inférieure de l'enfer, ce n'est que feu, ténèbres, puanteur, froid glacial, et toutes les peines les plus grandes : c'est là que sont retenus les chrétiens selon leurs œuvres. Dans le milieu, les peines de toutes sortes sont moindres; les Juifs y sont rangés selon leurs œuvres. Dans la partie supérieure sont les moindres peines, où doivent souffrir les païens aussi selon leurs œuvres. Voici la plainte des païens : « O malheur ! Si nous avions observé une loi, nous ne subirions pas une si grande peine éternelle. » Les Juifs se plaignent aussi de la sorte : « O malheur ! Si nous avions obéi à Dieu selon la loi de Moïse, nous ne serions pas ainsi damnés. » Mais les chrétiens se lamentent plus fort; car ils ont perdu une grande gloire par leur volonté propre, lorsque le Christ les avait élus avec un si grand amour. Ils contemplent sans relâche avec grande douleur Lucifer, et défilent devant lui dans leur nudité avec toutes leurs fautes. O malheur ! avec quelle ignominie sont-ils reçus par lui ! Il les salue cruellement et leur parle amèrement : « Vous autres maudits comme moi, quelle joie cherchez-vous ici ? Vous n'entendiez pourtant jamais dire de moi le moindre bien, comment avez-vous choisi de venir avec moi ? » Et il prend l'orgueilleux tout le premier, le met sous son derrière et lui dit : « Je ne suis pas encore tombé si bas, que je ne puisse encore être au-dessus de toi. » Les pécheurs de Sodome entrent dans son cou et s'arrêtent dans son ventre ; quand il reprend son haleine, ils entrent dans ce cloaque, et quand il expire son souffle, ils en sortent. Les faux saints, les hypocrites, il les prend sur son sein, il les baise horriblement et leur dit : « Nous sommes camarades. Je me suis aussi fait hypocrite, et je vous ai tous dupés. » Il ronge continuellement l'usurier, et lui reproche d'avoir été sans pitié. Il dépouille le brigand, puis ordonne à ses compagnons de le pourchasser et de le frapper à outrance sans la moindre pitié. Il pend le voleur par les pieds, et il sert de lampe pour l'enfer ; mais les infortunés n'y voient pas davantage. Ceux qui ont commis ensemble le péché déshonnête, seront ainsi liés devant Lucifer, et s'il n'y a là qu'un coupable, la place de son complice sera occupée par un démon.

Les maîtres infidèles (hérésiarques) sont assis aux pieds de Lucifer, afin de pouvoir considérer à leur aise leur dieu impur. Il dispute avec eux, et les confond facilement. Il dévore l'avare qui toujours voulait en avoir davantage, et quand il l'a avalé, il le rend par le derrière. Les assassins sont obligés de se tenir debout devant lui tout couverts de sang, et reçoivent du diable des coups d'une épée de feu. Ceux qui se sont laissés aller ici-bas à une cruelle envie, lui servent de vases de parfums, qu'il porte toujours suspendus sous le nez. Ceux qui se sont abandonnés à l'excès dans le boire et dans le manger souffrent perpétuellement la faim devant Lucifer et dévorent des pierres rougies au feu. Leur boisson est du soufre et de la poix, recevant de l'amertume pour toutes les douceurs ; nous voyons ainsi ce que nous pratiquons sur la terre, (en recevant tout le contraire.) Le paresseux est accablé de mille travaux; l'emporté est battu de fouets ardents; le pauvre plaisant de foire qui était fier de pouvoir faire de coupables niaiseries, verse dans l'enfer plus de larmes qu'il n'y a d'eau dans toute la mer.

J'ai vu au-dessous de Lucifer le fond de l'enfer; c'est une pierre très-dure, noire, qui doit à jamais supporter l'œuvre. Seulement l'enfer n'a ni fond ni fin; mais pour l'ordre il a toutefois et une profondeur et une extrémité.

Comment l'enfer est toujours rempli de frémissements et de grincements, comment les démons s'entrebattent avec les damnés, comment ils peuvent bouillir et rôtir, comment ils nagent et se vautrent dans la puanteur et la corruption, à travers les vers grouillants et la pourriture, comment ils se baignent dans le soufre et la poix, ni eux, ni aucune créature ne pourrait le dire suffisamment. Quand par la grâce de Dieu, et sans souffrir aucune peine, j'eus vu cette épouvantable misère, pauvre que je suis, je ressentis de cette puanteur et de cette chaleur qui n'est plus naturelle une telle douleur, que je ne pus ni m'asseoir ni marcher, et restai sans force dans mes sens durant trois jours, comme un homme frappé de la foudre. Et cependant mon âme n'éprouvait aucune angoisse, parce qu'elle était exempte de ce mal qu'on appelle la mort éternelle (par le péché). Et s'il était possible qu'une âme pure fût en ce lieu, ce serait pour ces malheureux une éternelle lumière et une énorme consolation. Car une âme innocente, de sa nature luira et resplendira toujours, car elle est née de la lumière éternelle sans peine. Mais si elle revêt la ressemblance du diable, alors elle perd sa belle lumière.

Si, dans l'enfer éternel, les prières, les aumônes peuvent procurer aux damnés quelque soulagement, je ne l'ai pas vu; non : ils sont à perpétuité dans une disposition d'esprit si furieuse, que tout bien leur fait horreur. Au dernier jour Lucifer recevra un nouveau vêtement, qui s'est développé de soi dans les ordures et les ignominies des péchés, commis à tout jamais par les hommes ou par les anges. Car il est à la tête de tous les péchés. Il sera alors détaché, afin que sa fureur et sa perversité se répandent et se mêlent dans toutes les âmes et dans tous les démons, en sorte qu'aucun ne puisse éviter sa présence. Parfois il se dilatera si énormément, que d'une seule aspiration il engloutira démons, juifs et païens. Et c'est dans son ventre qu'ils reçoivent leur pleine récompense et qu'ils célèbrent un festin de noces à leur façon. Malheur alors, corps et âme! la bouche d'un homme n'en peut rien exprimer; tout ce qu'on en pourrait dire n'est rien auprès des peines infinies qu'on éprouve en ce lieu. Je ne puis y songer même le temps qu'on mettrait à dire *Ave Maria*. O malheur! qu'il fait horrible en ce lieu!

2.

DESCRIPTION DU PURGATOIRE.

L'ENFER a dans sa partie supérieure une tête toute difforme, toute remplie d'yeux affreux, par où sortent des flammes qui enveloppent les pauvres âmes séjournant dans ce faubourg de la cité, d'où le Seigneur a retiré Adam et nos autres ancêtres. C'est maintenant là le purgatoire le plus grand où puisse venir un pécheur. J'y ai vu des évêques, des magistrats, de grands seigneurs qui depuis longtemps y souffrent des peines innombrables. Tous ceux qui sont là ont été arrachés à peine par Dieu à l'enfer éternel; car je n'y ai trouvé personne qui à ses derniers moments eût fait verbalement une sincère confession; la maladie mortelle leur avait enlevé l'usage de leurs sens extérieurs, leur corps était immobile, mais ils avaient encore en leur corps et en leur âme une volonté. Alors ils avaient perdu les ténèbres de la terre, et Dieu les avait admis dans l'école de la vraie connaissance. Oh! combien est étroite la voie qui conduit au ciel! Alors donc l'âme et le corps encore unis tinrent en commun ce langage : « Vrai Dieu, faites-moi grâce, j'ai une véritable douleur de mes péchés. » C'est là un moment bien court, où Dieu a recouvré secrètement plus d'une âme ostensiblement perdue. Je n'ai jamais trouvé que cela arrivât à quelqu'un qui n'eût fait quelque bien avec bonne volonté.

Les démons enlèvent l'âme couverte de taches de son corps et la conduisent au purgatoire, car les saints anges ne peuvent la toucher, tant qu'elle ne brillera pas d'une clarté égale à leur clarté. Toutefois cette âme peut trouver du secours dans ses amis de la terre, en sorte que les démons se gardent bien d'oser lui toucher. Si elle est très-coupable, elle doit subir encore d'autres peines, ce qu'elle supportera plus volontiers que d'être saisie par les démons, et d'être le constant objet de leurs moqueries.

Quand nos saints pères vinrent aux enfers, ils y apportaient avec eux une vraie espérance en la foi chrétienne avec un saint amour de Dieu, beaucoup d'autres humbles vertus et un fidèle travail. Tous descendirent aux enfers ; toutefois ils étaient prêts pour le ciel ; ils n'avaient pas à craindre dans les enfers que ce qu'ils y apportaient avec eux dût y être consumé par le feu : c'était l'amour qui doit éternellement embraser tous les enfants de Dieu, lors même qu'ils ne seraient jamais venus au royaume des cieux. Dieu l'a en effet réglé en cette manière : ce que nous y porterons avec nous, sera notre nourriture et notre breuvage. Mais les négligents qui avec de grands péchés sortiront de ce monde sans conversion, ne pourront éviter d'être punis dans ce qu'ils ont d'aussi mauvais ; c'est pourquoi devant la bouche de l'enfer ils ressentiront à chaque instant toutes sortes de peines que leur apportera le souffle de Lucifer, qui les pénétrera si douloureusement, que les malheureux seront aussi confondus et unis à la flamme et aux diverses tortures que le sont les bienheureux dans la connaissance et la douce jouissance de l'amour de Dieu.

Je n'ai vu là aucune femme, si ce n'est de grandes princesses, qui comme les princes se sont livrées à l'affection de toutes sortes de péchés. * L'enfer a aussi dans sa partie supérieure une bouche ouverte à toute heure : aucun de ceux qui viennent à cette bouche ne sera jamais soustrait à la mort éternelle. *

3.

DÉLIVRANCE DE QUELQUES ÂMES DU PURGATOIRE.

Comme une certaine personne priait le Dieu du ciel avec grande instance et en grande simplicité pour les pauvres âmes, Dieu lui fit voir tout d'un coup les divers tourments qu'elles souffraient selon les divers péchés qu'elles avaient commis. Et l'esprit de cette personne fut saisi d'une telle angoisse qu'elle enveloppa de ses bras tout d'un coup le purgatoire, persévérant avec opiniâtreté dans son chagrin, et suppliant avec amour. Alors Dieu du ciel lui parla ainsi : « Cesse de t'abandonner à cette douleur, qui est pour toi trop pénible. » Mais elle répondit douloureusement : « Ah ! mon bien-aimé, laissez-en sortir quelques-uns. » Et Notre-Seigneur reprit : « Combien en veux-tu ? » La personne répondit : « Autant que j'en puis racheter avec votre bonté. » Notre-Seigneur dit : « Eh bien ! prends-en mille, et conduis-les où tu voudras. » Elles sortirent alors du milieu des tourments toutes noires, toutes en feu, salies de boue, brûlantes, couvertes de sang, et répandant une odeur fétide. Et la personne dit encore spirituellement : « O mon Seigneur bien-aimé, que vont devenir ces pauvres âmes, elles ne peuvent dans un si triste état entrer dans votre royaume. » Et Dieu inclina sans mesure sa noblesse et dit un mot qui sera pour nous pécheurs d'une grande consolation : « Fais-les baigner dans les larmes de l'amour qui coulent en ce moment de tes yeux. »

Alors il se forma comme un grand bassin, et après s'y être précipitées d'un même essor et s'y être baignées, les âmes devinrent claires comme le soleil. La personne en conçut une grande joie en son âme et dit : « Soyez loué, bien-aimé, éternellement de toutes les créatures! les voilà convenablement prêtes pour votre royaume. » Alors Notre-Seigneur s'inclina vers elles de la hauteur (où il résidait) et leur mit sur la tête une couronne de l'amour qui les avait délivrées, puis il dit : « Vous porterez éternellement cette couronne, pour faire connaître à tous ceux qui sont dans mon royaume que vous avez été délivrées par les larmes de l'amour, neuf ans plus tôt que le temps fixé. »

4.

NOUVELLE DESCRIPTION DU PURGATOIRE, ET NOUVELLE DÉLIVRANCE D'AMES.

Un jour qu'elle avait reçu le corps du Seigneur, elle lui parla ainsi : « Seigneur, vous êtes maintenant à moi, puisque vous vous êtes donné à moi aujourd'hui, et aussi puisqu'il est écrit : *Puer natus est nobis* : Un enfant nous est donné ; je vous demande donc en ce jour pour votre gloire et non pour ma commodité que vous veniez par votre sacré corps apporter quelque soulagement aux pauvres âmes. Vous êtes vraiment à moi, ainsi vous devez être un gage de rachat pour les captifs. » Elle obtint alors une puissance si grande, qu'elle l'emmena comme de force, et ils vinrent en un lieu, si affreux que je n'en avais jamais vu de pareil, où se trouvait un bassin étroit tout rempli de feu, de poix et de tourbe, exhalant une noire fumée et une horrible puanteur. Un nuage épais formait au-dessus comme un noir chapeau. C'était là que les âmes grouillaient comme des crapauds dans la fange. Elles ressemblaient extérieurement à des hommes, mais intérieurement elles représentaient des démons. Elles bouillaient et rôtissaient les unes avec les autres. Elles criaient et se lamentaient misérablement d'être tombées dans un tel abîme par la volonté de leur chair : la chair avait aveuglé l'esprit, et c'est pour cela surtout que ces âmes étaient plongées dans des matières bouillantes. Alors cette personne dit en esprit : « O Seigneur, quel est le nombre de ces malheureux? vous êtes véritablement mon gage ; il faut avoir pitié d'eux. » Notre-Seigneur répondit : « Leur nombre n'est pas un nombre humain, et tu ne pourrais le comprendre, tant que ton corps terrestre sera une partie de toi-même. Ils ont tous été des vases brisés, et ont oublié sur la terre de vivre selon l'esprit. Il y en a de toute condition et de tout pays. » La même personne fit cette question : « Seigneur bien-aimé, où sont ceux qui vivent dans les cloîtres que je n'en aperçois aucun ici ? » Notre-Seigneur répondit : « Leurs péchés ont été secrets ; ils sont alors enfermés seuls dans ce fond avec les démons. »

Alors l'âme de cette personne fut prise d'une grande affliction ; elle se jeta donc aux pieds de notre bien-aimé Seigneur, et avec un grand désir et un ardent amour elle lui dit : « Mon bien-aimé, vous savez

ce que je désire. » Et Notre-Seigneur lui dit :
« Tu m'as amené ici avec droit, je n'oublierai
pas ces malheureux. » Alors il s'éleva tout autour de cet abîme une grande foule de démons,
occupés à plonger les âmes dans ce bain maudit. Je
ne pouvais calculer le nombre de ceux qu'ils frottaient,
massaient, mordaient, déchiraient de leurs griffes, et
battaient de verges de feu. Cette personne leur dit
alors toujours en esprit : « Ecoutez, vous qui dévorez
les pécheurs, regardez ce gage de rachat ; il a assez
de valeur pour satisfaire à vos exigences. » Aussitôt
saisis d'effroi ils se mirent tous à trembler, et tout
couverts de confusion ils dirent : « Oui ; emmenez-
les d'ici. Que nous sommes malheureux! Il nous faut
bien avouer la vérité. » Alors Notre-Seigneur de son
divin Cœur fit à ces pauvres âmes un souhait plein
de douceur ; elles s'élevèrent aussitôt en grande joie
et grand amour. Et l'âme étrangère dit : « Ah! Seigneur bien-aimé, où sont-elles passées? » Il répondit : « Je veux les emmener sur une montagne couverte
de fleurs, où elles trouveront plus de délices que je ne
puis l'exprimer. » Là Notre-Seigneur les servait
comme un serviteur familier, et comme un compagnon
bien-aimé. Et il me dit qu'il y en avait soixante-dix
mille. Et l'âme demanda combien de temps avaient
duré leurs peines; Notre-Seigneur répondit : « Il y
a trente ans qu'elles ont quitté leurs corps, et elles
avaient encore dix ans à souffrir, si un prix suffisant
n'avait été donné pour leur délivrance, qui a mis en
fuite les démons remplis d'effroi, sans qu'ils osassent le
prendre. » — « Bien-aimé, reprit l'âme, combien de
temps resteront-elles ici? » Notre-Seigneur répondit :
« Aussi longtemps que nous le trouverons bon. »

5.

PURGATOIRE DES GENS D'ÉGLISE.

Il y a déjà longtemps, je vis le purgatoire, comme un liquide embrasé, sur lequel s'élevaient des cloches de feu bouillantes, recouvert d'un nuage épais et ténébreux. Dans ce liquide nageaient des poissons spirituels qui avaient la forme humaine. C'étaient les âmes de pauvres curés qui avaient vécu en ce monde dans la convoitise de tous les plaisirs, et avaient brûlé de feux impurs, et dans un tel aveuglement qu'ils n'avaient pu arriver à rien de bien. Au bord de cette rivière se tenaient des pêcheurs qui n'avaient ni bateaux ni filets, mais qui pêchaient avec leurs griffes de feu, bien qu'ils fussent eux-mêmes des esprits et des démons. Quand ils avaient amené une victime à terre, ils lui enlevaient, en esprit mais avec cruauté, la peau, et la jetaient dans une chaudière bouillante, où ils la remuaient avec des barres de feu. Quand ils les avaient ainsi torturés à plaisir, ils les déchiraient avec leurs griffes et les dévoraient, puis se mettant au-dessus de la rivière, ils les rendaient par le derrière, puis ils les repêchaient, les dévoraient, et le reste tout à nouveau.

Il mourut un bon curé dans sa propre paroisse : je priai donc pour lui comme il est d'usage de le faire dans l'Église pour toute autre personne. Alors mon âme vit la sienne en une considérable dignité, toutefois encore en attente de la gloire du ciel. Quatre anges la conduisirent au-dessus des nuages jusqu'au premier ciel, et lui firent une musique céleste; c'était là son purgatoire, et ils le préparaient ainsi aux délices célestes. Je lui demandai pourquoi il avait reçu une dignité particulière; il me répondit: « J'aimais sur la terre la solitude, et je ne priais jamais qu'avec crainte. » Je lui dis : « Alors, bienheureux que vous êtes, pourquoi n'allez-vous pas aussitôt avec ces beaux anges au ciel? » Il me fit cette réponse : « La gloire que je dois recevoir pour avoir vécu purement dans mon office est si grande, que je n'y puis encore parvenir. »

6.

PURGATOIRE D'UN RELIGIEUX.

J'AI vu aussi dans les peines un religieux dont j'avais eu bonne opinion au temps qu'il vivait. Je priai pour son âme durant trois mois, avec un cœur bien serré, attendu que je ne pus jamais obtenir de voir quelle était sa peine, si ce n'est le soir du dernier jour. Quand il rendit l'esprit, il m'apparut aussitôt en la prière que je faisais pour les pauvres âmes. Je ne vis que lui seul, car il ne put me montrer ses peines. Il était pâle et comme dans un nuage blanchâtre. Je lui dis : « O malheur! pourquoi n'êtes-vous pas au ciel? » Il me répondit en termes embarrassés et une honte pleine de regret; il lisait dans un livre en versant des larmes, et les paroles de ce livre, comme de tous ceux qu'il avait jamais lus, criaient de telle sorte, qu'il s'en formait une vapeur au-dessus de lui. Il me dit donc : « J'ai eu trop d'affection pour le monde dans mes pensées, mes paroles et ma conduite. » Deux dragons étaient couchés à ses pieds, qui lui dérobaient en le suçant toute la consolation qu'il aurait pu recevoir de la sainte Église, dans les peines qu'il subissait pour l'infirme et débile obéissance qui l'avait fait enseigner sans nécessité, et plus d'après sa volonté que d'après celle de ses supérieurs. Je lui demandai : « Où sont vos ennemis qui doivent vous tourmenter? » Il me répondit : « Par respect pour la noblesse de mon Ordre, aucun démon ne doit me toucher. J'ai éprouvé de grands combats dans mon corps, et j'ai conçu intérieurement un dessein qui, lors même qu'il aurait été exécuté, n'aurait rien eu que d'inutile ; aussi Dieu n'a-t-il pas voulu que je vécusse plus longtemps. Je brûle en moi-même ; c'est ma volonté propre qui me torture. » Je lui dis : « Dites-moi donc comment on peut venir à votre secours. » Il répondit : « Celui qui durant un an fera chaque jour cent prostrations, prendra douze disciplines et répandra de ses yeux innocents des torrents de larmes avec un cœur contrit, satisfera pleinement pour moi. Toutefois il faut y ajouter des messes. Dites donc aux vierges et aux prêtres de vouloir bien prier pour moi. Je ne vous dirai pas quand finiront mes peines, parce que je ne veux pas que mes Frères s'en troublent. Maintenant éloignez-vous de moi. » Et il prit la ressemblance d'un démon, il était tout enflammé et ne me dit plus un mot.

7.

PURGATOIRE D'UNE FEMME DÉVOTE.

MALHEUREUX péché, quel mal ne produis-tu pas, puisque tu vas jusqu'à rendre pernicieuses les bonnes œuvres mêmes que l'on fait sans conseil de personne; on dit en effet : « Je suis au-dessus de l'avis de tout le monde; je veux vivre selon l'inspiration de Dieu : » paroles qui m'ont toujours remplie d'effroi. Car il n'est personne, dans quelque position qu'il soit, qui ne doive s'humilier jusqu'à prendre avec un cœur soumis d'utiles avis pour vivre chrétiennement.

C'est ce que j'ai vu en une dame qui aimait Notre-Seigneur de tout son cœur, et goûtait l'amour avec un travail si exagéré que son corps s'y dességha au point de la faire mourir. Je priai pour elle selon la pratique des bons chrétiens, et dans un ravissement de mon esprit je vis son âme brillante en elle-même comme le soleil. Cela lui était accordé pour la pureté de son cœur et la fidélité de son intention ; mais elle était aussi enveloppée de profondes ténèbres, et aspirait avec ardeur après la lumière éternelle. Elle montait toujours, mais toujours elle était suivie de cette nuit sombre. C'était la volonté propre, agissant sans avis de personne, qui faisait ainsi obstacle à cette personne parfaite.

Je lui demandai : « Comment peut-on vous secourir ? » Elle répondit ainsi : « Je ne voulais sur la terre m'en rapporter à l'avis de personne suivant la règle chrétienne, c'est pourquoi je ne puis être secourue des prières de personne. » Alors je me tournai vers Notre-Seigneur, et je lui dis combien il était déplorable qu'une personne souffrît ces peines après en avoir tant supporté et de saintes pour son amour. Notre-Seigneur me dit : « Tous les actes de vertu qu'on fait sans l'avis de quelqu'un, sont pour moi sans valeur. Moi-même je ne suis venu sur la terre que d'après l'avis (de la sainte Trinité), et j'y ai servi en grande soumission mon Père et tous les hommes ; c'est ainsi que je suis remonté au ciel dans une parfaite liberté ; mais pour ce que je n'ai jamais fait, personne ne peut en le faisant venir avec moi. Le désir, la prière, le travail que l'on consacre au soulagement de cette âme lui serviront de parure lorsqu'elle sera admise dans le ciel. » *L'âme* : « Car tout ce qui nous est donné dans la voie pour aller au ciel, nous appartient légitimement ; mais quand nous y sommes arrivés, cela devient la propriété commune des âmes. Dieu nous traite ainsi par amour, afin qu'on soit plus diligent à venir à notre secours et faire que nous chantions plus tôt les louanges éternelles de Dieu. » Les peines de cette âme devaient durer dix-sept ans ; mais la miséricorde divine les réduisit à dix-sept mois, parce que c'était par amour qu'elle avait fait ses actions. Que Dieu nous aide dans la juste mesure ! Amen.

8.

L'AME D'UN ÉTUDIANT EST DÉLIVRÉE DU PURGATOIRE.

Je priais pour l'âme d'une personne qui avait été tuée comme elle vivait dans le péché. Notre-Seigneur me parla ainsi : « Sept années de jeûne et sept quarantaines ne seraient qu'une goutte d'eau dans un grand feu. »

« Il sera trente ans sans rien obtenir de moi, parce qu'il a perdu la vie par un orgueil insensé trente ans plus tôt que le terme qui lui était assigné, et il faut qu'il me les paye dans les peines (du purgatoire). » L'âme dit : « O Seigneur, il peut néanmoins attendre quelque chose de votre bonté. » Dieu répondit : « Quand deux coureurs s'élancent dans la carrière, le plus faible doit être vaincu ; je serai le plus faible, bien que je sois tout-puissant : trois mille messes seront le prix de sa rançon, car il n'a jamais entendu une messe entière, si ce n'est par respect humain. » *L'âme :* « Comment a-t-il été sauvé ? » *Le Seigneur :* « Quand il entendit ma parole, il soupirait, et je l'en ai récompensé, en permettant qu'à ses derniers moments il soupirât sur ses péchés. » — « Seigneur, si le frère de sa mère qui est religieux, et depuis sa jeunesse jusqu'à un âge avancé s'est recommandé par sa sollicitude et de nombreux travaux, vous offrait tout cela pour lui, et s'en dépouillait pour revenir à cet état qu'il professa d'abord pour votre amour, ne voudriez-vous pas tenir cette âme quitte de ce qu'elle vous doit ? » — « Oui, dit Notre-Seigneur, si on me faisait cette offrande, j'accorderais tout ce qu'on voudrait. » — « Seigneur, si ce religieux abandonne toutes ses bonnes œuvres à cette pauvre âme, que deviendra-t-elle ? » Aussitôt Dieu me fit voir cette âme bienheureuse, ce qui ne m'avait pas été possible auparavant, à cause de sa peine impure que mon âme ne pouvait supporter. Elle était alors plus belle que le soleil suspendue au milieu de brillantes délices, bien au-dessus de toutes les douleurs de la terre. Et alors elle me parla toute remplie d'allégresse : « Dites à mes amis : quand même la terre serait toute d'or, que le soleil l'éclairerait jour et nuit de ses rayons, que l'air y serait embaumé des plus suaves odeurs, qu'on ne verrait partout que fleurs et fruits, je n'y voudrais demeurer pas même une heure, tant cette vie est remplie de délices. »

Pourtant elle n'était pas encore arrivée au ciel éternel.

9.

JÉSUS ÉLEVÉ AVEC LES SAINTS. LUCIFER TOMBÉ AVEC LES PÉCHEURS.

JÉSUS-CHRIST notre frère en tant qu'homme, qui est monté avec toutes les vertus au ciel dans la hauteur de sa divinité, n'y sera suivi que par ceux qui auront aussi toutes les vertus. En effet, la sainte Trinité s'est établie glorieusement au-dessus de toutes choses dans les hauteurs des délices avec tous ses amis, afin que ceux-ci reçoivent à jamais la gloire, la beauté et la joie, selon qu'ils apportent avec eux la noble ressemblance de ses divines vertus. Oui, chaque vertu qui sur cette terre aura reçu sa forme de la bonne volonté, avec exactitude, qui sera ornée par l'amour, et accomplie sans péché, sera la corde qui résonnera éternellement au ciel dans l'âme fidèle, et dans le corps obéissant en la sainte Trinité : en elle le Père remercie le Fils de ce qu'il a attiré cette âme par les vertus ; et le Fils rend grâces au Père de ce qu'il l'a créée, et le Saint-Esprit presse si tendrement le Père et le Fils, que la sainte Trinité se précipite avec violence sur cette âme ; et elle chante alors avec une telle douceur que toutes choses n'ont plus qu'une même intention et un même amour avec Dieu.

Par contre, le diable pécheur, Lucifer est tombé au-dessous de toutes les créatures, avec tous ceux-là seulement qui n'aiment et n'ont en vue que les vices. Entre la hauteur de Dieu et l'abîme du démon il y a encore un purgatoire de deux sortes. Dans l'un et dans l'autre on souffre diverses peines et nécessités. Le premier purgatoire est cette souffrance profitable que nous éprouvons dans ce monde en diverses peines. L'autre purgatoire nous attend après cette vie ; et il est si grand qu'il commence à la gueule de l'enfer et finit à la porte du ciel. Mais les démons ne peuvent tourmenter les âmes que sur la terre, dans l'air et dans tous les endroits où l'homme a péché, et dans les hauteurs où il a souillé l'air de ses péchés. Le diable appelle ces créatures en témoignage contre les hommes, afin qu'ils en éprouvent plus de honte et de souffrance pour les péchés qui n'ont pas été expiés ici-bas.

Mais quand ils ont été assez heureux pour être délivrés des mains du diable, ils ne laissent pas d'être châtiés par un feu intérieur pour leurs péchés véniels. Puis par les secours et la compassion dont ils sont l'objet, ils s'élèvent au-dessus de ces peines, et s'approchent si fort du ciel qu'ils ont toutes les joies, si ce n'est les trois suivantes : ils ne voient pas Dieu, ils ne reçoivent pas encore leur gloire, ni leur couronne. Ainsi le purgatoire est sur la terre et dans l'air entre le ciel et l'enfer. Or tout cela se passe d'une manière spirituelle, parce que l'âme ne peut souffrir rien des choses terrestres, une fois qu'elle est sortie de cette vie.

10.

COMMENT NOUS SOMMES DÉJA PRÉSENTS DANS LE CIEL, AU PURGATOIRE OU EN ENFER.

Nous sommes déjà tout présents dans le ciel ; tels nous sommes revêtus des vertus, ornés et pénétrés du saint amour de Dieu, tels nous apparaissons aux yeux de tous les bienheureux, et ils louent Dieu, se réjouissent à notre sujet, comme si nous étions déjà avec eux. Ils ne voient cependant comment il en est avec nous, sinon que nous croissons en noblesse, en toute autre clarté, et que nous nous élevons sur la hauteur ; c'est là ce qui se fait ici-bas pour les âmes pieuses à chaque moment, et la joie des saints et des anges en augmente. Mais si malheureusement nous tombons dans des péchés quotidiens assez graves, la beauté que nous avons au ciel s'en trouve obscurcie ; alors les anges et les saints prient Notre-Seigneur, pour que nous nous convertissions et redevenions brillants.

Nous sommes aussi présents dans le purgatoire, selon les expiations que nous accomplissons sur la terre. Ceux qui y sont réellement en conçoivent une grande douleur ; ils ne peuvent nous secourir, souffrant eux-mêmes des peines rigoureuses. Il y a beaucoup de ces âmes qui pour certaines fautes souffrent un tel purgatoire qu'elles ne savent pas si jamais elles seront délivrées. Pourquoi ? C'est parce qu'elles n'ont pas voulu se confesser de bouche ; nous avons vu ailleurs[1] comment elles sont néanmoins sauvées.

La présence du pécheur est également manifeste dans l'enfer. La miséricorde de Dieu les poursuit, en sorte qu'après avoir été là (en enfer) aujourd'hui, ils soient demain les compagnons des anges. C'est ainsi que nous apparaissons d'ici dans le ciel, dans le purgatoire et dans le malheureux enfer, selon ce que nous adoptons en vertu de notre libre arbitre.

11.

DE LA BONTÉ ET DE LA JUSTICE DE DIEU.

J'AVAIS entendu et vu que la miséricorde de Dieu est si grande et immense, que je dis : « Seigneur,

---

1. Liv. VI, c. 1, à la fin.

comment peut-il en être ainsi? Quand votre justice est l'égale de votre miséricorde, comment votre bonté est-elle si grande? » Notre-Seigneur me donna cette réponse avec grande fidélité : « Je te dis avec ma divine fidélité, qu'il y en a un plus grand nombre dans la sainte Église qui vont après leur mort au ciel qu'il n'y en a qui descendent à l'enfer éternel. La justice retient néanmoins toujours ses droits ; je ne lui enlève jamais rien de ce qu'elle a réglé pour les fautes ; mais je veux avant tout venir comme un père à l'âme accablée sous son fardeau, si je découvre en elle quelque bien d'avéré : la raison en est dans la tentation qui me porte toujours vers mes enfants. »

L'âme dit alors : « Mon bien-aimé, voudriez-vous me faire connaître quelle est votre tentation, afin que votre plaisir et mon désir puissent être d'accord? » Notre-Seigneur répondit : « Eh bien! écoute comment je suis tenté. Ma bonté, ma libéralité, ma fidélité et ma miséricorde me font une telle violence, que je dois les laisser se répandre sur les montagnes de l'orgueil, et dans les vallées de l'humilité, dans les broussailles de l'impureté, et sur les voies planes de la pureté. Ma bonté a plus de force sur moi que la malignité de l'homme n'en exerce sur lui-même, et ma justice est plus grande que la perversité de tous les démons. » L'âme dit alors : « Seigneur, votre justice vous convient si bien dans la vivante vérité, que je n'en ressens que de la joie sans aucune peine ; car là où elle s'exerce, la vérité sera toujours satisfaite. »

12.

ORAISON UNIVERSELLE POUR LE SALUT.

« O TENDRE Père, Dieu du ciel, attirez mon âme pour qu'elle s'écoule sans obstacle en vous ; et vous, Seigneur, écoulez-vous vers elle avec tout ce que vous contenez de délices en vous. Alors elle pourra prier, commander, et vous adresser, Seigneur, une louange parfaite pour votre bonté. Oui, Seigneur, donnez-moi l'attrait de votre sainte Trinité, dans le doux essor de l'amour, afin que je jouisse avec honneur de tous les dons de votre largesse, et que je ne vous demande jamais rien, Seigneur, que vous ne puissiez me donner pour votre gloire. Amen.

« Oui, père de toute bonté, moi pauvre pécheresse, je vous remercie de toute la fidélité (que vous m'avez témoignée) avec un corps accablé de souffrances, une âme exilée, un cœur pécheur, et des sens troublés, et une vie méprisée dans ce monde. Seigneur, Père, voilà ce qui est à moi ; pas autre chose. Je vous loue aussi avec votre cher Fils Jésus-Christ, et en union avec toutes les créatures, dans l'état d'innocence où elles étaient, et où elles doivent revenir pour être au plus haut degré de gloire qu'elles peuvent et qu'elles désirent obtenir.

« Oui, doux Père, je vous loue aujourd'hui avec toutes ces créatures, pour la protection que vous avez toujours accordée à mon pauvre corps et à mon âme exilée. Avec elles, grand Dieu, Seigneur, je vous remercie de tous les dons de largesse que vous m'avez octroyés dans le corps et dans l'âme. En union avec toutes ces créatures, je désire aujourd'hui votre gloire en toutes choses, et pour tout ce qui est sorti, Seigneur et Père, immaculé de votre cœur. Mais toujours en union avec elles, ô bien-aimé par-dessus tous les bien-aimés, je vous demande pour votre gloire un vrai changement et une complète conversion des pauvres pécheurs, qui gisent aujourd'hui dans le péché mortel. Je vous demande encore, mon véritable bien-aimé, l'accroissement de toutes les vertus, et la persévérance chrétienne pour toutes les saintes âmes qui vivent ici-bas exemptes de péché grave.

« Je vous prie aussi, mon bien-aimé, pour toutes les âmes souffrantes qui par notre faute sont allées au purgatoire, lorsque nous aurions dû les préserver par notre bon exemple. Je vous demande, Seigneur, une sainte vie, une véritable protection, et l'abondance de votre Esprit-Saint, pour chacun de ceux qui pour votre amour sont venus ici au secours de mon exil et de ma pauvreté en mon corps et en mon âme. Je vous prie, Dieu riche, par votre pauvre Fils Jésus, de changer en miel dans le fond de mon âme toute la souffrance de ma pauvreté spirituelle et le fiel de mon amertume. Je vous prie, Dieu vivant, pour la noblesse éternelle de la foi chrétienne, afin que vous nous protégiez, Seigneur, contre tous faux témoins par votre divine sagesse. Confirmez enfin notre esprit, Seigneur, pour qu'il repose dans votre sainte Trinité.

« Je vous prie, doux Seigneur, pour tous mes persécuteurs chrétiens, afin qu'ils vous connaissent encore et qu'ils vous aiment saintement. Je vous demande, Dieu tout-puissant, de dissiper avec discrétion la domination des gens remplis de fausseté, et d'épargner miséricordieusement une multitude innocente. Je vous demande, Dieu éternel, de venir aujourd'hui consoler toutes les âmes affligées, qui se séparent aujourd'hui avec angoisse de leur corps, afin que vous daigniez être leur sauveur, et vous les députiez par votre sentence à la vie éternelle. Je vous demande, Seigneur, une pureté sans tache, une persévérance religieuse, une conservation fidèle de la divine vérité en toutes choses, pour tous ceux qui portent l'habit sacré, et exercent la puissance spirituelle uniquement pour votre amour. Je vous invoque aussi, Dieu de bonté, pour que ceux qui reçoivent vos dons, en aient de la reconnaissance, et que ceux qui supportent pour votre amour le fardeau de l'affliction, obtiennent votre secours.

« Je vous conjure, Dieu saint, de prendre en compassion ma vie inutile, et de conserver en mon âme une constante union avec vous ; de m'accorder le viatique de votre saint corps, afin qu'à ma mort il soit la dernière nourriture de mon corps et de mon âme. Je vous supplie aussi, Trinité qui jouissez des plus sublimes délices, de protéger mon heure dernière, lors de la douloureuse séparation de ma pauvre âme d'avec mon corps pécheur : daignez alors, Seigneur, vous incliner vers moi, en sorte que tous mes ennemis se séparent de moi en deuil, et que moi, selon votre bon plaisir, et selon mon long désir, je puisse vous contempler éternellement, que les yeux de mon âme puissent se jouer en votre divinité, et que la douce volupté de votre amour se répandant hors de votre Cœur divin vienne inonder mon âme: *Per Dominum nostrum Jesum Christum Filium tuum. Amen.* »

13.

LOUANGES DE DIEU, ET PRIÈRE.

« Soyez béni, bien-aimé Seigneur Jésus, Dieu (fils) du Dieu vivant, ainsi que l'estime ma foi. Je sais en vérité que vous êtes ici présent, vrai Dieu et homme. En ce même nom, je vous supplie aujourd'hui, comme mon Dieu et mon Seigneur, comme mon Créateur et mon Rédempteur, comme le plus aimé de tous les hommes et le plus honoré de tous les seigneurs, aujourd'hui et à tout jamais.

« Seigneur, Père céleste, je m'accuse en ce moment à votre sainte Trinité d'avoir péché sous vos yeux sans crainte et sans honte. O malheur! Venez aujourd'hui à mon secours, Dieu de bonté, avec toute votre grâce, car mon cœur s'est obscurci dans l'habitude du péché. Purifiez, Seigneur, purifiez aujourd'hui mon cœur de tout amour terrestre, et faites tomber votre rosée céleste sur mon âme desséchée, afin que je pleure l'outrage immense que vous avez reçu, et le malheur que j'ai eu de pécher.

« Seigneur, je vous remercie pour toutes les grâces que vous nous avez accordées, que vous nous accordez encore, et que vous voulez nous faire éternellement. Je vous prie, Seigneur, céleste Père, au nom de Jésus-Christ, de me purifier par votre grâce de tous mes péchés, de m'en préserver à l'avenir, et de me sanctifier par toutes les vertus pour la vie éternelle.

« Je vous supplie, Seigneur Jésus-Christ, par votre sainte mort, et par les cruelles souffrances qu'endura votre saint corps sur la croix, de me favoriser des regards de votre divine miséricorde, * de votre fidélité en tant qu'homme, et de la grâce de votre Saint-Esprit; * daignez regarder avec clémence ma misère et mes derniers moments ; donnez-moi, Seigneur, alors votre propre corps, et que je vous reçoive avec une vraie foi de chrétien, avec un amour intime, en sorte que votre corps sacré soit et demeure la dernière nourriture de mon corps et le pain éternel de ma pauvre âme.

« Je vous conjure encore, Seigneur bien-aimé, de consoler alors ma pauvre âme par vous-même, et de vouloir bien me délivrer de tous mes ennemis. Je vous supplie, bien-aimé Seigneur Jésus, de recevoir cette pauvre âme dans vos mains paternelles, et de me faire sortir avec joie de cet exil pour me conduire dans votre sainte patrie, où je vous louerai, Seigneur, et vous bénirai avec tous les saints qui y sont déjà et ceux qui doivent encore y venir.

« Accordez-moi cette faveur, doux Seigneur Jésus, ainsi qu'à tous ceux qui pour votre amour me sont favorables et fidèles, et aussi à ceux qui malgré votre grâce me sont hostiles et infidèles, et généralement, ainsi qu'à moi-même, à tous ceux qui font profession de la foi chrétienne.

« Je vous prie, Seigneur, pour votre propre gloire, de nous accorder sans interruption à nous chrétiens, sur le siége de Rome, un chef rempli de toutes les vertus chrétiennes, afin que la sainte Église soit dilatée parmi le peuple, et délivrée de tous péchés et sanctifiée par toutes les vertus. Daignez donc, Seigneur bien-aimé, étendre aujourd'hui votre main puissante pour délivrer Jérusalem, avec toutes les villes et toutes les terres qui sont opprimées par un pouvoir injuste : je vous le demande, Seigneur, par votre triple nom.

« Avec tous les saints, je vous demande, bien-aimé Jésus, la paix entre les chrétiens, les fruits de la terre qui sont nécessaires, et vos grâces pour ce pays ainsi que pour tous les pays chrétiens.

« Je vous prie, Seigneur, de conserver tous vos amis dans votre service, de convertir vos ennemis et de détruire leur méchanceté.

« Je vous prie, Seigneur Jésus-Christ, empereur de toutes les gloires et couronne de tous les princes, pour les princes de ce pays et pour ceux de tous les pays chrétiens, afin que vous les réunissiez aujourd'hui, Seigneur, par votre Saint-Esprit, et qu'aucun n'entreprenne d'expédition injuste contre votre volonté et son propre salut.

« Je vous prie, Seigneur Jésus-Christ, pour tous les chrétiens qui sont aujourd'hui dans le besoin, qui souffrent des inondations, ou des maladies, ou de la captivité, ou des afflictions, ou d'une trop grande pauvreté. Je vous prie par votre libérale bonté de daigner aujourd'hui les consoler, en sorte qu'ils ne perdent jamais votre éternelle consolation, et votre grâce bénie.

« Je vous prie, Père saint, Dieu du ciel, pour toutes les âmes chrétiennes qui se séparent aujourd'hui de leur corps, afin que vous, Dieu de miséricorde, veuilliez être leur sauveur et les députer par votre sentence à la vie éternelle.

« O Seigneur bien-aimé, ayez pitié des âmes de mon père et de ma mère et de toutes celles qui sont dans le purgatoire. Délivrez-les, Seigneur, par votre triple nom glorieux en cette heure. *Requiescant in pace. Amen.*

« Je vous prie, aimable Seigneur, pour mes compagnes, afin que vous leur accordiez toutes les vertus qui purifient et sanctifient notre vie, pour votre gloire et pour le bien de la sainte Eglise. Enfin recevez aujourd'hui, Seigneur, cette prière et mes plaintes, et gardez-moi selon votre grâce. *Amen.* »

14.

CRAINTE ET DISCRÉTION DANS L'USAGE DU NÉCESSAIRE.

[La Sœur Mecthilde, étant devenue vieille, dit] : « Hélas ! malheureuse que je suis ! Je m'accuse à vous, Dieu du ciel, d'être pire que je n'étais il y a trente ans ; car alors les créatures qui m'aidaient à supporter mon exil n'avaient pas besoin d'être aussi recherchées pour soutenir la santé de ce pauvre corps. Aussi j'ai dû placer entre mon âme et toutes les créatures de ce monde deux gardiens, afin que ma chair ne s'accorde pas plus de délicatesse que mes besoins n'en réclament. Ils préservent aussi mes sens contre la tentation d'avidité, qui désire toujours d'avoir davantage des choses de ce monde, ou d'en jouir longtemps. Le premier de ces gardiens est la discrétion, qui règle l'usage parfait de toutes choses selon la volonté de Dieu, en sorte que l'homme garde toujours son cœur étranger aux choses de la terre, et tellement étranger que s'il venait à les perdre, son cœur le prenne avec une telle légèreté, son âme avec une telle liberté et ses sens avec un tel dégagement, qu'il soit devant Dieu comme si son ami le plus cher venait de le débarrasser du plus pesant fardeau. En effet l'homme, pour qui les choses de la terre ne sont pas un lourd fardeau, ne peut pas s'appeler un homme vraiment spirituel. C'est pourquoi Notre-Seigneur dit : « Dans la nécessité on use de tout légitimement, parce que la pauvreté volontaire est vraiment nécessiteuse, et partant elle est sainte, et ainsi il n'y a pas de superflu pour répandre des ténèbres dans l'âme. »

Mon second gardien est une sainte crainte qui avec la sagesse de Dieu préserve mon âme de sourire aux choses de la terre qui lui sont données. Elle les accueille au contraire comme une tentation ; car les inquiétudes de la cupidité, la vaine gloire ont produit de telles ténèbres chez des hommes renommés dans la vie religieuse, qu'ils en ont perdu la lumière de la discrétion, le feu de l'amour, le goût suave de Dieu, la paix et l'esprit de miséricorde, à un tel point qu'ils ne s'aperçoivent pas même de leur perte.

Notre-Seigneur tient ce langage : « Ils se donnent dans leurs discours une belle apparence, disant qu'ils n'aiment les biens de ce monde et ne désirent en posséder beaucoup que pour me servir mieux ; mais ils se servent eux-mêmes beaucoup plus que moi. » L'homme qui cherche uniquement sa commodité ou ses aises, est tout à lui-même, tandis que chacun devrait être un autre Christ, qui ne vivrait qu'en Dieu, et non en soi-même. Bienheureux celui qui vit tout en Dieu, à qui tout ce qu'il possède est indifférent ; car il en est de la sainte pauvreté où Dieu précipite un homme par sa puissance comme de l'abaissement où il précipita son Fils bien-aimé du ciel en la terre, dans la rue, dans la crèche ; ainsi Notre-Seigneur précipite encore ses élus du faîte des consolations terrestres, afin que dans leur faim ils puissent aspirer aux consolations célestes. Un vrai saint a plus de crainte en face de la prospérité de la terre que de sollicitude pour les nécessités de la terre. Pourquoi? Parce que sa demeure est dans les cieux, et sa prison dans ce monde. Aussi Notre-Seigneur dit : « Celui qui connaît le prix de ma liberté, et l'affectionne, ne peut se contenter de m'aimer seulement en moi-même, mais il faut encore qu'il m'aime dans les créatures. Alors je demeure tout près de lui dans son âme. »

15.

DANS QUELLE DISPOSITION ON DOIT ÊTRE EN SES DERNIERS MOMENTS.

Je demandais à Notre-Seigneur dans quelle disposition je devais être à mes derniers moments ; il me répondit : « Tu dois être à tes derniers moments telle que tu étais aux premiers [de ta conversion.] Tu dois avoir l'amour, le désir, la douleur des péchés et la crainte ; ces quatre dispositions ont été le commencement de ta vie (spirituelle), elles doivent en être aussi la fin. » Je dis alors : « Seigneur bien-aimé, que deviennent deux autres vertus qui sont le fondement et le couronnement de la gloire céleste, savoir la foi chrétienne et la ferme espérance ? » Notre-Seigneur me répondit ainsi : « Ta foi sera devenue une certitude, et ton espérance une assurance véritable. »

Je vis l'explication de ceci dans ses paroles, et la compris dans mon cœur : la douleur de mes péchés doit surtout provenir de l'amour ; mais la peine qui se trouve en cette douleur, je l'ai perdue dans un amour tout aimant. J'ai de la douleur des péchés des hommes, et je suis alors comme un malade qui désire quelque douceur qu'il n'obtiendra pas, ou du moins rarement. Pour cette raison, il faut que mon cœur se lamente et que mon âme poursuive avec son désir la grande bête sauvage. Mais Notre-Seigneur dit à ce sujet : « On ne peut prendre le gros gibier qu'en le forçant à se jeter à l'eau. Ainsi aucun pécheur ne se convertira à moins de n'être poursuivi par le désir empressé des personnes saintes jusque dans les larmes de leur cœur. »

J'ai de la douleur pour toutes les bonnes œuvres que j'ai négligées par attachement à mon corps et sans vraie nécessité. Voici quelles furent là-dessus les paroles de Notre-Seigneur : « On ne peut construire une demeure sans avoir une place pour bâtir ; de même ne doit-on pas compter sur une récompense dans le ciel, si l'on n'a pas accompli de bonnes œuvres. » Notre-Seigneur l'a ainsi disposé afin qu'au dernier jour il puisse dire à chaque âme : « Reçois, ma bien-aimée, toutes ces dignités, que tu as méritées par toi-même. » Dieu désire ainsi parler en toute vérité à l'âme pour lui faire honneur et lui témoigner son amour, comme si lui-même n'était pas la cause de son bonheur, et qu'elle fût capable de recevoir (d'elle-même) une gloire parfaite en son corps et en son âme.

C'est pour cette raison que Notre-Seigneur a si fort à cœur nos travaux, notre pauvreté, nos maladies, quand nous les supportons avec un véritable amour de Dieu, qu'il renonce généreusement aux droits de sa justice autant que cela convient à sa divinité. C'est là ce que j'ai compris dans la quantité des dons que Dieu veut conférer.

16.

DANS QUELLES DISPOSITIONS LA SŒUR MECHTILDE SE PRÉPARE A LA MORT.

Je suis vraiment admirable, et dans mes sens naturels j'admire de ce que mon âme est si admirable. Quand je pense à la mort, mon âme se réjouit de son départ avec une telle force que mon corps en éprouve un calme et une douceur extraordinaires, et que mes sens reconnaissent un sujet d'ineffable admiration dans ce départ de l'âme : aussi suis-je toute disposée à mourir au temps que Dieu a prévu. Mais voilà que tout au contraire je dis : je veux bien vivre jusqu'au jugement dernier ; puis mon désir va se fortifiant jusqu'au temps des martyrs [qui souffriront alors,] afin de pouvoir aussi verser mon sang pécheur dans la vraie foi chrétienne pour Jésus-Christ qui m'est si cher. J'ose dire que j'aime Dieu, j'y suis contrainte par un don spécial ; car lorsque je suis en but à la calomnie et à la souffrance, aussitôt mon âme commence à s'embraser du vrai amour de Dieu avec une si délicieuse suavité, que mon corps est inondé d'une volupté divine. Mes sens cependant ne laissent pas de gémir et de prier pour tous ceux qui me persécutent ou me méprisent, afin que Dieu les préserve de tout péché.

17.

ACTION DE GRACES.

« Seigneur, Père, je vous remercie de m'avoir créée. Seigneur Jésus-Christ, je vous rends grâces de m'avoir rachetée. Seigneur Saint-Esprit, je vous rends grâces de m'avoir purifiée. Seigneur, sainte et indivisible Trinité, je vous supplie de vous souvenir de toute la fidélité (que j'espère trouver en vous), et de faire que je meure dans votre miséricorde, par quoi je serai délivrée de toute misère. *In manus tuas commendo spiritum meum.* »

18.

ADIEUX AUX CRÉATURES.

Quand je serai pour mourir, je ferai ainsi mes adieux à tout ce que je devrai alors quitter.

Je dis adieu à la sainte Église, et je remercie Dieu de porter le nom de chrétien, d'être venue à la vraie foi chrétienne, et tant que je vivrai encore, je veux venir en aide à la sainte Église qui souffre de tant de péchés.

Je dis adieu aux pauvres âmes qui maintenant sont dans le purgatoire. Si je reste ici plus longtemps, je les aiderai volontiers à s'acquitter de leur dette, et je remercie Dieu de ce qu'elles seront l'objet de sa miséricorde.

Je dis adieu à tous ceux qui sont en enfer, et je rends grâces à Dieu de ce qu'il exerce sur eux sa justice. Si je restais ici, jamais je ne leur souhaiterais aucun bien.

Je dis adieu à tous les pécheurs qui gisent dans le péché mortel. Je remercie Dieu de n'être pas un des leurs, et si je vis plus longtemps en ce monde, je porterai volontiers leur fardeau devant Dieu.

Je dis adieu à tous les pénitents qui font maintenant leur satisfaction. Je remercie Dieu d'être de leur nombre. Que si je vis plus longtemps, ils seront toujours mes amis.

Je dis adieu à tous mes ennemis. Je remercie Dieu de ce qu'ils n'ont pas triomphé de moi. Et si je reste plus longtemps en ce monde, je veux me mettre sous leurs pieds.

Je dis adieu à toutes les créatures de la terre. Je m'accuse à Dieu de n'en avoir jamais usé selon sa sainte disposition.

Je dis adieu à tous mes chers amis. Je remercie Dieu, je les remercie aussi de m'avoir secourue dans mes nécessités. Si je reste plus longtemps en vie, je rougirai toujours devant eux de mes défauts qu'ils connaissent bien.

Je dis un adieu absolu à ma méchanceté. Je m'accuse à Dieu d'avoir ainsi dissipé ses saints dons ; car il ne m'est jamais échappé de si petite faute qu'il ne l'ait connue au ciel dans mon âme. Et bien qu'elle s'en soit repentie, toutefois le dommage est toujours là. Seigneur Jésus, je vous l'accuse, et néanmoins c'est vous qui en avez toute l'injure.

Je dis adieu à mon malheureux corps. Je remercie Dieu de ce qu'en diverses positions il m'a préservée de bien des péchés. Si je reste encore plus longtemps ici-bas, je connais si bien sa malice, que je ne l'épargnerai jamais.

19.

DU CORTÉGE QUI VIENT A LA RENCONTRE DE L'AME.

C'EST en cédant à la contrainte que j'écris ce discours ; j'aurais préféré garder le silence, car je redoute fort la secrète tentation de vaine gloire. Toutefois je craindrai plus de la justice de Dieu, si, pauvre que je suis! je m'étais trop obstinée à me taire.

Les gémissements, la crainte et une constante souffrance intérieure, voilà ce que j'ai supporté depuis mon enfance pour obtenir une bonne mort. Aujourd'hui que je suis au dernier terme de ma vie, Dieu m'a montré la vision suivante : du ciel s'avançaient en procession quatre groupes, qui étaient composés de vierges et d'anges. Les vierges signifiaient les vertus avec lesquelles une personne a servi Dieu ; les anges désignaient la pureté avec laquelle cette personne a imité Dieu.

Notre-Seigneur et sa glorieuse Mère[1] suivaient cette magnifique procession, et ils vinrent jusque devant la personne (afin d'être) au premier moment (où son âme sortirait), en sorte qu'il s'était ainsi formé tout alentour une voie pacifique plus lumineuse que le soleil, du concours resplendissant des saints qui avaient quitté les délices de Dieu pour venir en ce lieu.

Alors l'âme dit : « Seigneur, cette voie me réjouit immensément plus que je ne le mérite, mais je ne vois qu'avec une grande crainte comment je sortirai de mon corps. » Notre-Seigneur répondit : « Quand cela aura lieu, j'aspirerai mon haleine de telle sorte que tu me suivras comme un aimant. »

Des deux côtés de cette procession il y avait une grande troupe de démons, si nombreux que je ne pouvais en apercevoir la fin ; toutefois je n'en craignais aucun. Ils se battaient entre eux comme des furieux, et se déchiraient à coups de griffes comme des insensés. Mais ce qui causait une grande joie à l'âme, c'était de voir Notre-Seigneur devant elle. Alors elle demanda à Notre-Seigneur quel était ce prodige, et il répondit : « Cette joie vient de l'assurance certaine où tu es que tous ces démons ne pourront te séparer de moi. »

---

1. V. *Sainte Mechtilde.* Liv. v, c. 6.

20.

COMMENT LA DOUCEUR ALTERNE AVEC LA SOUFFRANCE.

Dieu m'a fait connaître en trois diverses manières les dons qui sont consignés dans ce livre. Il y employa d'abord une grande tendresse, ensuite une grande familiarité, et enfin de graves souffrances. C'est dans cette dernière phase que j'aime à rester plutôt que dans les deux premières. Pourquoi? C'est parce que la tendresse et la familiarité divines sont éternelles et précieuses en elles-mêmes, et partant sont si étrangères dans ce malheureux monde, que ceux mêmes qui les connaissent vraiment ne peuvent les exprimer convenablement. Une autre raison est que c'est dans les douceurs que j'ai le plus de peur de moi-même, lorsque le Christ a souffert tant d'amertumes en ce monde.

Toutefois il est de la nature de l'amour qu'il s'épanche en suavité, ce qui l'enrichit de connaissance, et de là lui inspire du désir pour les mépris et l'abjection. Mais tu es vraiment (dira-t-on) inconstante; malheureusement le légitime amour de Dieu s'affaiblit parfois dans la douceur maligne de la vaine gloire, dans la présomption de l'orgueil, dans l'emportement passionné de la colère, et dans l'excessive convoitise des biens de ce monde, à ce point qu'il en devient paralysé comme dans tous ses membres, quand il s'agit de pratiquer les œuvres qui sont néanmoins dans sa nature. Cependant personne ne peut posséder le royaume du ciel dans son cœur, s'il n'a renoncé à toute consolation et à toute faveur en ce monde. En effet, quand le plaisir nous a séparés de Dieu, nous ne pouvons revenir à lui que par la souffrance. Mais Dieu ne peut oublier cette exigence, et nous ne pouvons en rester privés. Il communique alors sa volupté à tout ce que nous faisons, abandonnons et souffrons.

21.

Ce livre a été commencé dans l'amour, il finira aussi dans l'amour ; car rien n'est sage, rien n'est saint, rien n'est beau, rien n'est fort, rien n'est parfait comme l'amour. Notre-Seigneur Jésus-Christ a dit : « Parlez, mon Père ; maintenant moi je garderai le silence comme vous le gardez, vous contentant de gronder entre les lèvres de votre Fils à cause de l'infirmité du monde; et mon humanité parlait aussi en tremblant à cause de la fausseté du monde, qui ne m'a récompensé qu'en me faisant souffrir une mort pleine d'amertume. »

LIVRE SEPTIÈME [1]

1.

LA COURONNE ET LA DIGNITÉ QUE NOTRE-SEIGNEUR JÉSUS-CHRIST DOIT RECEVOIR AU DERNIER JOUR.

Notre Seigneur, le Père céleste, tient encore en réserve dans sa divine sagesse divers dons ineffables, dont il veut au dernier jour parer ses enfants élus, et surtout son Fils unique, Jésus notre Sauveur. Il lui prépare donc une couronne faite et ornée d'œuvres si grandes, si magnifiques, si diverses, que tous les maîtres qui ont jamais été, qui sont maintenant, et qui seront jamais, n'en pourront décrire ni la clarté ni les divers charmes. L'âme aimante vit des yeux de l'esprit cette couronne dans les profondeurs de l'éternité, et put en reconnaître la composition. Qu'est-ce à dire, l'éternité ? C'est la sagesse incréée de l'infinie divinité, qui n'a pas plus de fin que de commencement. La couronne porte trois arcs: le premier se

---

[1]. Ce Livre VII manque dans les exemplaires latins et ne se trouve que dans le manuscrit allemand de N.-D. d'Einsiedeln. Il a dû être composé à part, et écrit en ses diverses parties au monastère d'Helfta, comme le fait voir son contenu.

compose des patriarches, le second des prophètes, et le troisième des saints du christianisme. La couronne est formée et fleurie de tous les saints présents qui au dernier jour posséderont le royaume de Dieu. La place d'honneur qu'ils y occuperont correspondra au mérite de leurs œuvres. Le premier arc de la couronne est orné et illuminé des pierres précieuses de toute la ferveur et des bonnes œuvres des patriarches ; il est également formé de l'image de l'homme, corps et âme. La première image qui paraît sur l'arc de la couronne est saint Etienne, avec tous les Martyrs qui ont versé leur sang pour la foi chrétienne ; là sont aussi représentés avec lui saint Pierre et tous les apôtres de Dieu ; puis tous les saints qui ont suivi l'enseignement des apôtres ; les gens mariés y sont également représentés avec leurs enfants qui ont imité Dieu en accomplissant les bonnes œuvres.

Le second arc de la couronne est formé de tous les Papes et de tous les Pères ecclésiastiques avec eux, auxquels il a confié son troupeau. Cet arc est décoré avec la puissance ecclésiastique et porte en fleurons la doctrine chrétienne.

Le troisième arc de la couronne, qui est le plus beau, est formé de la noble humanité de Notre-Seigneur Jésus-Christ, et avec lui, de sa glorieuse mère Marie, ainsi que de toutes les vierges qui doivent suivre l'Agneau. Saint Jean y est représenté tout près de l'Agneau, et autour de lui sont en manière de fleurs tous ceux qui sous ses mains sont devenus chrétiens. Les ornements de la couronne représentent la création d'après l'amour et l'intention qu'avait le Créateur quand il créa toutes choses selon sa volonté. Les fleurons de la couronne sont principalement de nom—

breux écus de chevalier qui appartiennent à la forte et sainte foi chrétienne. L'empire sera aussi représenté sur cette couronne, orné et fleuri jusqu'à ce que soit né le dernier homme qui aura été digne de servir Dieu. La couronne recevra aussi aux temps de l'Antechrist mainte glorieuse image, telle que celles d'Hélie et d'Enoch et des nombreux martyrs qui les précéderont; et cette image aura en fleurons la sainteté de leur vie et sera consacrée de leur sang fidèle.

La couronne sera aussi teinte du sang de l'Agneau, polie et dorée avec le fort amour que Jésus porte au dedans de son doux Cœur. Le Père céleste a composé cette couronne, Jésus-Christ l'a méritée, le Saint-Esprit l'a façonnée et ouvragée au feu de l'amour, et l'a si bien proportionnée avec le noble art de la sainte Trinité qu'elle va parfaitement à notre Sauveur Jésus-Christ, et brille avec tant de gloire que le Père céleste en éprouve une joie plus grande de la part de son Fils unique. Cela doit être. Sans doute l'éternelle divinité, sans qu'il y eût de commencement, possédait en elle-même toutes joies et toutes délices, elle les possède maintenant et les possédera à tout jamais; néanmoins elle a disposé par une éternelle spéciale volonté qu'elle contemplerait avec joie le Fils unique avec tous ceux qui devaient le suivre. Quand Notre-Seigneur Jésus-Christ aura tenu le jugement dernier, et qu'il aura servi et achevé son repas du soir, il recevra alors cette couronne de son Père céleste avec une grande gloire, et aussi ceux qui seront parvenus, corps et âme, par leurs travaux à ces noces éternelles. Ainsi chacun en son corps et en son âme verra sa dignité dans cette couronne.

Cette couronne se forme et s'acquiert sur la terre

avec de grandes dépenses, non d'or, ni d'argent, ni de pierres précieuses, mais avec le travail de l'homme, avec les larmes de l'homme, avec la sueur et le sang, avec toutes les vertus, et finalement avec une mort douloureuse.

Les anges n'auront rien à voir dans la couronne, parce qu'ils ne sont pas des hommes, mais ils chanteront de douces louanges à Dieu pour cette couronne. Le premier chœur chantera ainsi : « Nous vous louons, Seigneur, en votre principe [1] primordial d'où sont venus tous ceux qui sont représentés dans votre couronne. » Le second chœur : « Nous vous louons, Seigneur, avec la foi d'Abraham, et avec les ardents désirs et les prophéties des Prophètes. » Le troisième chœur : « Nous vous louons, Seigneur, pour la sagesse et la piété de vos Apôtres. » Le quatrième : « Nous vous louons, Seigneur, avec le sang et la patience de tous vos martyrs. » Le cinquième : « Nous vous louons, Seigneur, avec les saintes prières et la doctrine chrétienne de tous ceux qui baptisent et qui confessent. » Le sixième chœur : « Nous vous louons, Seigneur, avec la pénitence et la constance de vos veuves. » Le septième chœur : « Nous vous louons, Seigneur, avec la chasteté de toutes les vierges. » Le huitième : « Nous vous louons, Seigneur, avec le fruit de votre mère-vierge. » Le neuvième chœur : « Nous vous louons, Seigneur, pour votre sainte mort, et pour votre vie glorieuse après votre mort, et pour ce grand épanchement de tous dons et de toutes grâces par

---

1. L'expression de l'allemand est obscure et équivoque : *elichen ê*, qui peut signifier aussi : *mariage, alliance*, et le sens serait : *en ce premier mariage, alliance primordiale*, etc.

lequel vous nous avez exaltés, et magnifiquement distribués en divers chœurs. Nous vous louons, Seigneur, avec votre amour de feu, par lequel vous nous avez unis à vous. »

Au-dessus de la couronne flotte le plus bel étendard qui fut jamais vu dans cet empire. C'est la sainte croix, sur laquelle le Christ a souffert sa sainte mort. Cette croix a quatre bouts, dont l'inférieur est orné de charmes plus brillants que le soleil. Mais en avant et au-dessous de la croix sont suspendues les colonnes teintes du sang de l'Agneau, portant en fleurons les clous qui ont fait à Notre-Seigneur ses blessures. Au-dessus de l'arbre de la croix est suspendue la belle couronne impériale d'épines du royaume. Les épines sont mêlées de lis, de roses, fleurs charmantes, brillantes comme le ciel. C'est avec cet étendard des couronnes que Jésus-Christ a remporté la victoire, et est retourné plein de vie à son Père. Aussitôt après le jugement dernier, aux noces éternelles, quand Dieu aura fait toutes choses nouvelles, cette couronne apparaîtra et sera suspendue sur la tête de l'humanité de Notre-Seigneur, à la gloire et à la louange de la sainte Trinité, et à l'accroissement perpétuel de la joie de tous les bienheureux.

L'humanité de Notre-Seigneur est une image incompréhensible de son éternelle divinité. Ainsi par cette humanité nous pourrons saisir la divinité, et jouir également de la sainte Trinité; nous prendrons, nous baiserons, et tiendrons embrassée cette incompréhensible divinité, que ni le ciel ni la terre, ni l'enfer ni le purgatoire n'ont encore pu jamais comprendre.

L'éternelle divinité resplendit et brille, et comble des délices de l'amour tous les bienheureux qui sont en sa présence : ils se réjouissent sans travail ni peines, et louent perpétuellement sans souffrance ni douleur. L'humanité de Notre-Seigneur salue, réjouit, comble d'amour sans cesse et sa chair et son sang. Sans doute qu'il n'y a pas là ni la chair ni le sang ; mais la parenté fraternelle est si grande qu'il lui faut (au Fils de Dieu) chérir sa nature humaine d'une affection particulière. Le Saint-Esprit répand aussi en elle son céleste épanchement d'amour, dont elle verse ensuite aux bienheureux, dont ils boivent pleinement ; alors ils chantent avec allégresse, ils sourient avec tendresse, ils exécutent des danses mystiques, ils débordent, ils nagent, ils volent, ils passent d'un chœur à un autre, et parviennent à la hauteur du royaume. Là ils regardent dans le miroir de l'éternité et connaissent le vouloir et le faire de la sainte Trinité ; comment eux-mêmes sont formés, corps et âme, comme ils doivent rester à tout jamais. L'âme a dans le corps une forme humaine, avec une clarté divine qui la fait resplendir à travers le corps comme l'or qui brille à travers le cristal. Ainsi sont-ils joyeux, libres, agiles, puissants, aimants, brillants, aussi semblables à Dieu que cela est possible. Ils vont où ils veulent et font cent milles aussi rapidement que la pensée. Ils essayent jusqu'où ils peuvent aller ; mais ils ne peuvent jamais atteindre les limites du royaume ; ils n'en épuisent pas les derniers espaces ni les routes d'or, elles sont trop grandes et toutefois bien mesurées. Mais non, elles ne sont pas d'or ; c'est quelque chose de bien plus précieux que l'or ou les pierreries, lesquels ne sont que de la terre et doivent être anéantis.

Nous voici à l'extrémité de la couronne. Le Saint-Esprit fabrique encore l'extrémité de cette couronne chaque jour jusqu'au jugement dernier. Le Père et le Fils paieront son travail; ils lui donneront pour salaire tous les corps et les âmes qui seront réunis dans le royaume de Dieu. Là le Saint-Esprit reposera éternellement, et lui aussi sans interruption saluera et réjouira tout ce qu'il y a jamais existé ou a été fait de bien pour l'amour de Dieu; tout ce qui pour Dieu aura été laissé ou souffert, oui, tout cela formera les fleurons de la couronne. O quelle belle couronne! Oh! qui me donnera d'être, moi aussi, une petite fleur de cette couronne comme ces enfants nés à grand'peine (mais baptisés), qui en sont les moindres fleurons!

Si ce discours est trop long, la faute en est à la grande volupté que j'ai à parler de cette couronne, encore que je me sois contentée de quelques mots pour tant de choses. Aussi je dis en moi-même : Comment peux-tu, vil monde que tu es, continuer si longtemps à aboyer? Tais-toi donc, lorsque je dois me taire moi-même sur ce qui est aimable par dessus tout.

2.

COMMENT CERTAINE PERSONNE AU JOUR DES AMES PRIA POUR TOUTES LES AMES EN GÉNÉRAL.

Au jour des âmes je priais avec la sainte Eglise pour toutes les âmes qui accomplissent leur expiation dans le purgatoire. Et je vis un purgatoire semblable à une fournaise, noir par le dehors, et rempli de flammes au dedans. Et regardant dans cette fournaise je vis ceux qui étaient dans les flammes y brûler comme des poignées de paille. Et quelqu'un se tint auprès de moi, semblable à un grand ange, et je lui demandai comment il arrivait que les âmes fissent tant d'efforts pour sortir, lorsque les prières des personnes de bien parvenaient jusqu'à elles. Quelques-unes réussissaient à sortir, et d'autres n'y pouvaient arriver. Alors celui que j'interrogeais me répondit : « Quand elles étaient sur la terre, elles n'ont pas voulu secourir ceux qui les priaient pour leurs besoins. » Alors mon âme fut prise de compassion au delà de sa puissance et de ses mérites, et je m'écriai au ciel : « Seigneur Dieu, ne puis-je aller jusqu'à ces âmes et souffrir avec elles, afin qu'elles arrivent plus tôt à vous ? » Alors Notre-Seigneur, car c'était lui sous la forme d'un ange, se montra à moi et me dit : « Veux-tu entrer là, j'y entrerai alors avec toi ? » L'âme donc entra dans cette fournaise avec Notre-Seigneur, et n'en ressentit aucun mal. Alors elle demanda combien il y avait d'âmes en ce lieu, et Notre-Seigneur lui dit : « Tu ne peux les compter, et ce sont les âmes pour qui tu as prié lorsqu'elles étaient encore sur la terre. »

J'en vis une alors pour qui j'avais prié, il y avait plus de trente ans ; et j'en fus toute troublée, parce que je m'étais mise en prières, et qu'à raison de mon indignité je n'osais demander d'aussi grandes faveurs à un si grand Seigneur. Je dis donc une seule parole : « O Seigneur bien-aimé, voulez-vous les délivrer ? » Tout d'un coup elles s'élevèrent en grand nombre, ravissantes, plus blanches que la neige, puis elles s'élevèrent du côté du paradis dans une claire et douce atmosphère de délices ; et là elles se reposèrent dans la joie. En s'élevant de ce feu elles chantèrent toutes le psaume *Laudate pueri Dominum* ; puis elles chantèrent : « Nous vous louons, Seigneur, pour votre grande bonté, pour la largesse de vos dons, et pour la fidélité de votre secours. »

Cependant Notre-Seigneur était resté dans le lieu du feu, tenant l'âme embrassée, et cette âme dit : « Seigneur, vous savez bien ce que je désire. » C'était de pouvoir tomber au pied de Notre-Seigneur pour le remercier. Alors Notre-Seigneur la laissa tomber, et elle le remercia de ce qu'il lui avait permis de voir la grande gloire que Dieu avait conférée à ces pauvres âmes. Puis rencontrant sur ses pieds les plaies vermeilles de notre vraie délivrance, elle fit cette prière : « Seigneur, donnez-moi votre bénédiction. » Et Notre-Seigneur dit : « Je te bénis avec mes plaies. »

Puisse-t-il en être ainsi pour moi, ainsi que pour tous mes amis et ceux de Dieu ! Ce n'est malheureusement pas à mes travaux que j'en suis redevable, car j'en ai vu dans la sainte Église de beaucoup plus méritoires que les miens.

3.

COMBIEN IL EST UTILE D'EXAMINER SON CŒUR AVEC HUMILITÉ.

Je ne connais personne de si bien, qui ne soit dans la nécessité de voir et de connaître sans cesse ce qui se passe dans son cœur, afin de savoir ce qui y réside, et aussi d'y souvent censurer toutes ses œuvres.

C'est ce qu'on doit faire avec d'humbles paroles. La voix de Dieu m'a appris que je n'avais jamais fait aucune bonne œuvre, que je n'eusse pu encore mieux l'accomplir. Voilà ma censure, maintenant voici comment nous devons nous reprendre : Voyons, la plus vile des créatures, jusqu'à quand donneras-tu une place dans tes cinq sens à cette mauvaise habitude ? Notre enfance a été folle, notre jeunesse un champ ouvert à la tentation, et comment en avons-nous triomphé, Dieu le sait. O malheur ! comment n'aurais-je pas maintenant à reprendre ma vieillesse, inutile qu'elle est et stérile en œuvres extérieures, et si froide et si dénudée de grâce (intérieurement !) Elle est encore impuissante, n'ayant plus de la jeunesse la faculté de soutenir le feu de l'amour divin. Elle est non moins incapable de souffrance, puisqu'elle souffre de grandes douleurs d'une cause à laquelle la jeunesse n'aurait pas même pensé. Toutefois la vieillesse sait attendre patiemment et se confier à Dieu seul.

Il y a sept ans, une personne déjà vieille se plaignait tout affligée de ce dommage à Notre-Seigneur, et Dieu lui répondit ainsi : « Ton enfance a été la compagne de mon Esprit-Saint, ta jeunesse une fiancée de mon humanité, ta vieillesse est maintenant la maîtresse de maison de ma divinité. » — « Hélas ! Seigneur, à quoi sert au chien d'aboyer ? Quand son maître est endormi, le voleur s'introduit dans la maison. » La prière d'un cœur pur toutefois réveille parfois le pécheur dans son sommeil de mort. Ah ! pécheur, combien doit-on pleurer sur toi, meurtrier de toi-même, la ruine de tout bien et de ton propre bonheur ! L'homme de bien tire un grand profit (de tout); s'il en voit un autre s'avi'ir et tomber dans le péché, alors il regarde bien loin autour de soi, afin de ne pas tomber dans la même misère ; ainsi le mal ne fait que le rendre meilleur ; il en résulte des bonnes œuvres, tandis que le méchant devient pire. En effet, s'il voit de mauvais exemples, il en devient si méchant qu'il fait fi des bonnes actions et des gens de bien, et se complaît plus que jamais dans sa propre volonté.

Mon cher maître d'école qui m'a enseigné à moi, simple, ignorante, ce qu'il y a dans ce livre, m'a donné encore cette leçon : « N'aie pas d'intimité avec quiconque n'agira pas avec vérité (et sincérité). Je connais un ennemi qui a pour emploi d'arracher la vérité du cœur de l'homme : que si on lui fait place, il implante alors avec le secours du libre arbitre la fausse sagesse dans le cœur de l'homme, et il dit : « C'est ma nature d'être colère, ou fragile. » — « Ce n'est pas avec cette raison que tu pourras t'excuser devant Dieu à ton honneur : tu dois avec le secours de la grâce être doux, être fort. » — « Je n'ai pas la grâce. » — « Eh bien! dans cette privation de la grâce, tu dois invoquer le Dieu de grâce avec d'humbles larmes, une prière constante, un saint désir, et le ver de la colère mourra. Tu dois te faire violence, et alors tu ne te laisseras vaincre par aucune épreuve pénible, qu'elle vienne de Dieu ou d'un autre, et le ver qui ronge le grain sera anéanti. Si nous voulons avec l'aide de Dieu vaincre et bannir notre colère et toute notre imperfection, il nous faut nous taire des tentations secrètes qui nous assiégent, et avoir toujours extérieurement un air saintement joyeux.

Pauvres que nous sommes! tant que nous nous laissons aller à l'emportement de la colère, nous n'avons rien de bon en nous. Nous devons donc toujours revenir à notre cœur, rougir de nos fautes, tant la colère a consumé notre force, desséché notre chair, et perdu un temps précieux où nous aurions pu servir Dieu. O malheur! c'est là une perte irréparable. Mais ô plus grand malheur! j'ai regret de ces larmes coupables que l'on répand dans l'orgueil de la colère : l'âme en est tellement remplie de ténèbres, qu'il est impossible de vraiment jouir durant ce temps de rien qui soit bon.

Les larmes qui viennent du repentir sont saintes ; et si un grand pécheur pleurait sur ses péchés, et persévérait dans cette disposition, jamais il n'irait dans l'enfer éternel. Quant aux péchés quotidiens que commettent les gens de bien, et auxquels ils ne renoncent pas tant qu'ils vivent, s'ils meurent ainsi sans les avoir confessés et en avoir fait pénitence, ils subiront un rigoureux purgatoire, si saints qu'ils soient d'ailleurs. Dieu en effet est aussi juste qu'il est miséricordieux, et reste toujours sévère pour tout péché.

Je me persuade que là doit toujours subsister l'amour, et que les bons ne seront jamais dans les ténèbres ; l'humilité y demeure aussi volontiers.

4.

DE LA VERGE DE NOTRE-SEIGNEUR.

Peu de temps après mon entrée au monastère, je fus affligée d'une si grave maladie, que mes Dames en eurent grande compassion. Je dis alors à Notre-Seigneur : « Seigneur bien-aimé, que voulez-vous par ces souffrances? » Et Notre-Seigneur me répondit ainsi : « Toutes tes voies sont mesurées, tous tes pas sont comptés, ta vie est sanctifiée, ta fin sera joyeuse, et mon royaume est tout près de toi. » — « Seigneur, comment ma vie est-elle sanctifiée quand je peux faire si peu de bien? » — « Ta vie est sanctifiée en ce que ma verge n'a jamais cessé de frapper sur toi. » *Te Deum laudamus*, de ce que Dieu est si bon.

5.

POURQUOI LE MONASTÈRE FUT UNE FOIS MENACÉ [1].

On doit assister secrètement ceux qu'on sait être dans le besoin ; car le bien que l'on reçoit ainsi ne doit pas être retenu par le monastère. Voici l'explication : Toute personne à raison de son office doit assister miséricordieusement ceux qu'elle sait être dans le besoin.

---

1. Sainte Gertrude. Liv. III, c. 63. Liv. IV, c. 58.

6.

DU CHAPITRE ; COMMENT ON DOIT EXAMINER ET PLEURER SES FAUTES. DE DEUX PIÈCES D'OR, QUI SONT LA BONNE VOLONTÉ ET LE DÉSIR.

Quiconque a cette connaissance, qu'il se plaigne et qu'il pleure avec moi. Quand les enfants élus de Dieu reçoivent souvent le corps du Seigneur, et le reçoivent saintement, je me recueille avec ferveur et j'entre ainsi dans mon Chapitre. Alors se présente mon indignité, qui vient me toucher ; puis ma négligence vient m'accuser ; la légèreté de mon esprit vient ensuite et me fait voir mon inconstance ; après cela c'est la vileté de mon inutile vie qui me trouble, puis la crainte de Dieu qui me flagelle : alors je rampe comme un petit vermisseau dans la terre, et me cache sous l'herbe de mes nombreuses négligences de chaque jour, je m'arrête et je crie au ciel : « O Dieu miséricordieux ! faites-moi la faveur d'avoir part aujourd'hui aux grâces que vont recevoir vos élus. » Et Notre-Seigneur me répondit ainsi : « Prends ces deux pièces d'or qui sont de même poids, et fais avec ton commerce : toutes les deux valent beaucoup, toutes les deux sont également bonnes. » — « Hélas! Seigneur bien-aimé, comment mon indignité pourra-t-elle valoir autant que votre bonté, quand de moi-même je ne suis rien avec quoi je puisse vous faire honneur. Je n'ai rien qui vous convienne, et je ne tiens à rien en ce monde pour la consolation de mon âme. Ainsi rejetée et misérable comme je le suis devenue, ce n'est pas encore comme je l'ai si longtemps désiré. » Notre-Seigneur parla ainsi : « Avec la bonne volonté et un saint désir tu peux acheter et payer tout ce que tu voudras. »

7.

COMMENT ON PEUT RESTER UNI A DIEU EN TOUT TEMPS.

ETRE uni à Dieu sans interruption, c'est là une douceur céleste au-dessus de toute volupté terrestre. Comment cela se pourra-t-il faire ? Notre désir doit être de toutes nos œuvres sans interruption, et avec une foi chrétienne et une connaissance divine, nous devons à tout moment examiner nos œuvres, et n'être jamais inutiles, et alors nous vivrons comme Notre-Seigneur, conformant nos actions aux actions qu'il a accomplies sur la terre pour notre amour. Ainsi nous serons unis avec lui dans ses œuvres terrestres avec un amour céleste. Il en résultera que nous serons éclairés spirituellement et nous louerons le Seigneur notre Dieu avec tous les dons que nous en avons jamais reçus, dans notre corps, dans nos biens, nos amis, nos parents et tous les agréments de ce monde que nous pourrions désirer. Nous remercierons aussi Dieu pour tous les dons de sa libéralité qu'il nous a jamais accordés sur la terre en notre corps et en notre âme; et nous serons ainsi unis à Dieu par l'amour et par la reconnaissance. Ensuite, si nous tenons pressés en notre cœur les dons de Dieu, notre cœur sera tout plein d'amour, nos sens seront ouverts, et notre âme sera si claire que nous verrons dans la connaissance divine comme on voit son visage dans un miroir. Alors nous pourrons reconnaître quelle est la volonté de Dieu dans toutes nos œuvres, nous rendrons honneur et amour à cette divine volonté dans ses dons pénibles comme dans ceux qui sont consolants, et nous nous réjouirons qu'il nous en arrive ainsi sans que nous péchions. Car nous devons pleurer et haïr le péché de ce qu'il n'est pas assez détesté. De cette manière nous serons unis aux Saints du ciel qui se réjouissent par-dessus tout de la volonté de Dieu dans le royaume des cieux.

Je ne sais comment il arriva que l'ennemi fût présent lorsque Dieu me donna cette connaissance pendant la nuit, et que je lui étais unie avec de grandes délices. Il vint donc et me parla avec une apparente sincérité, car il voulait me tromper. J'entendis sa voix de mes oreilles de chair, et je vis sa forme avec les yeux de mon esprit : il était noir, cornu, et comme un homme cruel; toutefois je n'eus pas peur de lui. La raison est celle-ci : Quand les dons de Dieu remplissent une âme et les sens, le corps n'a rien à craindre de la présence (de l'ennemi.) Mais si le corps s'occupe d'œuvres inutiles, et qu'il vienne, le corps en ressent une telle souffrance que je n'en ai jamais éprouvé d'aussi grande sur la terre.

Il me parla donc ainsi : « Nous songions donc cette nuit combien nous étions riches et possédions beaucoup de choses. » Il voulait dire par là que toute cette sainte union de l'âme avec Dieu n'avait été qu'un songe. Alors la maîtresse de la maison, je veux dire, l'âme qui habite le corps, lui dit : « Tu ne dis pas vrai. » Il reprit : « Si, et je le maintiendrai aussi longtemps que Dieu vivra. » Et l'âme dit : « Allons, tu es instruit, dis-moi ce que j'ai à faire. » Le diable répondit aussitôt avec empressement : « Tu n'as qu'à te réjouir, et porter cette grosse affaire avec un grand cœur. » L'âme : « Je suis encore malheureusement un clou si petit, que je pourrais par le trou d'une aiguille clouer tous mes ennemis à la porte de ma patrie éternelle. » Le diable : « Tu es trop bien enfermée. » L'âme : « A ces paroles je reconnais ta fausseté, ton désespoir, ta vaine gloire et ton orgueil ; quand même il s'élèverait autour de moi un mur d'acier jusqu'aux nues, jamais mon cœur ne serait libre et en sûreté contre mes ennemis. » Alors il se tint devant moi tout tremblant, et combien, hélas ! sa fausseté se faisait sentir ! Enfin il releva la tête, et s'enfuit plein de rage.

8.

COMMENT ON DOIT CHERCHER DIEU.

Dieu voulant s'éloigner d'une âme, celle-ci alors se mit à sa recherche et dit : « Seigneur, ma souffrance est plus profonde que l'abîme, la peine de mon cœur plus large que le monde, ma frayeur plus grande que les montagnes, mon désir plus élevé que les étoiles. En tout cela je ne puis vous trouver. » Tandis qu'elle exprimait ces plaintes, l'âme sentit que son bien-aimé était près d'elle, semblable à un jeune homme d'une beauté ineffable. Et bien qu'elle se fût cachée, elle tomba alors à ses pieds et salua ses plaies qui sont si douces, qu'elle en oubliait sa vieillesse et ses souffrances. Elle pensait ainsi : « Hélas! malgré tout le plaisir que tu trouves à contempler son visage, tu dois te tourner vers ses plaies, malgré tout le plaisir aussi que tu aurais à entendre ses paroles et ses désirs. » Et tout à coup elle se leva d'un trait toute vêtue et toute parée. Et lui parla : « Sois la bienvenue, ma bien-aimée! » A cette parole elle reconnut que toute âme qui, étant dans sa grâce, sert Dieu, est pour lui une bien-aimée. Il continua : « Je dois te ménager dans notre jouissance à nous deux, la tienne et la mienne. » C'est une jouissance indicible. Il dit : « Reçois cette couronne des vierges. » Alors il vint de lui une couronne au-dessus de sa tête à elle, qui brillait comme si elle avait été de l'or le plus pur. Cette couronne était double, et était aussi la couronne de l'amour. Et Notre-Seigneur dit : « Cette couronne apparaîtra devant toute l'armée céleste. » Elle lui fit cette prière : « Voulez-vous recevoir demain mon âme, après que j'aurai reçu votre sacré corps? » Il répondit : « Tu dois encore devenir plus riche en souffrant. » — « Seigneur, que vais-je faire ici dans ce monastère? » — « Tu éclaireras et instruiras, et tu seras auprès de ses habitants en grande vénération. » Alors elle pensa en elle-même : « Bien, te voilà seule maintenant avec Notre-Seigneur. » Comme elle avait cette pensée, elle vit deux anges qui se tenaient près d'elle, qui étaient aussi distingués que le sont les princes de la terre à l'égard des autres pauvres gens. Elle dit donc : « Comment pourrai-je maintenant me cacher? » Ils lui dirent :

« Nous te porterons de souffrance en souffrance, de vertu en vertu, de connaissance en connaissance, d'amour en amour. »

Je souffre en vérité de ce qu'une bouche pécheresse doive tenir ce langage ; mais je n'ose par ordre de Dieu m'en abstenir, et toute ma vie je dois par obéissance rougir devant les hommes et trembler de crainte devant Dieu.

9.

COMMENT L'AME AIMANTE LOUE NOTRE-SEIGNEUR AVEC TOUTES LES CRÉATURES.

L'AME aimante n'est jamais rassasiée de louer, c'est pourquoi elle recueille par son désir en elle-même tout ce que Dieu a jamais créé, et s'écrie vers le ciel : « Seigneur, si toutes ces personnes étaient aussi parfaites, aussi saintes, si cela était possible, que Marie votre mère bénie, ce ne serait pas encore assez pour moi, pauvre misérable, pour vous louer pleinement avec votre Fils unique. Seigneur, est-il possible de vous louer pleinement ? Non, et je m'en réjouis. » Alors Notre-Seigneur lui fit cette réponse : « Ce sont les vierges qui m'auront servi longtemps qui célébreront mes louanges. »

10.

CE QUI SUIT SE PASSA DANS UN TEMPS DE GRAND DÉSORDRE ET PÉRIL.

Je priais Notre-Seigneur pour être protégés de grands maux [1], et pour expier de nombreux péchés commis dans le monde, et Notre-Seigneur me répondit ainsi et me dit : « La puanteur des péchés est parvenue jusqu'à moi, s'élevant du fond de la terre jusqu'au ciel. Si c'était possible, ils m'en chasseraient. Les péchés m'ont autrefois chassé, lorsque je vins humblement servir le monde jusqu'à ma mort ; cela ne peut plus se renouveler. Maintenant je veux par le péché élever l'édifice de ma justice. » — « Seigneur bien-aimé, qu'allez-vous faire de nous, pauvres infortunées ? » Notre-Seigneur répondit : « Vous devez vous humilier sous la main irritée de Dieu tout-puissant, et le craindre dans toutes vos actions. Je délivrerai encore le peuple de tout péril, car ce sont mes amis. La prière commune satisfait mon cœur. Je montrerai dans quelle disposition je suis. J'entends volontiers les prières des personnes religieuses qui m'aiment de tout cœur. » (*Adjutorium nostrum in nomine Domini. Laudate Dominum omnes gentes. Gloria Patri. Regnum mundi. Eructavit cor meum. Quem vidi. Gloria Patri. etc.* [2].)

---

[1]. Sainte Mechtilde, Part. IV, 11. Sainte Gertrude. Liv. III, c. 48.

[2]. Différentes prières Liturgiques tirées en grande partie de l'Office des Vierges, et qu'on aimait à chanter à Helfta, dans les circonstances extraordinaires, comme on le voit par sainte Gertrude et sainte Mechtilde.

« Seigneur, Père céleste, acceptez votre service et votre louange de vos enfants affligés, et délivrez votre peuple des périls présents ; délivrez-nous de tous nos liens, excepté de ceux de l'amour, qui ne doivent jamais être détachés de nous. »

11.

COMMENT NOTRE-SEIGNEUR APPARUT SOUS LA FORME D'UN PAUVRE OUVRIER.

Notre-Seigneur m'apparut sous une forme qu'il a réalisée en moi, et qu'il réalise encore. Je vis un pauvre qui se tenait debout, habillé de toile grossière comme un pauvre ouvrier. Il avait des trous dans les mains, et il portait un fardeau semblable à la terre. Je lui dis : « Bon homme, qu'est-ce que tu portes ? » — « Je porte, dit-il, tes souffrances. Applique ta volonté à la souffrance, soulève-la et porte-la. » Et je dis : « Seigneur, je suis si pauvre que je ne possède rien. » Il répondit : « C'est ainsi que j'enseignais mes disciples, quand je disais : *Beati pauperes spiritu :* c'est-à-dire, quand une personne voudra faire quelque chose et n'en aura pas le pouvoir, c'est là la pauvreté spirituelle. » L'âme : « Seigneur, est-ce vous ? tournez votre visage vers moi, pour que je puisse vous reconnaître. » Notre-Seigneur répondit : « Reconnais-moi intérieurement. » L'âme : « Quand je vous verrais entre mille, je vous reconnaîtrais bien. » Mon cœur m'inclinait intérieurement à faire un pas, mais je n'osais m'approcher pour savoir si c'était bien lui. Je dis donc : « Seigneur bien-aimé, ce fardeau est trop lourd pour moi. » Et Notre-Seigneur me répondit : « Je le mettrai si près de moi que tu pourras bien le porter. Suis-moi, et vois comment j'étais devant mon Père céleste sur la croix, et reste ainsi. » Je dis alors : « Seigneur, pour cela donnez-moi votre bénédiction. » — « Je te bénis à tout jamais. Tes souffrances finiront bien. » — « Seigneur, secourez de même tous ceux qui souffrent volontiers pour vous. »

12.

COMMENT ON DOIT RÉSISTER A LA VAINE GLOIRE.

Quand on pense quelque bien de soi-même, aussitôt la vaine gloire s'élance d'un coin secret du cœur, avec un plaisir particulier, et cherche à se répandre dans tous les sens. Alors on doit contraindre son cœur et son âme et la frapper d'une humble crainte, faire le signe de la croix, et la tentation se dissipe comme si elle n'avait jamais existé. C'est ce que, malgré ma misère, j'ai souvent éprouvé. On doit faire de même quand de mauvaises pensées voltigent autour de nous. Elles s'évanouissent également devant la puissance de la sainte croix, quand elles sont pénibles à l'âme.

13.

COMMENT NOTRE-SEIGNEUR APPARUT SOUS LA FORME D'UN PÈLERIN.

Pauvre et indigne que je suis, je renonce à moi-même, et je dis ce que j'ai vu et entendu en Dieu. Une nuit je vis Notre-Seigneur sous la forme d'un pèlerin, qui semblait voyager par toute la chrétienté. Alors je tombai à ses pieds et lui dis : « Cher pèlerin, d'où venez-vous ? » Il répondit : « Je viens de Jérusalem, (il voulait dire l'Église), et j'ai été chassé de chez moi. Les païens ne me connaissent pas, les Juifs ne veulent pas de moi, et les chrétiens m'attaquent. » Je priai alors pour l'Église. Et Notre-Seigneur s'excusa très-bien des affronts qu'il avait essuyés de la part des chrétiens, alléguant tout le bien qu'il leur avait fait dès le commencement, combien il avait travaillé pour eux, et qu'il y cherchait encore tous les jours une place où il pût répandre ses grâces. Puis il se plaignit et dit : « Avec leur libre arbitre, ils me chassent du logis de leur cœur; et quand ils mourront, tels je les trouverai, tels je les jugerai. » Alors je priai pour la congrégation : « Seigneur, ne les laissez pas périr; je mettrai dans leur cimetière une lumière où ils pourront se reconnaître. »

14.

DE L'ÉLECTION ET DE LA BÉNÉDICTION DE DIEU.

Une autre nuit, comme je priais avec désir et renoncement à moi-même, j'eus connaissance de la présence de Notre-Seigneur. Il se tenait dans le cimetière, et avait devant lui tout le Convent, dans l'ordre où chacune se trouve dans le monastère. Alors Notre-Seigneur leur dit : « Je vous ai choisies, choisissez-moi, je vous donnerai beaucoup. » Et je dis : « Seigneur, que leur donnerez-vous ? » Il répondit : « Je ferai d'elles un miroir brillant sur la terre, en sorte que tous ceux qui le voudront, y pourront reconnaître leur vie. Et dans le ciel je ferai d'elles un miroir resplendissant, en sorte que tous ceux qui les verront connaîtront que je les ai élues. »

Alors Notre-Seigneur étendit la main et les bénit en disant : « Je vous bénis avec moi-même; ne veuillez que moi dans toutes vos pensées. » Ceux qui ne veulent que Notre-Seigneur dans toutes leurs pensées, sont les âmes pieuses et saintes qui lui rendent de justes louanges. Je lui dis alors qu'elles voulaient me demander dans quelle manière je l'avais vu. Il me répondit : « Il y en a parmi elles quelques-unes [1] qui me connaissent bien. »

---

1. Par exemple, sainte Gertrude, sainte Mechtilde, qui vivaient dans le monastère d'Helfta avec la Sœur Mechtilde.

15.

COMMENT DOIT PRIER L'HOMME QUI AIME LA VÉRITÉ.

Celui qui aime la vérité doit ainsi prier : « Seigneur bien-aimé, soyez-moi favorable, et aidez-moi à vous rechercher sans cesse, avec tous mes sens, en toutes choses intimement ; car je vous ai élu de préférence à tous les maîtres, je vous ai élu de préférence à tous les princes, pour être l'époux de mon âme. Accordez-moi aussi, Seigneur, de pouvoir vous trouver avec tout mon désir, soit qu'il brûle ou qu'il s'éteigne. Je demande aussi de pouvoir jouir de vous avec un amour rempli de tous vos dons. Donnez-moi, Seigneur, de votre surabondance, de quoi remplir ma bouche, pour m'adoucir la souffrance, l'abjection, l'amertume. Puisse-t-il ainsi toujours m'arriver par le secours de votre grâce : Dieu de bonté, conservez-la-moi toujours. Aidez-moi aussi, Seigneur, à vous conserver par le renoncement à ma propre volonté, selon votre désir, et qu'ainsi la flamme de l'amour ne s'éteigne en moi jamais. Amen. »

16.

COMMENT ON DOIT DÉSIRER ET PRIER.

Une personne désirant par-dessus tous les dons, et par-dessus toutes les souffrances, que le Seigneur délivrât son âme par une heureuse fin, Notre-Seigneur lui dit : « Attends-moi. » La personne répondit : « Seigneur bien-aimé, je ne puis se laisser perdre mon désir ; je serais volontiers avec vous. » Notre-Seigneur reprit : « Et moi je t'ai désirée avant le commencement du monde ; je te désire, et tu me désires. Quand deux désirs ardents se rencontrent, c'est l'amour parfait. »

17.

ENTRETIEN DE LA CONNAISSANCE AVEC LA CONSCIENCE.

La connaissance parle à la conscience : « Combien doit-on vous faire de honte et causer de souffrance pour que vous paraissiez pure devant Dieu ! »

La conscience : « O connaissance, vous avez dit une bonne parole. Quand on pèse toutes ses erreurs, on doit avoir le cœur humble. »

La connaissance : « O conscience, vous avez un miroir si précieux que vous pouvez vous y regarder plusieurs fois par jour. Ce miroir est le Fils du Dieu vivant, et ses actions. Vous ne pouvez ainsi manquer d'être bien avisée. »

La conscience : « O connaissance, toutes les fois (que je me regarde), j'en éprouve à la fois de la joie et de la douleur : de la joie, parce que Dieu a épanché sur moi sa bonté ; de la douleur de ce que je suis si faible en bonnes œuvres. »

La connaissance : « Conscience, vous préférez en

tout la volonté de Dieu et sa gloire à votre propre avantage dans le corps et dans l'âme ; vous êtes l'enfer du diable, et le ciel de Dieu ; qui peut-on vous comparer ? »

La conscience : « O connaissance, tout ce que j'ai reçu de Dieu, il l'a caché en moi, afin que par là je puisse travailler à sa louange, à sa gloire, et aussi à mon profit : car je dois le lui rendre, et pour cela j'ai besoin de sa grâce. »

La connaissance : « O conscience, vous êtes bien embarrassée dans les péchés du monde, et l'imperfection des personnes spirituelles (religieuses ou ecclésiastiques,) vous cause une grande douleur. Ils ont tous leur libre arbitre avec lequel ils peuvent aller au ciel ou en enfer, ou pour longtemps au purgatoire. C'est là un bien lourd fardeau. »

La conscience : « O connaissance, je ne me plains pas d'éprouver des désagréments ni d'être malade. La douleur que j'ai des péchés du monde est comme une souffrance amoureuse qui purifie le corps des péchés et sanctifie l'âme en Dieu : c'est ainsi que nous devons nous mettre avec joie à sa disposition. »

La connaissance : « O conscience, les riches de bonne volonté qui sont dans le monde, offrent à Dieu leurs biens et leurs aumônes ; les personnes religieuses lui offrent dans le service qu'elles lui rendent leur chair et leur sang, mais par-dessus tout elles offrent à Dieu par l'obéissance leur propre volonté. Ce qui a le plus de poids doit avoir le plus de valeur. »

La conscience : « O connaissance, cela ne suffit pas : si nous voulons jouir de Dieu dans la hauteur, nous devons avoir la couronne de l'humilité et de la pureté, de la chasteté première et de la chasteté acquise, et l'amour le plus élevé par-dessus toutes choses ; c'est le magnifique vêtement que porte la sainte Trinité elle-même : dans le Père réside la sublimité ; le Fils possède l'humilité, la pureté, la chasteté qu'il a communiquées à tous ses élus ; le Saint-Esprit répand sur nous le feu de son amour, ainsi que dans toutes nos bonnes œuvres. »

La connaissance : « La persévérance dans le bien est un amour qui travaille laborieusement, qui est indispensable si l'on veut posséder avec Dieu la gloire la plus haute, ici-bas et dans son éternel royaume. Bienheureux celui qui s'y applique ici avec diligence. »

18.

RECOMMANDATION DES SEPT HEURES DE LA PASSION DE NOTRE-SEIGNEUR.

Matines.

O ROSÉE abondante de la noble divinité ! petite fleur de la virginité ! beau fruit de la belle fleur ! ô sainte victime du Père céleste ! ô gage fidèle de la rédemption du monde, Seigneur Jésus-Christ ! Reçois tes saintes matines à la louange et gloire de ta naissance pauvre, de ta vie nécessiteuse dans l'exil, de ta cruelle passion, de ta sainte mort, de ta glorieuse résurrection, de ta belle ascension, de ta gloire toute-puissante. Accorde-moi, Seigneur bien-aimé, dans ce que je fais ou que j'omets, dans toute ma vie, d'accomplir ta sainte volonté, afin que je fasse une heureuse mort, à la gloire de la sainte Trinité ; et qu'il en soit de même pour tous ceux qui avec moi et en ton nom sont mes amis et les tiens.

Prime.

O mépris déplorables ! ô douleurs lamentables ! que celles qui s'abattent sur votre auguste corps et sur votre doux Cœur ! Aidez-moi, Seigneur bien-aimé, à supporter dans votre amour tous mes mépris et toutes mes souffrances intérieures, ainsi que vous le jugerez bon dans votre éternelle gloire, et qu'ainsi je sois toujours sainte intérieurement.

Tierce.

O le pesant fardeau, la lourde charge que nous étions, Seigneur, lorsque vous nous avez portés sur votre croix ! Transportez-nous, Seigneur, de notre misère en la vie éternelle.

Sexte.

Angoisse sanglante, blessure profonde, douleur immense ! Ne permettez pas, Seigneur, que je me perde dans l'angoisse de mes souffrances. Amen.

None.

O souffrance bienheureuse ! très-sainte mort ! O miroir ravissant du Père céleste, Jésus-Christ, cloué à la croix par les pieds et par les mains. Je vous recommande, Seigneur, mon âme à mes derniers moments, afin que je puisse à tout jamais vous être unie comme votre Père céleste l'a été et l'est encore avec vous. Faites-moi cette faveur ainsi qu'à tous ceux qui m'aiment fidèlement. Amen.

Vêpres.

Effusion d'amour captive, fidèle épanchement du cœur! O corps auguste, qui êtes mort pour moi, bien-aimé Jésus! Je vous prie d'accorder à tous mes sens de pouvoir sans cesse se réjouir de cette lance ensanglantée, de la plaie de votre doux Cœur, et à mon âme misérable de s'y réjouir éternellement, ainsi qu'à tous ceux pour qui je dois et je veux chrétiennement prier. Amen.

Complies.

O sainte profondeur de toute humilité! ô largeur libérale de tous dons! O glorieux amour de toute sublimité! amour au-dessus de tout amour, dans lequel, ô Jésus, vous priez votre Père céleste! Accomplissez maintenant, ô Seigneur, votre prière en nous, et sanctifiez-nous dans la vérité, et donnez-nous la profondeur de toute humilité, que nous désirions nous placer au-dessous de toutes les créatures ; car les créatures résistent à celui qui ne fait pas comme vous. Donnez-nous, Seigneur, la largeur de la libéralité, nous montrant plein de bonne volonté, dans toutes les conditions où nous pouvons nous trouver, afin d'agir pour votre amour. Donnez-nous, Seigneur, la sublimité de votre amour, qui nous maintienne purs en vous, et inattaquables à toutes les tentations de la terre. Amen.

19.

SALUTATION A NOTRE DAME.

Je vous salue, Dame, bien-aimée Marie ; car vous êtes la joie de la sainte Trinité, le commencement de toute notre félicité, la compagne des saints Anges, ici-bas et dans le royaume de Dieu.

Je vous salue, Dame, bien-aimée Marie ; vous êtes la fleur des Patriarches, vous êtes l'espérance des Prophètes, vous êtes le lis blanc des humbles vierges. Souvenez-vous de ce que vous avez éprouvé à la salutation de Gabriel, et saluez mon âme à ma dernière heure, et transportez-moi sans crainte et joyeuse de cet exil dans la patrie de l'allégresse, où je me reposerai près de votre cher enfant.

Je vous salue, etc.

Vous êtes la sagesse qui instruit les apôtres, vous êtes la rose des martyrs, vous êtes le présent des confesseurs, vous êtes le secours des veuves, vous êtes l'honneur de tous les saints de votre cher Fils ; priez pour moi afin que je me sanctifie par mes œuvres avec eux, autant qu'il est possible à ma pauvreté, ô Marie, chère impératrice.

Je vous salue, etc.

Vous êtes le refuge des pécheurs, vous êtes le secours des désespérés, vous êtes la consolatrice de la sainte Église, vous êtes l'effroi de tous les mauvais esprits, qui s'évanouissent devant vous. Chassez-les, bien-aimée maîtresse, loin de moi, et qu'ils ne se réjouissent jamais en moi, et que je persévère toujours en votre service.

20.

COMMENT ON DOIT RECOMMANDER L'*Ave Maria*.

Je vous salue, impératrice des cieux, Mère de Dieu et ma maîtresse bien-aimée ; recevez aujourd'hui votre *Ave Maria* à la louange et gloire de ce délicieux moment où le Père, le Fils et le Saint-Esprit se sont révélés sans mystère devant le visage de la Mère-vierge, remplis de toute félicité. Auguste Dame, je vous fais ressouvenir de tout mon désir et de toute ma prière, de toutes mes souffrances et de toutes mes nécessités, de toutes mes douleurs intérieures, de mes gloires, de mon âme et de mes derniers moments, quand je quitterai cet exil lamentable. Puissent tous ces besoins être recommandés à votre fidélité maternelle, à votre gloire virginale, à votre bonté de souveraine, ainsi que ceux de toutes les personnes qui sont avec moi, qui sont vos amis et les miens, au nom du Dieu tout-puissant. O ma maîtresse chérie, Marie, noble impératrice !

21.

COMMENT ON DOIT EXAMINER SON CŒUR ET S'APPROCHER DE LA TABLE DU SEIGNEUR.

Vous me demandez une instruction, à moi pauvre ignorante : tout ce que vous pouvez jamais me réclamer ainsi, vous le trouverez mille fois mieux dans vos livres.

Lors donc que cette pauvre malheureuse qui vous parle doit aller recevoir le corps de Notre-Seigneur, elle regarde le visage de son âme dans le miroir de ses péchés. Je regarde dans mon intérieur comment j'ai vécu, comment je vis présentement, et comment je dois vivre encore. Dans ce miroir de mes péchés je ne vois que mal sur mal! Alors je me jette la face contre terre, et je me plains, et je pleure autant que je peux de ce que le Dieu éternel, incompréhensible, est si bon, qu'il daigne s'abaisser jusqu'à la pourriture souillée de mon cœur. Je considère qu'en bonne justice, on devrait traîner mon corps à la potence comme celui d'un voleur, qui a dérobé à son maître légitime le trésor précieux de pureté que Dieu m'avait donné dans le saint baptême.

Pleurons amèrement tant que nous vivrons, d'avoir si souvent répandu d'épaisses ténèbres sur le pardon paternel que vous nous accordiez, ô Seigneur. Celui qui n'a pas confessé, et ne veut pas encore confesser ses péchés, ne doit pas ainsi recevoir le corps de Dieu. Je passe ensuite à la vraie espérance, et je remercie

Dieu de ce que je puis, malgré ma misère, aller recevoir son corps sacré. J'irai alors avec allégresse à la table du Seigneur, et j'y recevrai le même Agneau sanglant qui voulut être attaché à la sainte croix, répandant son sang par ses cinq plaies non bandées ! Bienheureux sommes-nous qu'il en soit ainsi arrivé ! Dans sa sainte passion je veux cesser de me plaindre de tout ce que j'ai souffert. Nous irons donc ainsi avec joie et avec un amour sincère, et l'âme ouverte, recevoir notre bien-aimé, le bien-aimé entre tous ceux qui nous sont chers. Nous le placerons dans notre âme comme dans un doux char, et nous lui chanterons alors honneur et gloire, pour les premières souffrances qu'il voulut endurer lorsqu'il fut déposé dans la crèche. Puis nous nous inclinerons en notre âme et en tous nos sens à ses pieds, et nous le remercierons ainsi : Seigneur, je vous remercie du don que vous me faites de vous-même. Maintenant, je vous prie, mon bien-aimé, de vouloir me donner vos joyaux, afin que je puisse vivre dans l'innocence et loin de tout péché. Seigneur, où vais-je vous placer ? Tout ce que j'ai, je vous le donnerai : je veux vous placer sur ma couche ; cette couche n'est que souffrance, et quand je penserai à vos douleurs, j'oublierai les miennes. Vous me donnerez à moi, Seigneur, de quoi me reposer ; l'oreiller, ce sera ma souffrance intérieure, dont je ne veux pas être délivrée, prête à toute heure à recevoir vos grâces de rigueur : c'est là, Seigneur, toute ma plainte. — Pour couverture vous aurez mon désir, auquel je me tiens attachée ; si vous voulez, Seigneur, que je reste tranquille, alors faites ma volonté : donnez-moi les pécheurs qui sont en état de péché mortel, et mon âme sera contente.

Nous allons maintenant, Seigneur, parler d'amour, tandis que nous sommes ainsi tous deux sur la couche de ma souffrance. Je vous ai reçu, Seigneur, après que vous êtes ressuscité d'entre les morts ; cher ami de mon cœur, donnez-moi du courage ; je veux perpétuellement demeurer avec vous dans l'innocence : c'est là une source de grande félicité. Donnez-moi, Seigneur, les âmes qui vous sont encore redevables dans le purgatoire ; le prix que j'en donne n'a que trop de valeur.

Ensuite je vous ai reçu, Seigneur, lorsque vous êtes monté aux cieux : alors, ne me ménagez pas trop, cher bien-aimé, je dois mourir d'amour, je ne serai jamais tranquille autrement. Donnez-moi, prenez-moi, Seigneur, tout ce que vous voudrez, et laissez-moi toujours persévérer dans la volonté de mourir d'amour dans l'amour. Amen.

22.

LOUANGE DU PÈRE CÉLESTE.

Que je suis heureuse ! Je vous loue, ô Dieu, en toute manière pour la noble bonté avec laquelle vous m'avez élue pour votre saint service. Sanctifiez mon cœur afin que je reçoive avec une sainte dévotion tous vos dons, et que je puisse paraître devant vous avec joie.

23.

COMMENT ON DOIT REMERCIER LE FILS.

Que je suis heureuse ! Je vous rends grâces, Fils impérial de Dieu ; Je vous remercie toujours de plus en plus de ce que dans le monde vous m'avez retirée du monde. Ces cruelles souffrances que vous avez endurées pour moi, je les possède ; je veux vous donner en retour tout ce que j'ai souffert moi-même. Et quoiqu'il y ait une grande inégalité, toutefois cela rend mon âme libre. Conservez-moi votre faveur pour en être louée à jamais. Jésus, mon bien-aimé, rompez mes liens, que je puisse rester avec vous.

24.

DE L'ÉPANCHEMENT D'AMOUR.

Je suis heureuse ! Je vous rends grâces, Esprit-Saint; oui, c'est là ma foi que vous êtes une personne de la sainte Trinité. Votre doux torrent d'amour déracine toute la souffrance de mon cœur, car il s'épanche tranquillement de la Trinité sainte. Je vous prie, Esprit-Saint, de me protéger contre toute malignité des mauvais esprits avec votre amour divin, et qu'ils ne trouvent jamais en moi ce qu'ils y cherchent avec tant d'acharnement.

25.

SALUTATION A LA SAINTE TRINITÉ.

Pauvre de toutes vertus, vile dans ma substance, j'ose néanmoins, et je salue la hauteur, la clarté, le bonheur, la sagesse, la noblesse, la merveilleuse union de la sainte Trinité. De là est sorti, sans tache aucune, tout ce qui fut, tout ce qui est, et tout ce qui sera jamais. C'est là que je dois retourner ; mais comment y parviendrai-je ? J'y dois retourner en rampant parce que je suis coupable, je dois me rendre meilleure en pratiquant les bonnes œuvres ; je dois courir avec un fidèle empressement ; je dois m'envoler avec les ailes de la colombe, qui sont les vertus, les bonnes œuvres, et une âme sainte. Je dois en toutes choses m'élever au-dessus de moi-même, et quand je serai tout épuisée de fatigue, c'est alors que je serai arrivée. Comment alors je serai reçue, c'est ce que l'œil de l'homme n'a pas vu, ce que l'oreille de l'homme n'a pas entendu, ce que la bouche de l'homme ne pourra jamais exprimer. *Gloria tibi, Trinitas*[1]. Gloire à vous, Trinité [1].

---

1. Antienne de l'Office de la sainte Trinité.

26.

COMMENT ON DOIT SE RÉFUGIER EN DIEU DANS LA TENTATION.

« Seigneur Jésus-Christ, pauvre créature que je suis, je vous réclame, je désire votre secours, car mes ennemis me poursuivent. Seigneur Dieu, je me plains à vous, parce qu'ils veulent m'arracher de vous ; Seigneur, Fils du Dieu tout-puissant, arrachez-les de moi ; ne me livrez pas en leur puissance, et conservez-moi pure en vous, parce que vous m'avez délivrée par votre passion. Soyez maintenant mon secours et ma consolation, et ne me laissez pas périr, puisque vous êtes mort pour moi. Seigneur Jésus-Christ, je cherche votre secours ; éveillez mon âme du sommeil de ma paresse, et éclairez mes sens en dissipant les ténèbres de ma chair. Soyez mon guide, afin que je marche vers vous sans pécher, autant qu'il est possible à un homme, car vos yeux voient toutes mes fautes. »

« Marie, Mère de Dieu, Impératrice des cieux, venez aussi à mon secours ; car je suis malheureusement coupable ; faites que je trouve grâce auprès de votre enfant, mère de toute chasteté; je vous adresse la plainte de mon cœur affligé. *Salve Regina.*

27.

COMMENT UNE PERSONNE DE RELIGION DOIT DÉTOURNER SON CŒUR DU MONDE.

Quand une personne religieuse voit ses parents ou ses amis bien parés et vêtus d'après la mode du monde, elle a besoin de s'armer du Saint-Esprit, afin de n'avoir jamais cette pensée : Tu aurais bien pu en faire autant. Il en résulterait pour elle de grandes ténèbres dans son esprit, et un grand défaut de préparation dans ses sens pour Dieu ; elle n'aurait plus de courage pour la prière, et son âme serait si éloignée, qu'elle ressemblerait alors beaucoup plus à ses parents du monde qu'à une religieuse.

Si elle veut rester pure auprès de Dieu, il lui faut entrer en lutte, tant sa conscience, qui est la lampe du Saint-Esprit, est alors troublée, parce qu'elle n'est plus éclairée de la lumière de cet Esprit-Saint. Quand la lampe est allumée, alors seulement peut-on voir combien elle est belle. Ainsi en est-il de la religieuse dont le cœur n'éprouve que de l'horreur pour les ornements du monde ; elle conserve sa lampe toujours belle et toujours allumée. Mais si son cœur s'ouvre vers le monde, sa lampe se brise, le vent froid de la convoitise arrive, avec les plaintes mondaines de nos parents, trouvant qu'ils ont encore trop peu de cette boue, où pourtant ils sont malheureusement enfoncés et se noient dans leurs péchés.

Voilà qui éteint notre lampe, et néanmoins nous

n'avons rien du monde. Survient alors le vent du péché, la fausse volupté du monde, qui sous une belle apparence couvre tant de peines amères. Et si nous y prenons plaisir, nous encourons la peine éternelle. Contre ce malheur nous devons nous tenir en garde, car il n'est (en cette matière) si petite faute qui n'apporte un dommage éternel à notre âme. Pourquoi? Quelque secrètement qu'un péché soit commis, il vaudrait mieux qu'il eût été omis. Aussi devons-nous être en crainte continuelle qu'il ne survienne entre Dieu et nous quelque amertume. Ce que nous avons donné à Dieu, nous ne pouvons plus sans péché le lui reprendre ; car nous lui avons donné en toute vérité ce qui lui appartenait. Le poisson dans l'eau regarde avec envie l'appât rouge avec lequel on veut le prendre ; il ne voit pas l'hameçon : le poison du monde est recouvert de même, on ne voit pas le mal qu'il contient.

Si tu veux revenir au bien, regarde ton époux, le Seigneur de tous les mondes. Quels beaux vêtements il porte, revêtu de sa nudité, de son sang vermeil, tout noirci des coups de verges, attaché à la colonne. C'est là que pour ton amour il a reçu tant de vives blessures. — Que ce spectacle pénètre ton cœur, et tu échapperas aux fourbes du monde. Et si tu poursuis le cours de tes saintes pensées, regarde comme il est suspendu à la croix, élevé et répandant son sang devant les yeux de tout le monde. Ces vêtements feront la joie de ton cœur ; ses yeux, à lui, ce grand roi, sont tout baignés de larmes, son doux Cœur transpercé par l'amour. Écoute maintenant cette voix : elle t'enseignera l'amour de Dieu, quand les marteaux frappent et clouent ses pieds et ses mains sur la croix. Songe aussi à la blessure faite par la lance, qui par son flanc pénétra jusqu'au fond de son cœur, déplore en elle tous tes péchés, et tu obtiendras de connaître Dieu de plus près. Considère la couronne d'épines aiguës qu'il porte sur sa tête, baise-la avant toutes choses, tu en seras rassasié de délices. Pense comment il a voulu mourir pour le grand amour qu'il te portait, ne te laisse tromper par personne, et tu deviendras, ô âme, à jamais reine dans son royaume, et si tu combats ainsi avec joie toutes les peines que le monde peut infliger à ton cœur, tu remporteras la victoire.

28.

PÉRIL DONT ON FUT MENACÉ PAR UNE GUERRE.

IL me fut recommandé avec une sainte instance de prier pour le péril et la nécessité où se trouvent réduites en ce moment la Saxe et la Thuringe [1]. Comme je priais alors avec louanges et désir, Notre-Seigneur ne voulut pas m'accueillir, et garda un sévère silence. Pendant quatorze jours je dus supporter cette rigueur avec patience et amour. Alors je dis à Notre-Seigneur : « Seigneur bien-aimé, quand viendra l'heure favorable où vous me permettrez de prier pour cette extrême nécessité ? » Notre-Seigneur alors m'apparut et me dit : « L'aube délicieuse nuancée de diverses couleurs, ce sont les pauvres qui souffrent maintenant diverses calamités ; bientôt se lèvera pour eux le soleil d'éternelle lumière, qui les éclairera avec joie après ces malheurs. Ils en deviendront sanc-

---

1. Cf. Sainte-Gertrude, L. III, 48. Sainte-Mechtilde, P. IV, 11.

tifiés et éclatants comme le soleil rayonnant quand il monte vers le midi et s'élève dans les hauteurs des cieux. Dans cette armée, il en est aussi plusieurs qui n'y combattent que par nécessité et par crainte ; je permettrai qu'ils soient pris et que d'autres perdent la vie, afin qu'ils puissent venir à moi. Quant à ceux qui sont cause de cette guerre par leur perversité naturelle, cruels dans leurs œuvres, et ne respectant pas les images de ma sainte maison, je les connais, et ils tomberont là dans la mort éternelle. Ce sont les brigands qui infestent les routes, et quand même il n'y aurait pas de guerre, ils seraient toujours des voleurs et des fourbes. C'est ainsi que les méchants servent au bonheur des bons, et que Dieu sait aimer les siens dans la tribulation. »

Voilà ce que Dieu me dit pour les personnes pieuses, et je ne sais encore quand cela prendra fin; mais ce que je sais bien, c'est que je consolerai encore avec joie les amis de Dieu; je sais très-bien ce qu'ils souffrent, et que Dieu ne l'oubliera jamais : car il est leur secours et leur consolation dans toutes leurs nécessités. C'est ainsi que nous devons combattre, et souffrir avec joie, et alors nous pourrons briller et resplendir devant Dieu.

29.

UNE INSTRUCTION.

VEUX-TU tourner ton cœur vers Dieu, alors tu dois t'instruire de trois choses : crains le péché, sois de bonne volonté pour les vertus, et constant dans le bien; ainsi tu pourras mener ta vie à bonne fin. Si tu dois pour cela te contraindre, le secours de Dieu t'aidera à en venir à bout; si tu pries Dieu avec persévérance, tu porteras doucement toutes tes peines; si tu pries avec pureté et sers Dieu avec activité, tu seras comblé de joie.

30.

PRIÈRE QUAND ON DONNE LA COURONNE AUX VIERGES.

Recevez, Seigneur, votre épouse, et venez tous les jours la voir avec les lis de la pure chasteté.

Recevez, Seigneur, votre épouse, et venez la visiter chaque jour avec les roses d'un travail diligent pour une bonne et heureuse fin.

Recevez, Seigneur, votre épouse, et venez la visiter avec les violettes d'une profonde humilité, et conduisez-la à votre couche nuptiale, et embrassez-la avec tout votre amour, sans jamais vous séparer d'elle.

31.

UNE PLAINTE.

Voici de l'âme aimante une plainte qu'elle ne peut seule porter; mais il faut qu'elle la dise à tous les amis de Dieu, pour qu'ils se complaisent au service de Dieu. « Languissante d'amour, malade dans mon corps, souffrante, nécessiteuse et dans une dure contrainte, je trouve que la route est trop longue, la route qui mène à mon Seigneur bien-aimé. Comment, ô mon bien-aimé, suis-je si longtemps privée de vous ? Oui, je suis trop loin de vous. Si vous n'accueillez pas ma plainte, Seigneur, je dois retomber dans ma tristesse, attendre et souffrir, à la fois silencieuse et parlante. Vous savez pourtant, Seigneur bien-aimé, combien j'aimerais à être auprès de vous. »

Le Seigneur : « Quand je viendrai, je viendrai avec grandeur. Il n'est de mal si grand que je ne puisse bien guérir. Tu dois encore m'attendre ; je veux te disposer avant de te présenter à mon Père, afin que tu nous plaises davantage. J'entendrai encore avec plaisir ta plainte amoureuse. »

Quand nos sens naturels s'obscurcissent, éveillons par nos plaintes l'amour divin dans nos cœurs.

32.

COMMENT LES ŒUVRES D'UN HOMME DE BIEN BRILLENT D'APRÈS LES ŒUVRES DE NOTRE-SEIGNEUR.

Vous remarquerez dans les paroles qui vont suivre comment les œuvres d'un homme de bien brillent et resplendissent dans la gloire céleste.

Selon que nous aurons été innocents ici-bas, l'innocence de Dieu brillera et resplendira dans notre sainte innocence.

Si nous avons travaillé et pratiqué les bonnes

œuvres, le saint travail de Dieu brillera et resplendira dans le nôtre.

Si nous avons ici pour Dieu une dévotion intime, la sainte dévotion de Dieu brillera et resplendira en mille manières dans notre sainte dévotion.

Selon que nous aurons ici accepté nos peines avec reconnaissance et que nous les aurons endurées avec patience, les saintes souffrances de Notre-Seigneur brilleront et resplendiront dans les nôtres.

Si nous avons pratiqué sur la terre la vertu avec diligence, les saintes vertus de Dieu brilleront et resplendiront dans nos vertus avec divers honneurs, et une gloire qui croîtra toujours.

Selon que nous aurons ici-bas brûlé d'amour, et brillé par une sainte vie, l'amour de Dieu brûlera et brillera sans cesser dans notre âme et notre corps, sans jamais s'éteindre.

Dans ce réfléchissement (nos mérites) brilleront et resplendiront de l'éclat de l'éternelle divinité (le Père); nos bonnes œuvres seront un don de la sainte humanité de Dieu (le Fils); et nous les aurons accomplies avec le bon plaisir du Saint-Esprit : ainsi nos œuvres et notre vie se reflètent dans la sainte Trinité. On verra alors manifestement comment il en est présentement de nous sur la terre. Tels nous aurons saintement vécu dans l'amour divin, tels nous serons portés à la hauteur des délices, et nous recevrons en récompense la puissance de l'amour qui nous rendra capables d'accomplir tout ce que nous voudrons; les saints nous connaîtront tels que nous aurons été, et c'est pour cela que nous leur serons associés.

33.

UNE POTION SPIRITUELLE.

Je suis malade, j'aimerais à prendre une potion salutaire, celle qu'a bue Jésus-Christ lui-même. Quand, lui Dieu et homme, vint dans la crèche, où cette potion lui était déjà toute prête, il en prit tant qu'il en fut enivré d'amour, et qu'il porta dans toutes les vertus la souffrance de son cœur, qui leur donna d'être bonnes, et de n'avoir jamais rien de malade.

J'aime cette potion salutaire, cette potion qui est la souffrance endurée pour l'amour de Dieu. Elle est amère; pour l'adoucir on y met une première racine qui s'appelle la souffrance volontaire, puis une seconde qui s'appelle la patience, laquelle est aussi amère. Nous en ajoutons une troisième qui est la dévotion intime; celle-ci adoucit la souffrance et tous nos travaux; puis vient l'attente prolongée de la vie éternelle et de notre guérison : cette dernière racine est encore très-amère; nous en ajoutons alors une autre qui s'appelle : joie infatigable.

« Eh bien! Seigneur bien-aimé, voulez-vous me donner cette potion, alors je vivrai avec joie et sans me lasser au milieu des souffrances; je consens même à rester quelque temps privée du royaume céleste, quelque ardent désir que j'aie d'y parvenir. Ensuite, qu'il vous plaise, Seigneur, de me l'accorder selon votre sainte volonté, et à tous ceux qui le désirent pour votre amour.

34.

UNE NOURRITURE SPIRITUELLE.

Après cette potion amère j'ai besoin de prendre quelque douce nourriture. Le désir qui toujours s'élève, l'humilité qui toujours s'abaisse, l'amour qui toujours s'empresse, sont trois vierges qui transportent l'âme au ciel devant Dieu, et là elle découvre son bien-aimé. Elle lui dit : « Seigneur, je me plains à vous de ce que vous êtes en butte aux attaques de ceux qui vous sont le plus chers sur la terre, je veux dire les chrétiens. Seigneur, je me plains à vous de ce que vos amis éprouvent tant d'obstacles de la part de vos ennemis. » *Notre-Seigneur :* « S'ils sont vraiment bons, tout ce qui leur arrive, excepté le péché, sera pour eux une nourriture délicieuse qui leur fera connaître le vrai Dieu. C'est pourquoi la souffrance crie à haute voix : Plus qu'au service de Dieu on me cède à moi, parce que l'homme reste inconsolé selon la volonté de Dieu, quand il est consolé selon sa propre volonté. La volonté de Dieu est pure, la nôtre est toujours mêlée de quelque chose de charnel : tous ceux qui ont un grand amour intérieur sont calmes extérieurement, parce que tout travail extérieur est un obstacle à l'esprit intérieur; et quand l'esprit chante en dedans, cela surpasse toutes les voix de la terre.

La patience chante avec une voix plus belle que tous les chœurs des anges, parce que les anges n'ont rien à souffrir, et n'éprouvent aucune douleur. Nous tenons cela de l'humanité de Notre-Seigneur, et pour cette raison nous recevons de Dieu sur la terre toute sorte d'honneurs, et nous obtiendrons une place élevée dans le ciel. Par les souffrances et les saints travaux de Notre-Seigneur, nos travaux chrétiens et nos saintes souffrances sont ennoblies et sanctifiées en la même manière qu'ont été sanctifiées les eaux du Jourdain, quand Notre-Seigneur y fut baptisé.

« Ah! Seigneur tout aimable, venez à notre secours, afin que notre saint désir ne se repose jamais, que notre profonde humilité ne s'élève jamais à l'orgueil, que le torrent embrasé du saint amour de Dieu soit ici notre purgatoire, qui extermine en nous tous nos péchés. »

35.

DES SEPT PSAUMES DE LA PÉNITENCE.

« AIMABLE Seigneur Jésus-Christ, je dis ces sept psaumes à la louange et gloire de vos saintes souffrances, où vous avez voulu mourir pour mon amour sur la sainte croix.

« Mon bien-aimé, je vous prie, lorsque viendra le temps où vous voudrez accomplir votre commandement à mon égard par ma mort, de daigner venir à moi comme un médecin fidèle vient à son enfant. Faites-moi, Seigneur, une sainte visite, afin que je me prépare intérieurement avec un sens droit, et une vraie foi chrétienne.

Domine, ne in furore.

« Je vous prie, Seigneur très-aimable, de vouloir bien venir alors, comme l'ami le plus tendre, me secourir dans ma nécessité. Inspirez-moi alors, Seigneur, un repentir si vrai que tous mes péchés soient intérieurement déracinés, et que je n'en éprouve aucun trouble après cette vie.

Beati quorum remissæ sunt.

« Je vous prie, très-aimable Seigneur, de venir alors comme un fidèle confesseur auprès de son ami, et de m'apporter la vraie lumière, don de votre Esprit-Saint, afin que je me voie et me connaisse, et que je déplore devant vous mes péchés du fond de mon cœur, et qu'avec cela je sois animée d'une si sainte espérance que je sois délivrée de tous mes péchés, et que je sois trouvée pure, et que vous me donniez, Seigneur, votre corps sacré : que je vous reçoive alors, bien-aimé, avec autant d'amour qu'une créature peut en avoir dans son cœur, et que vous soyez ainsi le viatique de mon âme exilée, et que je reste en votre compagnie, ô mon bien-aimé, jusqu'à l'éternelle vie. Amen.

Domine, ne in furore tuo.

« Je vous prie, Seigneur aimable, de vouloir venir à moi comme un frère vient à sa sœur bien-aimée : apportez-moi la sainte armure qui dispose mon âme à repousser toutes les attaques de mes ennemis, et s'ils veulent m'accuser, qu'ils demeurent confondus et qu'ils y perdent la peine qu'ils se seront donnée à mon sujet.

Miserere mei, Deus.

« Je vous prie, Seigneur, de vouloir bien venir à moi comme un père fidèle vient à son cher enfant, et de protéger alors mes derniers moments. Quand ma bouche pécheresse ne pourra plus parler, que mon âme parle au dedans de moi : consolez-la, protégez-la toujours, que je demeure dans la joie et sans trouble. Je réclame cette faveur, Seigneur, de votre libéralité.

Domine, exaudi orationem meam.

« Je vous prie, Seigneur, de vouloir m'envoyer alors votre mère virginale ; car je ne puis être frustrée dans le désir que j'ai depuis si longtemps de l'avoir pour défendre ma pauvre âme contre tous ses ennemis.

De profundis clamavi ad te.

« Je vous prie, cher fiancé, Jésus, fils d'une vierge pure, de vouloir venir à moi comme le plus aimable des fiancés, et de me traiter comme font les nobles fiancés qui apportent de grands présents à leurs jeunes épouses : recevez-moi dans les bras de votre amour, et couvrez-moi du manteau de votre long désir. Combien je serai pour toujours bienheureuse alors que je serai délivrée ! »

Si nous voulons souvent penser à cette heure, tout notre orgueil descendra jusqu'au fond de l'abîme ; quand Dieu nous révèlera sa face auguste, mon âme sera au comble de ses désirs ; mais tant que je serai sur cette terre, je gémirai toujours d'en voir différer l'accomplissement.

Domine, exaudi orationem meam.

36.

D'UN CLOÎTRE SPIRITUEL.

Je demandais à Dieu de daigner me faire comprendre que je ne devais plus rien écrire. Pourquoi? Parce que je me trouve plus vile et plus indigne qu'il y a trente ans et plus que je dus commencer de le faire. Alors Notre-Seigneur me fit voir un petit sac qu'il avait à la main et me dit : « J'ai encore des aromates. » Et je répondis : « Seigneur, je ne m'y connais pas. » Il reprit : « Tu t'y connaîtras lorsque tu les verras. Avec on soulagera les malades, on fortifiera ceux qui se portent bien, on ressuscitera les morts, on sanctifiera ceux qui sont bons. »

Je vis alors un cloître spirituel qui était construit avec les vertus.

L'*abbesse* de ce monastère est la vraie charité, douée d'une grande intelligence pour garder sa congrégation, corps et âme, le tout à la gloire de Dieu : elle lui donne mainte belle instruction, afin que s'accomplisse toujours la volonté de Dieu ; elle conserve ainsi toujours la liberté de son âme.

Le *chapelain* de la charité est la divine humilité ; toujours il est soumis à la charité, et la superbe doit rester dehors.

La *prieure* c'est la sainte paix de Dieu, dont la bonne volonté est augmentée de patience pour instruire le Convent dans la divine sagesse. Quelles que soient ses occupations, elles sont toutes consacrées à la gloire de Dieu.

La *sous-prieure* c'est l'amabilité. Elle doit recueillir les menues infractions et les faire disparaître avec bénignité. Il ne faut pas supporter trop longtemps les méfaits qui se commettent ; Dieu récompense cette vigilance en rendant les hommes meilleurs.

Le *chapitre* contiendra quatre choses : la manifestation de la sainteté qu'il y a au service de Dieu ; le travail tranquille qui fait si grande douleur à l'ennemi, et tant d'honneur à Dieu ; aussi doit-on en concevoir une grande joie ; la crainte, qui prémunit contre la vaine gloire ; l'empressement à venir en aide à autrui. Si on accomplit son service avec diligence, Dieu n'en mettra pas moins à la récompense.

La *maîtresse de chant*, c'est l'espérance, toute pleine d'une humble et sainte dévotion ; le cœur qui sait son impuissance fait résonner devant Dieu un chant si beau que Dieu aime ces notes qui vibrent dans le cœur. Celle qui les chante ainsi, obtiendra l'amour pour récompense dans le ciel.

La *maîtresse de l'école*, c'est la sagesse, qui instruit les ignorants avec bonne volonté : ce qui sanctifie et honore le monastère.

La *cellérière* est une inondation de dons secourables. Elle s'acquitte avec joie de son office, et y gagne une sainte disposition d'esprit dans les dons de Dieu. Tous ceux qui désirent d'elle quelque chose seront satisfaits sans qu'il y ait jamais de plainte : les dons de Dieu se répandront de même dans son cœur. Et ceux qui lui serviront d'aide partageront avec elle cette récompense des dons de Dieu les plus doux.

La *camérière*, c'est la bienfaisance qui s'exerce

avec plaisir dans la mesure de l'ordre. Ce qu'elle ne peut donner ne l'ayant pas, elle le supplée par la bonne volonté, et en est récompensée de grâces divines toutes particulières. Et lorsque ceux qui ont reçu ses dons en remercient Dieu avec dévotion, cette gratitude remplit son cœur comme une liqueur précieuse un vase pur.

L'infirmière est la diligente miséricorde qui est toujours affamée de soulager les malades sans se lasser. Elle les aide, les approprie, les reconforte, les égaye, les console, et les caresse. Dieu lui donne son salaire, en ce qu'elle accomplit toujours volontiers son office, et qu'elle recevra de lui-même l'assistance qu'elle a rendue aux autres.

La *portière* est la vigilance, qui s'applique avec une sainte disposition à exécuter tout ce qui lui est commandé. Aussi son travail n'est pas perdu, elle est toute prête à venir à Dieu quand elle veut prier ; Dieu est toujours avec elle dans un saint et pieux silence, quand elle veut déplorer sa souffrance intérieure. Si quelquefois son office lui semble pénible, tout se concilie dans la sainte obéissance à laquelle elle est joyeusement soumise.

La *maîtresse de discipline*, c'est l'habitude sainte, qui doit toujours brûler, comme un cierge sans s'éteindre, dans la céleste liberté. Supportons ainsi avec calme toutes nos peines jusqu'à ce que nous ayons fait une heureuse mort.

Le *prévôt* est la divine obéissance à laquelle toutes les autres vertus sont soumises, tant que le monastère reste fidèle à Dieu. Quiconque veut se rendre dans ce monastère, y vivra toujours dans la joie de Dieu, ici et dans l'éternelle vie. Heureux ceux qui y demeurent !

37.

DES NOCES ÉTERNELLES DE LA SAINTE TRINITÉ.

Quiconque veut se préparer dans le vrai amour aux noces éternelles de la sainte Trinité, doit s'y mettre aussitôt. Il doit suivre et servir le Père céleste sans relâche dans une sainte crainte et dans une profonde humilité. Il doit suivre le Fils et le servir dans la souffrance et la patience, dans la pauvreté volontaire et de saints travaux. Il doit suivre et servir le Saint-Esprit en une sainte espérance, avec un cœur plein de douceur, un esprit calme, et ainsi il pourra goûter ses divins dons.

Les vierges pures et aimantes suivront plus loin le noble fiancé Jésus-Christ, le Fils d'une vierge pure, qui, tout rempli d'amour, présente aux vierges dans sa personne toute la beauté et l'amabilité, comme s'il était à l'âge de dix-huit ans [1]. Elles le suivront avec une délicieuse tendresse dans la prairie fleurie de leur pure conscience, où le jouvenceau leur cueillera les fleurs de toutes les vertus, dont elles se feront de nobles couronnes qu'elles porteront aux noces éternelles.

Quand le jugement suprême sera fini, Jésus-Christ voudra servir lui-même, et l'on verra s'exécuter la danse la plus sublime : là, chacune portera sa couronne en son corps et en son âme, la couronne des vertus

---

1. Sainte Gertrude. Liv. II, c. 1.

qu'elle aura pratiquées sur la terre avec mainte dévotion sainte. Elles suivront l'Agneau avec d'ineffables délices, passant des délices à l'amour, de l'amour à la joie, de la joie à la clarté, de la clarté à la puissance, de la puissance à la hauteur la plus sublime devant les yeux du Père céleste. Il salue alors son Fils unique, puis mainte pure épouse qui est venue avec lui :

« Mon Fils bien-aimé, ce que tu es, je le suis, et elles le sont aussi, ce qui me comble de joie. Filles bien-aimées, réjouissez-vous toujours de plus en plus, réjouissez-vous dans ma pureté éternelle; tout mal et toute douleur se sont évanouis; mes anges vous serviront, mes saints vous honoreront, la Mère de mon Fils vous recevra avec louanges dans sa société. Réjouissez-vous, chères fiancées, mon Fils vous embrassera toutes, ma divinité vous pénétrera, mon Esprit-Saint vous conduira à tout jamais dans toutes les délices selon votre volonté. Que pouvez-vous désirer davantage? Moi-même je vous aimerai.

Celles qui ne sont pas de pures vierges s'assoiront à ces noces et les contempleront et en jouiront autant que cela sera possible.

Et moi, après avoir durant un temps bien court vu ces choses des yeux de mon âme, après les avoir entendues, je redevins cendre et poussière humaine comme je l'étais auparavant.

38.

COMMENT UNE PERSONNE SPIRITUELLE DOIT RECONNAÎTRE ET CONFESSER A DIEU SES PÉCHÉS CHAQUE JOUR.

Pécheresse que je suis, je reconnais et confesse à Dieu tous mes péchés, telle que j'en suis coupable aux yeux de Dieu. Je reconnais et confesse toutes les bonnes œuvres que j'ai négligé de faire. Je reconnais et confesse tous les péchés que j'ai commis, quand je ne savais pas encore ce que c'était que le péché. Je confesse les péchés d'une plus grande malice, que j'ai commis avec connaissance, par malice, par paresse, par vanité. Ayez pitié de moi, Seigneur, car j'en ai une sincère douleur, et donnez-moi, Seigneur, la complète assurance que vous me les avez tous pardonnés, autrement je ne pourrais vivre avec joie.

Jésus, mon bien-aimé, laissez-moi venir à vous avec un veritable repentir, et un amour sincère; ne permettez pas que je me refroidisse jamais. Faites que je sente perpétuellement votre amour intime dans mon cœur, dans mon âme, dans tous mes sens, dans tous mes membres; alors je ne me refroidirai jamais.

39.

COMMENT LES DÉMONS SE BATTENT ENTRE EUX, QUAND UNE AME EMBRASÉE DE L'AMOUR DIVIN QUITTE CE MONDE.

Heureux l'homme de bien d'être né, lui qui suit Dieu avec toutes les vertus qu'il lui est possible de pratiquer ! Son âme trouve la liberté dans l'amour : à sa dernière heure, les anges viennent recevoir son âme pure avec un indicible amour dans les célestes délices ; ils l'emmènent avec joie et la conduisent en grand honneur devant Dieu. Les ennemis de l'enfer qui étaient accourus voient qu'ils ont travaillé en pure perte ; ils étaient venus avec haine et colère, et quand ils voient que l'affaire n'a pas tourné à leur gré, comme ils se poursuivent et se battent, comme ils se mordent et se déchirent, comme ils hurlent et grincent des dents, comme ils s'épouvantent des cruels châtiments qu'ils vont recevoir de leur maître pour avoir laissé s'échapper cette âme ! Ils s'injurient mutuellement : « Malheureux, c'est ta faute. » — « Tais-toi, camarade, je n'ai jamais trouvé en elle de grande impatience. Quand je lui suggérais de mauvaises pensées, elle ne recevait dans sa compagnie que la pénitence ; et quand on court au confesseur, on nous ravit tout notre honneur. Ceux de nos anciens compagnons à qui elle était si précieusement recommandée étaient les plus nombreux. Comment pourrons-nous maintenant retourner à la cour (de Lucifer?) O maître, qu'as-tu donc voulu faire quand tu nous as chargés de cette âme : nous ne pouvons trouver de péché grave en elle. Je l'ai mainte fois tentée, mais comme elle se réfugiait dans ses larmes, ni moi ni mes compagnons n'avons jamais pu la faire tomber. Avec ses larmes elle me chassait, avec ses soupirs elle me brûlait les cheveux et les ongles, je n'en pouvais approcher. Son obéissance était si grande, que je ne pouvais jamais être son compagnon. Et de là il est arrivé qu'elle nous a été justement ravie; c'est là notre plus grand malheur. Toutes ses bonnes œuvres étaient embrasées de l'amour divin, car elle les accomplissait toutes avec bonne volonté. »

Et leur maître répond : « Vous êtes revenus à la cour avec perte et dommage; je vous avais recommandé cette âme, vous n'échapperez pas à la punition que je vous infligerai pour votre sottise. Vous n'allez pas rester avec ces gens, comme j'y aurais consenti volontiers, si l'on m'avait rendu mes honneurs; vous vivrez ici avec moi dans l'enfer, pour y faire pénitence. J'enverrai de plus grands docteurs pour aveugler la connaissance des personnes de bien; et si nous pouvons détruire la diligence qu'elles ont pour Dieu, nous recouvrerons toute notre gloire; les jeunes gens les suivront, et notre race verra croître son nombre. Oh! si je pouvais avoir une de ces âmes qui sont si fort embrasées de l'amour divin! j'en ferais ma couronne, je me trouverais dédommagé par cette conquête de toutes mes peines, et je trouverais quelque relâche dans mes tourments! »

— « Renonce à cet espoir, (Lucifer,) ce que tu convoites là ne t'arrivera jamais comme il ne t'est jamais arrivé. Le malheur, la souffrance sont ton avenir.

Les âmes saintes qui dans l'Eglise aiment Dieu de tout leur cœur reçoivent tout de cet amour; elle en sont si pénétrées qu'elles brillent de toutes les vertus, et brûlent d'amour dans toutes leurs œuvres. Tu sais bien que tu te donnes une peine inutile lorsque tu les tentes avec tant de violence; elles n'attendent pas même ton attaque pour en rendre à Dieu des louanges, et quelque astuce que tu emploies pour approcher d'elles, tu les trouves toujours disposées et toutes prêtes à louer Dieu. »

Il est impossible de se faire une idée des cris de rage et de fureur des déchirements d'ongles et de dents auxquels alors il s'abandonne.

« Seigneur Dieu ! nous vous rendons grâces ! donnez-nous une sainte mort, car c'est la plus grande joie que puisse goûter une sainte âme, que de voir ses ennemis se battre entre eux, et subir leur peine en enfer. Malgré tout le mal qu'ils lui ont fait, elle leur est néanmoins heureusement échappée, et portera une couronne éternelle en récompense de ce qu'elle en a souffert.

40.

EFFUSION DE L'AME AIMANTE A NOTRE-SEIGNEUR.

SI je possédais le monde entier et qu'il fût d'or pur, si je devais être ici-bas éternellement la plus noble, la plus belle, la plus riche impératrice, tout cela serait insuffisant, tant j'aspire à voir Jésus-

Christ, mon Seigneur bien-aimé, dans sa gloire céleste. Ceux-là seuls savent ce qu'ils souffrent, qui depuis longtemps l'attendent.

41.

COMMENT UN FRÈRE-PRÊCHEUR LUI APPARUT.

Il y a quarante ans je connaissais un religieux ; en ce temps-là les religieux étaient simples et embrasés d'amour. Il vivait religieusement dans sa piété et accomplissait extérieurement beaucoup de saints travaux pour Notre-Seigneur. Aujourd'hui il a quitté ce monde, et je priai Notre-Seigneur pour son âme chrétienne, afin que s'il avait quelque faute, Dieu la lui pardonnât. Alors je vis tout d'abord une grande clarté qui lui était préparée par Dieu ; mais comme je ne l'y trouvai pas, mon âme en fut troublée. Une autre fois, comme je priais encore pour lui, je le trouvai dans un nuage de feu, et il demandait qu'on lui donnât quelque chose. Je dis alors avec toute ma force à Notre-Seigneur : « Mon bien-aimé, faites-moi la faveur de pouvoir rendre le bien pour le mal. » Alors ce Frère se dressant dans le nuage dit : « O Seigneur, combien forte est votre puissance ! combien droite est votre vérité ! » Et je dis : « Eh bien ! comment vous trouvez-vous maintenant ? » Il répondit : « Je suis tel que je me trouve. » — « Pourquoi subissez-vous cette peine ? » — « Les gens qui avaient les apparences de la sainteté ont calomnié des innocents auprès de moi, ce que j'ai pris pour la vérité, et j'ai eu mauvaise opinion de ces innocents : voilà pourquoi je suis dans les peines. » — Hélas ! si j'avais encore un soupir, il n'aurait point à souffrir cela de ma part, quoiqu'il se fût en partie oublié envers moi.

Pour la troisième fois je priai pour lui ; alors il s'éloigna avec contentement. Et Notre-Seigneur le rencontant lui dit : « Si tu as eu un chemin si long et si pénible à parcourir après ta mort, les méchantes gens en sont la cause. Tu m'as suivi saintement et fidèlement servi ; tu recevras la couronne des vierges, la couronne de la justice et la couronne de la vérité. » Alors il s'éleva au-dessus de huit chœurs et vint toucher au neuvième, puis je ne le vis plus. Si les méchants ne l'avaient pas surchargé, il serait venu sans souffrir à la joie éternelle. Il les écouta, et ce fut pour son malheur.

42.

BOISSON PRÉPARÉE AU MIEL.

« SEIGNEUR Dieu, conservez et fermez maintenant votre précieux trésor par une sainte fin ; et ensuite ouvrez-le pour qu'il vous serve de louange au ciel et sur la terre. » Et une voix répondit : « Tu dois me conserver une boisson préparée avec le miel, placée dans maintes réserves que j'ouvrirai pour en faire jouir un grand nombre d'âmes. »

43.

DE L'AMOUR SIMPLE.

Ceux qui veulent savoir, et qui aiment peu, resteront toujours au début de la vie spirituelle. Nous devons toujours examiner avec crainte comment nous sommes intérieurement pour Dieu. L'amour simple avec peu de science opère intérieurement de grandes choses. La sainte simplicité est le remède à toute sagesse ; elle apprend au savant à se tenir pour un ignorant. Quand la simplicité du cœur se rencontre avec la science de l'intelligence, il en résulte une grande sainteté pour l'âme.

44.

CINQ PÉCHÉS ET CINQ VERTUS.

L'avidité dans la pauvreté, le mensonge dans la vérité, la lâcheté dans la miséricorde, l'insulte railleuse en face des personnes..... [1] dans l'ordre. Ces cinq imperfections sont une cause de maladie capitale dans la vie spirituelle.

La vérité sans mensonge, une affection mutuelle visible, la crainte en trois craintes (?) l'amour caché pour

---

1. Il y a ici un mot illisible dans l'unique exemplaire original.

Dieu, mais sensible dans le cœur aimant, la diligence à toutes choses : ce sont là cinq qualités qui maintiennent l'amour spirituel en bon état.

45.

SEPT QUALITÉS DANS LE DÉSIR AIMANT [1].

Il faut que je publie sept choses à la gloire de Dieu : « Seigneur Dieu, donnez-moi la grâce, si cela est possible, de ne les jamais oublier sur la terre. Cinq d'entre elles se retrouvent dans les cieux, les deux autres restent sur la terre. La première est le sentiment de l'offense et du mal causés par les péchés que j'ai commis, ou par l'omission du bien que j'aurais dû accomplir. La seconde est, Seigneur, cette attente soutenue où je suis de votre venue, et de la manière dont vous avez disposé pour moi une sainte mort. La troisième est ce désir, qui ne peut reposer, que j'ai de vous posséder. La quatrième est ce feu inextinguible d'amour que j'ai pour vous. La cinquième est le premier moment où je me trouverai devant votre auguste face : faveur que je n'ai pu malheureusement obtenir sur la terre selon mon désir, ce qui a fait si souvent pousser à mon âme cette plainte : Hélas ! hélas ! Pour la sixième je puis à peine la nommer, je deviens muette quand je reconnais ce qu'elle est. Je ne l'ai jamais entendu nommer sur la terre. C'est ce torrent rayon-

---

1. Ce chapitre est deux fois dans le manuscrit allemand, au Liv. VI, 22, et en celui-ci ; mais comme il manque dans les manuscrits latins, il est vraiment à sa place en ce Livre VII.

nant d'amour qui coule secrètement de Dieu en l'âme et remonte de celle-ci selon la force qu'elle peut lui donner. Ce qui en résulte pour tous les deux de délices, personne ne peut l'apprendre d'un autre ; ils travaillent en commun, et toutefois chacun y trouve son compte. Tout ce qui est émané ici-bas de la source divine, lui est restitué dans le ciel en entier : tel est l'amour divin dans les cieux, qui débute en la terre avec de si faibles commencements, et dans les cieux ne trouve jamais ni terme ni limites.

Il est difficile d'atteindre par des paroles à la septième qualité ; par la foi chrétienne on peut saisir combien elle est grande, combien élevée, combien elle est large, délicieuse, auguste, combien joyeuse, combien elle est riche. Heureux et bienheureux celui qui doit éternellement demeurer avec elle ! La vue joyeuse toute pleine de délices, la sainte jouissance selon les désirs, ne connaîtront là ni nombre, ni limite, croissant toujours de plus en plus, parce qu'elles émanent de la source du Dieu vivant. La suavité dans les désirs, les délices dans l'amour couleront à tout jamais dans l'âme, sortant de Dieu. Et l'âme conservera toujours sa douce faim, et ne connaîtra jamais d'ennui ni de tristesse. »

46.

COMMENT L'AME S'EXHORTE DANS LA PAUVRETÉ-SPIRITUELLE.

VOICI comment en ce monde l'âme doit s'exhorter à marcher dans la pauvreté spirituelle, dans l'éternel amour de Dieu, et dans le désir sans repos qu'elle a de posséder Dieu, quand elle sera pour partir. Elle se dit : « Ma longue attente touche à sa fin ; le temps s'approche où Dieu et l'âme vont être unis à jamais. A cette pensée, mon cœur se remplit de joie. Oui, Seigneur bien-aimé, quelque profond que soit maintenant votre silence, je n'en pense que plus à vous ; et si vous m'avez si longtemps échappé, recevez des louanges éternelles, de ce que votre volonté s'est accomplie, et non la mienne. Maintenant je me protége de vos paroles que dans ma foi chrétienne je vous ai entendu dire : « *Ceux qui m'aiment, je les aime, et nous viendrons à eux, mon Père et moi, et nous ferons en eux notre demeure.* (JEAN, XIV, 23.) » Votre libéralité, ô mon bien-aimé Seigneur, me rend tout heureuse. Vous ne pouvez ainsi rien me refuser. » Alors Notre-Seigneur répondit : « Quand le temps sera venu où je dois te recevoir et te combler des dons célestes, je serai prompt, attendu que je les tiens en réserve depuis l'éternité : je les déploierai et les élèverai au-dessus de cette terre de sang, car rien ne m'est plus à cœur. L'amour éternel de Dieu habite dans l'âme ; l'amour des choses passagères réside dans la chair ; mais il y a dans les sens une telle puissance qu'ils peuvent choisir celui de ces amours qu'ils préfèrent. »

47.

D'UN PÉCHÉ PIRE QUE TOUS LES PÉCHÉS.

J'ai entendu nommer un péché, et je remercie Dieu de ne pas le connaître, car il me paraît le pire de tous les péchés : c'est l'extrême infidélité (incrédulité). J'en ai horreur de toute mon âme, de tout mon corps, de tous mes sens, de tout mon cœur. Je rends grâces à Jésus-Christ, le Fils de Dieu vivant, de ce que ce péché n'est jamais venu dans mon cœur. Ce péché n'a pas pris naissance chez les chrétiens ; c'est le vil ennemi qui l'a suscité pour tromper les gens simples. Ils voudraient être si saints qu'ils voudraient pénétrer jusque dans l'éternelle divinité, et se placer auprès de l'éternelle humanité de Notre-Seigneur Jésus-Christ ; mais quand ils croient être parvenus à cette hauteur, ils tombent sous le coup de l'éternelle malédiction. Et ils voudraient être les plus saints ; ils méprisent la parole de Dieu, écrite touchant l'humanité de Notre-Seigneur.

Mais, le plus misérable des hommes, si tu connaissais vraiment l'éternelle divinité, si impossible que cela soit, tu connaîtrais aussi l'éternelle humanité qui est comme perdue dans l'éternelle divinité ; tu connaîtrais encore le Saint-Esprit qui éclaire le cœur du chrétien, et lui fait goûter en son âme toute douceur, qui enseigne aux sens de l'homme toute doctrine, apprenant que l'humble dans ses discours est le plus parfait devant Dieu.

48.

COMMENT APPARUT LA VIERGE DE L'AMOUR AVEC SES COMPAGNES.

Une nuit, je parlai ainsi à Notre-Seigneur : « Seigneur, je demeure en un pays qui s'appelle l'exil, c'est-à-dire ce monde ; car rien de ce qui s'y trouve ne peut apporter de joie ou de consolation sans peine. En ce pays j'habite une maison qui s'appelle la maison de peine ; c'est la maison où mon âme est captive ; c'est mon corps : maison vieille, étroite et sombre. Ce qui doit s'entendre spirituellement. Dans cette maison j'ai une couche, qui s'appelle sans-repos, car je n'éprouve que de la douleur en tout ce qui n'appartient pas à Dieu. Devant ma couche il y a un siége qui est l'incommodité. Cette incommodité me donne à connaître les péchés étrangers dont je n'ai jamais été coupable. Devant le siége j'ai une table, qui est le mécontentement où je suis de trouver si peu de vie spirituelle parmi les personnes appelées à la spiritualité (ecclésiastiques, ou religieux). Cette table est couverte d'un tapis propre qui est la pauvreté, qui possède en elle de grandes et saintes richesses. Si on savait en user bien, on y trouverait un grand charme. L'amour des richesses est le voleur de la pauvreté. Sur cette table on me sert un mets, qui est l'amertume des péchés, auquel je dois ajouter la peine et le travail soutenus par la bonne volonté. La boisson s'appelle à peine louange, parce que je n'ai malheureusement accompli que peu de bonnes œuvres.

Voilà ce que je voyais en moi dans les ténèbres, quand le vrai amour de Dieu m'apparut. Il ressemblait à une noble fille d'empereur, d'une taille distinguée, avec le teint rose et blanc et la fraîcheur de la jeunesse. Elle était accompagnée de plusieurs vertus, toutes semblables à de jeunes filles, qu'elle était toute disposée à mettre à mon service, si j'en avais le désir. Au reste, elle-même m'aurait servie volontiers. Sa couronne était plus belle que l'or brillant, et son vêtement comme d'une étoffe précieuse de couleur verte.

Aussitôt que je l'eus bien regardée, ma maison sombre se trouva tout éclairée, et je connus ce qu'elle contenait et tout ce qui s'y était jamais passé. En la voyant, je la reconnus aussitôt, car je l'avais déjà vue, quand elle avait été ma compagne bien-aimée. Je ne parlerai pas ici de ces faits, puisqu'ils ont au reste été écrits dans un livre. Je lui dis donc : « Aimable vierge, vous êtes mille fois au-dessus de moi, et cependant vous voulez me servir avec tant d'honneur, comme si j'étais plus qu'une impératrice. » Elle répondit : « Comme je t'ai trouvée dans la pure disposition de te retirer de tout ce qui est passager, je n'ai plus voulu seulement être ta dame, mais être encore continuellement ta demoiselle (d'honneur), tant j'ai de joie en un cœur pur, qui pour l'amour de Dieu s'est affranchi de toutes les choses de la terre. » Cela signifie que plus on a des biens de ce monde, plus le cœur est en danger de s'y attacher.

« Chère vierge, depuis le long temps que tu es à mon service, il serait bien juste que ta misérable maîtresse payât dignement une si noble demoiselle. Je t'ai donné en paiement tout ce que je possédais, et tout ce qui pouvait m'échoir en ce monde. » Alors elle dit : « J'ai tout recueilli, et je te le rendrai avec un grand honneur. » — « Je ne sais, ô maîtresse, ce que je puis encore te donner : veux-tu mon âme ? je te l'abandonnerai volontiers. » Elle répondit : « Il y a longtemps que j'aspire après toi, et tu m'as réservée pour la fin. Parle aussi aux vierges qui m'accompagnent, afin qu'elles te rendent avec empressement leurs services, tandis que je resterai auprès de toi dans le vrai amour de Dieu, que je suis moi-même. »

L'âme alors adressa la parole à la *Contrition* : « O véritable Contrition, venez ici à moi, apportez-moi les saintes larmes qui effacent en moi tout péché. *Humilité*, asseyez-vous auprès de moi, et chassez loin de moi l'orgueil et la vaine gloire. Quand ils vous verront avec moi, ils s'enfuieront bien loin. *Douceur*, asseyez-vous tout près de moi, sous mon manteau, afin que j'aie toujours l'amabilité à ma disposition. Noble *Obéissance*, je me soumets à vous dans toutes mes actions ; ne me quittez jamais, et je garderai ainsi dans toutes mes œuvres la sainte vérité de Dieu, sans mensonge, cette vérité qui seule convient aux amis de Dieu.

Bien-aimée *Miséricorde*, soyez avec moi, et j'assisterai diligemment les infirmes, et je m'emploierai selon mon pouvoir à les servir de mes biens et de mon affection. *Chasteté* chérie, je vous recommande mon vêtement virginal, qu'il soit toujours pur et sans tache, puisque mon aimable fiancé Jésus-Christ est en tout temps avec moi.

Patience, j'ai une grande force pour me taire et pour souffrir ; vous enlevez à toutes mes épreuves leur puissance, elles ne peuvent plus me nuire. Je veux dans mes peines et mes travaux vous garder avec moi.

Sainteté, venez ici à moi, et baisez la bouche de mon âme ; faites votre demeure au fond de mon cœur, et je serai toujours en bonne santé. *Espérance*, je vous prie de bander toutes les plaies de mon cœur, qui m'ont été infligées par l'amour, afin que je conserve toujours comme la bénédiction de Dieu tout ce qui peut m'arriver de désagréable.

Noble et sainte *Foi* chrétienne, éclairez toujours les yeux de mon âme ; que je sache bien comment je suis disposée pour tout ce qui est chrétien. Je vous recommande mes actions et mes sens.

Sainte *Vigilance*, ne vous asseyez pas, tenez-vous debout tout le temps auprès de moi, et je serai préservée de tout mal. *Tempérance*, restez en tout temps avec moi, et je pourrai aussi en tout temps être prête à servir Dieu. *Modération*, vous êtes ma camérière chérie, je vous aime, car vous me faites toujours ma couche bien douce, vous donnez de la saveur aux mets les plus ordinaires, vous me prêtez de la force dans la pauvreté ; tout cela vient de la bonté de Dieu.

Paix et Tranquillité, je ne puis me passer de vous ; vous devez me suivre dans tous mes pas et démarches. Ceux qui parlent beaucoup, qui courent beaucoup, ont grand'peine à conserver leur dignité. Ceux qui prennent trop de place pour leurs discours, n'y offrent jamais quelque chose d'utile.

La *Sagesse* est toujours avec l'amour, elle est la maîtresse qui enseigne les autres vierges. Elle conserve les dons de l'amour, et rend profitable aux hommes tout ce qu'ils lisent ou enseignent. La chaste *Pudeur* est une vertu toute spéciale, elle n'aime pas à être louée en face.

Me voici maintenant tout entourée de ces vierges. Il en est deux encore qu'il ne faut pas oublier : la *Crainte* et la *Persévérance*. Elles seront toutes deux mes compagnes, et tiendront la main à ce que toutes mes filles remplissent bien leur office.

Merci, cher amour de Dieu, merci, noble impératrice ; tu m'as donné tous les secours dont j'avais besoin dans cet exil pour diriger ma route au ciel. »

49.

D'UN FRÈRE CONVERS.

Il y eut chez les Frères-Prêcheurs un Frère convers qui fut frappé par la foudre. On se mit aussitôt à prier pour lui avec ferveur, afin que, s'il avait encore quelque faute à se reprocher, elle lui fût pardonnée. Son âme apparut à la personne qui priait pour elle, belle au sein des célestes délices, et ne souffrant aucune peine. Et selon ce que l'âme dit, en voici la raison : « J'étais humble dans mes actions, j'avais la crainte dans tous mes sens, j'étais pleine de bonne volonté dans tout ce que je faisais, c'est pour cela que je n'endure aucune peine. » — « Mais pourquoi n'êtes-vous pas déjà au ciel ? » — « Il faut qu'auparavant je reçoive la connaissance divine et l'amour céleste que je n'avais pas. » — « D'où viennent ces taches qui sont sur votre visage ? » — « Je faisais

voulais, et cela m'est resté sans que je l'eusse expié. »
— « Comment peut-on vous enlever ces taches ? » —
« Si j'avais seulement un soupir ! » — Il n'avait pu en
produire un par lui-même parce qu'il n'en avait pas
eu le temps, et alors il lui en fut donné un ; il s'en réjouit aussitôt, et dit : — « Voilà qui est passé. » —
« Pourquoi portes-tu cette couronne, puisque tu n'es
pas encore arrivé au ciel ? » Il répondit : « J'ai péri
d'une façon particulière, voilà pourquoi Dieu me l'a
donnée. »

50.

CRAINTE AU MILIEU DES FAVEURS DIVINES.

Jésus-Christ, Seigneur tout aimable, qui êtes un Dieu éternel avec le Père éternel, souvenez-vous de moi. Je vous rends grâces, Seigneur, des dons particuliers avec lesquels vous me touchez sans cesse, et dont mes os et mes veines et ma chair sont transpercés. Ce n'est que quand je m'en souviens, Seigneur, avec une pieuse reconnaissance, que je suis en sûreté, et pas autrement. Vous pouviez tenir dans sa bassesse une créature aussi basse, Seigneur, car votre volonté est encore supérieure à votre faveur, et beaucoup de choses ont le nom de bien, qui ne le sont pas autant que tout ce que vous me faites. Mais quand vous me faites sentir votre suprême douceur, qui pénètre et mon corps et mon âme, alors je crains, je crains de trop recevoir de vos faveurs divines, dont je suis si souvent plus pour d'autres que pour moi-même, renonçant à ces douceurs pour l'amour de Dieu et par un sentiment de foi chrétienne. De plus, je crains l'élévation de l'orgueil, qui a précipité du ciel les plus dignes d'entre les anges; je crains encore le serpent de la vaine gloire qui a trompé Eve; je crains l'infidélité qui a séparé Judas de Dieu. Si je suis fidèle à Dieu, je persévérerai dans toutes les vertus, dans toutes les faveurs avec appréhension et vigilance, me tenant auprès de Dieu avec notre Dame, sa mère virginale. »

51.

PRIÈRE CONTRE LA NÉGLIGENCE.

« La dernière, la plus vile, la plus indigne dans toute la race humaine, demande avec désir, je vous prie, Père céleste, Seigneur Jésus-Christ, Seigneur Saint-Esprit, Seigneur Dieu, sainte Trinité, de me préserver aujourd'hui de toute négligence ; que je ne néglige rien dans votre saint service, autrement que par force et nécessité, et non par un effet de ma méchanceté, à laquelle je renonce d'avance plutôt que d'y jamais consentir. Maintenant, Seigneur, acceptez cette faible amélioration, que je vous offre dans ma volonté, ainsi qu'en l'honneur de votre sainte Mère et de tous les saints, que l'on vénère aujourd'hui en la sainte Eglise, et aussi à la louange de tous les saints de Dieu, qui sont dans la béatitude, où ils sont venus vous rejoindre, ô Seigneur.

Aidez-moi maintenant, Seigneur, à changer de vie ; que je sois votre compagne sur la terre par une sainte vie, de telle sorte qu'au ciel je possède votre compagnie, devant votre auguste face, ainsi que tous ceux qui réclament mes prières. »

52.

COMMENT L'AME S'INCLINE SOUS LA MAIN DE DIEU.

Je parle à tous mes sens et leur dit : « Inclinez-vous sous la main toute-puissante de Dieu, car les ennemis de l'enfer doivent s'incliner et se courber, si orgueilleux qu'ils soient, dans leurs liens de feu, sous la dure crainte du Dieu tout-puissant. Ceux qui sont dans le purgatoire, doivent s'incliner en faisant pénitence pour leurs fautes, jusqu'au dernier moment où ils seront devenus purs. Les pécheurs sur la terre doivent se courber sous le fardeau de leurs péchés, se soumettant à leur sentence avec repentir et satisfaction, sinon ils le feront en enfer. Les gens de bien sur la terre doivent aussi s'incliner ...[1] et faire pénitence tous les jours. »

Les élus purs de toute souillure, qui aiment Notre-Seigneur Dieu en toute fidélité, souffrent une grande contrainte et de nombreuses incommodités. Ils s'in-

---

1. Il y a une lacune ici ; il manque un mot dans le manuscrit allemand.

clinent donc et se courbent sous la souffrance et au-dessous de toutes les créatures, quoique élevés dans l'amour. La superbe est pour eux une chose précieuse dont ils se passent. Telle sera désormais ma disposition: je veux et je le dois, je veux boire de ce même calice que mon Père a épuisé, et ainsi posséderai-je son royaume.

Le royaume des cieux s'incline avec tous ses saints anges avec de saintes délices, parce que tous ceux qui maintenant y sont et y vivent, en ont reçu gratuitement de Dieu la grâce. Les saints s'inclinent et se courbent devant Dieu dans l'effusion de l'amour, et les délices du désir, et avec un empressement plein de charme. Ils remercient Dieu d'avoir mis à leur disposition avec tant d'amour ses dons, lorsqu'ils étaient dans le besoin sur la terre, ce qui leur a permis de tromper leur douleur. Puisse leur sort m'être réservé, puisque pour son amour j'ai souffert aussi tant de peines !

53.

DE LA CAPTIVITÉ DES RELIGIEUSES (DE HELFTA).

J'AI grande pitié en mon cœur de la situation pénible où se trouve le monastère dans lequel je suis [1].

---

1. Cette triste situation a pu résulter ou de l'interdit jeté sur le monastère d'Helfta dont parlent sainte Gertrude, Liv. III. 16. 17, sainte Mechtilde, Part. I. 27. ou des vexations de Gebhard de Mansfeld en la semaine sainte de 1284, dont il est question chez *Franeken*, Historie der Grafschafft Manssfeld. 58. 223, etc.

J'en parlai donc pendant la nuit, dans la solitude de mon cœur, à Notre-Seigneur en cette manière : « Seigneur, comment approuvez-vous cette captivité ? Et Notre-Seigneur me répondit : « Eh ! je suis captif avec elles. » Cette simple réponse me fit comprendre ainsi le sens de toutes les paroles suivantes : Je jeûnais avec elles dans le désert; j'étais tenté avec elles par l'ennemi; je travaillais utilement tous les jours de ma vie avec elles; j'ai été trahi par la haine avec elles; j'ai été vendu dans la foi avec elles, quand elles se sont offertes à moi pour le service de Dieu. J'ai été recherché par l'espionnage avec elles; j'ai été arrêté avec elles par les furieux; j'ai été pris avec elles par une avarice haineuse; j'ai été lié dans l'obéissance avec elles; j'ai été moqué avec grande injure avec elles; j'ai été souffleté avec grande innocence avec elles; quand elles entendront parler de quelque péril, que cela ne les trouble point. J'ai été traîné devant le tribunal comme un voleur avec elles; qu'elles s'en souviennent au Chapitre et lorsqu'elles se confessent. J'ai été flagellé avec elles; qu'elles se souviennent de moi quand elles prennent la discipline. J'ai porté ma croix avec elles; quand elles sont accablées d'un fardeau, qu'elles pensent à moi. J'ai été attaché à la croix avec elles; pour cette raison, qu'elles souffrent volontiers toutes leurs nécessités et leurs peines. J'ai recommandé en mourant mon esprit à mon Père avec elles; ainsi doivent-elles se recommander à moi dans toutes leurs nécessités. Je suis mort avec elles dans une sainte fin ; que de même elles soient délivrées de tous liens. J'ai été enseveli avec elles dans un tombeau de pierre ; ainsi doivent elles être et rester, pures de toutes les choses de la terre. Je suis ressuscité d'entre les morts ; ainsi elles doivent ressusciter à jamais de leurs fautes; alors elles pourront recevoir la clarté céleste dans leurs âmes. Je suis monté aux cieux par ma divine puissance; elles m'y suivront en vertu de la même puissance. »

Voilà ce que j'espère en vérité, c'est-à-dire que vous recevrez et reconnaîtrez cette grâce. S'il en était qui ne fussent pas encore dans cette disposition, qu'il plaise au vrai Dieu de la perfectionner en leur cœur!

54.

QUATRE PROPRIÉTÉS DE LA FOI.

Croire chrétiennement en Dieu, aimer saintement Dieu, reconnaître véritablement Jésus-Christ, suivre fidèlement ses enseignements jusqu'à la mort, je crois qu'avec ces quatre conditions on parviendra à la vie éternelle. Nous croyons comme des chrétiens, et non comme des Juifs, ni comme des chrétiens infidèles. Ils veulent croire en Dieu, et non à l'œuvre très-sainte qu'il a opérée, en ce qu'il nous a donné son Fils unique, qu'ils insultent. « Seigneur Dieu, nous en portons nos plaintes devant vous. » Nous croyons que ç'a été la volonté de Dieu de nous envoyer son Fils unique en ce monde. Nous croyons à l'œuvre et à la mort de Notre-Seigneur Jésus-Christ, par laquelle il nous a rachetés. Nous croyons au Saint-Esprit, qui a accompli toute notre béatitude dans le Père et dans le Fils, et l'accomplit encore dans toutes nos bonnes œuvres.

Comment devons-nous aimer Dieu saintement ? Nous devons aimer celui qui s'appelle la sainte Trinité. Dieu n'a pas créé le péché, c'est pourquoi il le hait en nous. Dieu aime en nous le bien qu'il est lui-même.

Comment devons-nous reconnaître Jésus-Christ ? Nous devons le reconnaître en ses œuvres et l'aimer plus que nous-mêmes. Comment devons-nous suivre sa doctrine ? Ainsi qu'il nous l'a enseignée et que ceux qui l'ont suivi nous l'enseignent encore. Tant que nous vivrons, c'est par là que s'accroîtra notre béatitude.

55.

LETTRE D'UN AMI A SON AMI.

« Puisque tu aimes Dieu par-dessus tes forces naturelles, puisque tu chéris Dieu avec toute la puissance de ton âme, puisque tu connais Dieu avec toute la sagesse de ton âme, puisque tu as reçu les dons de Dieu avec toutes saintes actions de grâces, je t'envoie cette lettre.

« La grande surabondance de l'amour divin qui ne repose jamais, mais coule toujours de plus en plus fort, sans peine ni travail, mais avec tant de suavité et de calme que notre vase étroit s'en remplit aussitôt et déborde, si nous n'en arrêtons le cours par notre volonté propre, coulera toujours et fera déborder hors de notre vase les dons de Dieu qu'il apporte.

« Seigneur, vous êtes plein, et nous, nous sommes pleins aussi de vos dons. Vous êtes grand et nous sommes petits ; comment pourrions-nous vous égaler ? Seigneur, vous nous avez donné, et nous devons nous-mêmes donner à notre tour. Mais ce petit vase que nous sommes, vous l'avez tôt rempli ; on peut verser un petit vase dans un grand assez souvent pour remplir le grand avec le petit. Le grand vase est ici la satisfaction que Dieu conçoit de nos œuvres ; nous sommes si petits, hélas ! qu'il suffit d'un mot de Dieu ou de la sainte Écriture pour tellement nous remplir que nous ne pouvons plus tenir debout. Alors nous reversons les dons que nous avons reçus dans le grand vase qui est Dieu. Et comment faire cette opération ? Nous versons avec un saint désir le contenu de notre vase sur les pécheurs, afin qu'ils soient purifiés de leurs péchés ; et le vase se remplit. Nous le versons alors sur l'imperfection des gens d'Eglise, afin qu'ils luttent, qu'ils deviennent et demeurent parfaits. Mais le vase se remplit : alors nous le versons encore sur les pauvres âmes qui souffrent dans le purgatoire, afin que Dieu, par sa bonté, les délivre de leurs peines diverses. Nous le versons aussi avec une sainte compassion sur la pauvre Eglise, qui se trouve embarrassée dans maints péchés.

« Notre-Seigneur nous a aimés le premier, il a le premier encore travaillé pour nous, il a aussi le premier souffert pour nous : nous devons lui rendre en tout la pareille, afin de lui ressembler. Notre-Seigneur parla ainsi à une personne : Donne-moi tout ce que tu as, et je te donnerai tout ce que j'ai. Le retour d'amour que nous rendons à Dieu est tout rempli de suavité. Le retour de travail nous est souvent pénible ; car ce que l'amour a consumé au dedans, doit faire en attendant défaut à l'homme au dehors. Combien cela est-il pénible! me demandera-t-on. Je ne pourrai jamais l'exprimer avec les sens naturels de l'homme. Notre-Seigneur a souffert beaucoup pour nous, jusqu'à la mort; maintenant une petite douleur nous semble si grande, que nous devons être honteux et gémir devant Dieu d'avoir si peu de vertu. L'amour rend douce la souffrance, plus qu'on ne pourrait dire, et si nous voulons ressembler à Dieu, nous devons garder sous le silence plus d'un combat La complaisance de Dieu et de l'âme aimante se rencontrent, comme le soleil et l'air, et se mêlent par la noble vertu divine si étroitement, que le soleil triomphe du froid et des ténèbres de l'air, et qu'on ne peut plus sentir autre chose que le soleil. Les délices divines opèrent cet effet. Que Dieu nous donne et nous conserve à tous cet amour! Amen. »

56.

COMMENT DIEU FAIT SENTIR LA PEINE A SES AMIS.

QUAND une personne éprouve quelque affliction, et que, démentant sa fermeté, elle commet quelque faute légère, Notre-Seigneur dit alors : « Je l'ai touchée. »

Glose ou explication : « En la manière que mon Père m'a fait toucher (frapper) sur la terre, ainsi ceux que j'attire à moi sur la terre, ne sont attirés qu'avec de grandes douleurs. Qu'ils sachent bien que plus l'attraction est pénible, plus je les rapproche de moi. Quand l'homme est assez vainqueur de lui-même que la peine ou la consolation sont pour lui une même, chose, alors je l'élève à de si hautes délices qu'il en a un goût de la vie éternelle. »

57.

QUELQUES MOTS SUR LE PARADIS.

J'EUS révélation de ce qui suit, et j'y vis comment était établi le paradis. A sa largeur, à sa longueur, je ne trouvai point de limites. L'endroit où j'arrivai d'abord, placé entre ce monde et le paradis, me fit voir des arbres, des feuilles et des plantes sans aucune mauvaise herbe. Quelques arbres portaient des fruits, mais la plupart seulement des feuilles répandent une odeur exquise. Un rivière rapide y coulait du sud au nord. Dans ses eaux les douceurs de la terre commençaient à se mêler et tempérer des délices célestes. L'air était plus suave que je ne le saurais dire. Il n'y avait là ni bêtes ni oiseaux, car Dieu a disposé cela seulement pour que l'homme y pût jouir de toute commodité.

J'y vis deux personnages, qui étaient Enoch et Hélie. Enoch était assis et Hélie était couché sur terre, plongé dans une pieuse méditation. Alors je parlai à Enoch. Je lui demandai s'ils vivaient selon les lois de la nature humaine. Il me répondit : « Nous mangeons de ces fruits et nous buvons de cette eau, afin que le corps conserve sa vitalité, mais ce qui y fait le plus est la vertu divine. » Je l'interrogeai : « Comment êtes-vous venu ici? » — « J'ignore comment je suis venu ici, et je ne me suis aperçu de ce qui m'était arrivé que quand je fus assis en ce lieu. » Je l'interrogeai sur ses prières : « La foi, l'espérance, sont le sujet de nos prières. » — Je lui demandai comment il se trouvait et s'il n'éprouvait jamais quelque incommodité. Il me répondit : « Je me trouve tout à fait bien et n'éprouve aucun mal. » — « Ne redoutez-vous pas le combat qui doit avoir lieu à la fin du monde? » — « Dieu m'armera de sa force, et je triompherai de l'aiguillon. » — « Priez-vous pour l'Église? » — « Je prie pour que Dieu la délivre des péchés et l'amène à son royaume. » Alors Hélie se leva : il avait le visage beau et enflammé, brillant comme le ciel, et les cheveux comme de la laine blanche. Il était pauvrement vêtu, comme un mendiant qui, le bâton à la main, va mendier son pain. Je demandai à Hélie comment il priait pour l'Église : — « Je prie avec compassion, humilité, fidélité et obéissance. » — « Priez-vous pour les âmes? » — « Oui, et quand je le demande, leurs peines sont allégées ; et si j'insiste dans ma prière, elles leur sont entièrement remises. » — « Ainsi il y en a eu quelques-unes qui ont été délivrées? » — « Oui, beaucoup. » — « Pourquoi Dieu vous a-t-il placés ici? » — « Pour venir au secours de l'Église et de la cause de Dieu avant le dernier jour du monde. »

Je vis le paradis double. J'ai déjà parlé de la partie qui est du côté de la terre ; la partie céleste est au-dessus, en sorte qu'elle protège la partie terrestre contre tout orage. Dans la partie supérieure sont les âmes qui n'ont pas mérité d'aller en purgatoire, et toutefois ne sont pas encore entrées au ciel. Elles nagent dans les délices, comme l'air dans la lumière du soleil. La domination, la gloire, la récompense et la couronne leur manquent encore, tant qu'elles ne sont pas arrivées au royaume des cieux.

Quand tout ce qui est terrestre aura disparu, que le paradis terrestre ne subsistera plus, et que Dieu aura tenu le jugement dernier, ce paradis céleste disparaîtra à son tour. Tout ce qui doit aller à Dieu demeurera dans le même palais : il n'y aura plus de maison d'infirmes, car tous ceux qui entrent au royaume de Dieu sont exempts de toute infirmité. Loué soit Jésus-Christ qui nous a donné son royaume!

58.

MESSAGE CONFIÉ A SAINT GABRIEL.

« Saint ange Gabriel, souvenez-vous de moi! Je vous confie le message de mon désir. Dites à Jésus-Christ, mon Seigneur bien-aimé, combien je languis d'amour pour lui. Si jamais je dois guérir, je ne veux pas d'autre médecin. Vous pouvez lui rapporter avec fidélité que je ne puis plus endurer, sans être pansées ni bandées, les blessures qu'il m'a lui-même infligées. Il m'a blessée jusqu'à la mort, et maintenant qu'il me laisse sans être pansée, je ne puis m'en guérir. Quand toutes les montagnes seraient un onguent pour les blessures, que toutes les eaux seraient une potion salutaire, que tous les arbres et leurs feuilles serviraient à bander mes plaies, je ne pourrais avec tout cela me guérir. Il faut qu'il s'applique lui-même, sur les blessures de mon âme. Saint ange Gabriel souvenez-vous de moi! Je vous confie ce message d'amour. » Quiconque voudra aimer Dieu sentira tous ses sens s'éveiller à cette lettre, et se trouvera tout disposé à suivre Dieu.

59.

COMMENT LE MESSAGE ARRIVE DEVANT DIEU.

J'ai bien connu dans mon âme la vérité, mon message est parvenu à Dieu. La réponse qui m'y est faite est grave, forte, profonde, renfermant une infinité de choses, délicieuse et si lumineuse, que je ne puis la bien recevoir tant que je suis un habitant de la terre ; il faut que je quitte pour un petit moment cette pauvre vie, mais non pour rester là toujours. Maintenant je dois sans tarder me taire, puisque je ne puis concevoir à ce sujet rien de plus que ce qu'on en peut manifester ouvertement. J'ai vu saint Gabriel dans une gloire délicieuse se tenir devant Dieu à une hauteur céleste ; je l'ai vu ainsi plus qu'il n'est possible à ma pauvreté de le concevoir. Un vêtement nouveau, un vêtement d'amour et de feu, lui fut donné en récompense du message qu'il venait d'accomplir avec tant d'honneur : je vis son visage rayonner des feux de l'amour. Il était tout enveloppé et pénétré de la divinité ; je ne pus comprendre ni même entendre ses paroles, parce que je suis encore semblable à un fou de la terre.

60.

COMMENT L'ENFANT DIEU LUI APPARUT.

En la nuit où le Fils de Dieu naquit, je vis le petit enfant enveloppé de pauvres langes, et lié de bandelettes. Il était couché seul sur la paille dure devant deux animaux. Je dis alors à sa mère : « Chère Dame, combien de temps votre enfant va-t-il ainsi rester couché ? Quand le prendrez-vous sur votre sein ? » Et notre Dame me répondit, sans toutefois détourner jamais ses yeux de dessus son enfant, mais étendant vers lui ses mains elle dit : « Il doit rester sept heures pendant la nuit et pendant le jour couché sur cette paille. Son Père céleste le veut ainsi. Je connus ensuite la raison de cette volonté : je priai l'enfant pour ceux qui s'étaient recommandés à moi, et il vint de l'enfant une voix, sans toutefois qu'il remuât les lèvres : « S'ils veulent me conserver dans leur mémoire, je les conserverai dans ma grâce ; je n'ai rien à leur donner que mon corps et la vie éternelle. » L'enfant est couché sur la paille dure dans la crèche ; son Père céleste l'a voulu ainsi.

61.

COMMENT ON DOIT SE PRÉPARER A PARAÎTRE DEVANT DIEU.

Quand l'oiseau reste longtemps à terre, ses ailes deviennent mauvaises, et ses plumes pesantes. Il est obligé de gagner une hauteur, et d'agiter ses ailes et de s'élever toujours jusqu'à ce qu'il prenne le vent; alors il s'envole. Plus longtemps il vole, plus il plane avec délices ; il ne revient qu'avec peine toucher la terre pour s'y reposer. Quand les ailes de l'amour nous ont fait perdre le goût des plaisirs terrestres, nous devons pareillement nous mettre en mesure de nous élever ; nous devons toujours agiter l'aile de nos désirs vers Dieu ; nous devons élever par l'amour nos vertus et nos bonnes œuvres ; nous ne devons jamais cesser que nous ne soyons en Dieu.

(Lacune.)

O amour de désir, avec quelle douce voix tu te fais entendre aux oreilles de ton aimable maître ! Tu n'as eu qu'un peu à te reposer; maintenant réjouis-toi, ne garde plus le silence ; il veut se tourner vers toi avec joie.

O amour d'abaissement, tu supportes mainte nécessité, ta désolation est grande. Comment veux-tu obtenir Jésus? Il court, il a sur toi trop d'avance. Tu l'as pourtant choisi de préférence au péché, et tu t'es perdu en lui-même ; souffre donc quelques peines. Je veux me refaire en lui.

O amour diligent, tu consumes mon cœur et mes sens ; bientôt je partirai d'ici ; et tant que je ne puis te posséder selon mon désir, je dois toujours aimer en poussant des soupirs.

O amour fort, tu observes une grande vigilance, tu considères toute chose avec bonté, tu transportes l'âme au-dessus de tout péril ; ton espérance et ta foi sont grandes, tu dois triompher de tous les obstacles.

O amour sage, tu vis dans un ordre suivi saintement, avisant comment tu dois louer, confesser Dieu, et accomplir en toutes choses sa volonté. Si tu t'en acquittes avec fidélité, tu pourras te reposer en Dieu, et moi je m'en réjouirai.

62.

COMMENT LES VERTUS SERVENT L'AME LEUR MAITRESSE.

Voici le discours qui fut spirituellement révélé à une personne : Je vis une route qui de l'orient où le soleil se lève allait à l'occident où il se couche. Sur cette route marchaient tous ceux qui de leur bonne volonté sont à Dieu ; quoique tous suivissent le même chemin, les uns cependant y marchaient plus vite que les autres. Ils allaient comme des pèlerins qui ont abandonné tout ce qu'ils avaient de plus cher, pour chercher tout ce qu'il y a de plus aimable, qui est Dieu. Quelques-uns revenaient aux plaisirs qu'ils avaient quittés, et n'achevaient pas la route. D'autres se reposaient sur l'herbe des vains plaisirs et parmi les fleurs de la vanité, et s'attardaient longtemps dans leur route. Ils auront à souffrir pour cela un rigoureux purgatoire, si toutefois ils ne tombent pas dans des péchés capitaux.

Notre-Seigneur me parla d'eux ainsi : « Il y a certaines personnes qui s'appliquent avec bonne volonté au bien, et néanmoins conservent en elles un si fâcheux caractère et se rendent si incommodes par leurs vivacités, qu'elles en deviennent insupportables : ces personnes auront à subir mon jugement. Qu'elles réclament ma miséricorde avec d'humbles paroles, et leurs bonnes œuvres ne seront pas perdues, et l'amertume de leur cœur se dissipera, et elles pourront revenir à elles-mêmes. Celui qui cherche ma miséricorde n'aura pas à souffrir de ténèbres. »

Il y en avait un qui marchait tout seul sur cette route. Cela provenait de ce que les plaisirs du monde n'avaient pu jamais apporter de consolation à son âme. Alors j'en vis deux autres qui le précédaient, l'un suivant le côté gauche, et l'autre le côté droit de la route. Je demandai au premier qui ils étaient et quel était leur dessein. Et celui qui était à gauche me répondit : « Je suis la justice de Dieu ; les droits de Dieu m'ont été remis, et m'appartiennent du jour où Adam commit le péché dans le paradis. J'ai été longtemps à juger, et j'ai rendu de grandes sentences. Mais aujourd'hui est venue cette vierge qui marche vis-à-vis de moi, et qui s'est faite ma compagne : c'est la miséricorde. Tous ceux qui la cherchent et la réclament avec constance, triomphent de toutes leurs peines. Elle est très-parfaite, et m'a enlevé mes droits. Quand un homme a eu un malheur, et plein de regret accourt se réfugier vers moi, elle étend sa douce main sur tout ce qu'il y a de travers, et je reste là sans mot dire, et ne puis rien opposer. Cela est l'ouvrage du vrai Fils de Dieu, lequel par sa miséricorde m'a ôté la judicature suprême. Elle console les affligés, elle guérit les blessés, elle réjouit tous ceux qui viennent à elle; elle m'a enlevé une grande puissance. Elle m'aime et moi je l'aime aussi; nous marcherons ensemble jusqu'au dernier jour, où je reprendrai tous mes droits. »

Le jugement de Dieu et la justice de Dieu sont deux choses différentes. Le jugement prononce sur les fautes qui viennent à son tribunal sans avoir été expiées par la pénitence. La justice est une vie sainte que Dieu a donnée à tous ses amis. Lui-même a voulu la pratiquer en sa vie; car il a été juste dans toutes ses actions, et quand il voit que nous la pratiquons, nous devenons alors purs avec lui

Cette miséricorde de Dieu, et la justice sainte qu'il a lui-même observée en sa vie sur la terre, ainsi que les dons du Saint-Esprit, sont suivis sur cette route par une troupe glorieuse. Tous ressemblaient à des vierges. Quand je les vis, je les reconnus bien; toutefois je voulus les interroger, afin d'avoir d'elles une réponse. Elles répondirent : « Nous sommes des vierges nobles et bien élevées, destinées à servir Dieu pour sa louange, auprès de sa tout aimable reine, que Dieu s'est choisie entre toutes les créatures : c'est l'homme, corps et âme. Nous servons la reine notre maîtresse, afin qu'avec toute sa diligence et tous ses sens elle accomplisse en tout la volonté de son Seigneur, selon l'ordre chrétien, et que jamais elle ne soit trouvée en faute. »

« Noble *Sagesse*, comment accomplissez-vous votre service avec votre sœur la *Discrétion?* » — « Nous apprenons à la reine notre maîtresse à distinguer le bien du mal avec une divine sagesse, et une sainte discrétion, afin qu'elle sache en quel état elle se trouve aujourd'hui, et ce qu'elle pourra encore devenir. C'est le profit qu'elle retirera dans toute chose pieuse. »

« Noble *Vérité*, quel est votre service à la cour, et celui de votre sœur la *Sainteté?* » — « Je sers mon maître et la reine ma maîtresse en toute fidélité, afin qu'en toutes ses nécessités elle demeure fidèle à son Seigneur; elle y trouvera la sécurité et la liberté, et deviendra de plus en plus sainte, soumise en tout à son Seigneur, elle méritera extérieurement toutes les louanges. »

« Noble *Humilité*, comment servez-vous avec votre sœur la *Tranquillité?* » — « J'apprends à la reine, ma maîtresse, quelle est la volonté de mon Seigneur, et quels sont les dons d'un amour sincère; par là elle peut se reposer dans une sainte tranquillité, et bannir avec joie tout chagrin de son cœur. »

« Noble *Libéralité*, comment faites-vous votre service avec votre sœur l'*Obéissance?* « J'apprends à ma maîtresse, à la reine, à toujours aimer Dieu avec ardeur, à se montrer dans ses prières libérale aux bons et aux méchants, aux vivants et aux morts. Le trésor est grand, qu'elle répand dans leur sein. Si maintenant elle accomplit la volonté de son Seigneur, elle pratiquera l'obéissance dans toutes ses actions, et ainsi elle restera la reine de Dieu. »

« Noble *Force*, comment servez-vous avec votre sœur la *Constance?* » — « J'enseigne à ma maîtresse à se montrer forte dans tous les combats; elle restera ainsi dans son royaume. Et si elle y ajoute la constance, elle recevra de son maître une éternelle liberté. »

Le nombre de toutes ces vierges est incalculable, car tout ce que l'homme de bien fait en Dieu intérieurement et extérieurement, appartient aux vertus. Avec ces vierges marchait un grand seigneur, tout semblable à un très-saint et très-puissant évêque ; c'était notre Foi chrétienne, tout embrasée au dedans et consumant tout du feu de l'amour divin. Avec toutes ces vertus elle est aussi au service de la reine.

Au-dessus planait dans les hauteurs une autre vierge qui ressemblait à un aigle d'or. Elle était entourée d'une clarté céleste ; elle éclairait, instruisait et modérait toutes ces vierges dans leur service auprès de la reine. C'était la Charité, laquelle fait sa résidence dans la foi chrétienne, et repose dans le palais de la reine sa maîtresse. Son office est d'unir le bien-aimé à la bien-aimée, Dieu à l'âme et l'âme à Dieu. C'est pourquoi elle fait l'objet du premier commandement.

63.

LA VOLONTÉ DE DIEU EST COMME UN PRINCE AU-DESSUS DE TOUT.

Que le désir reste constant dans le désir ; que la maladie reste constante dans le corps ; que la souffrance reste constante dans les sens ; que l'espérance reste constante dans le cœur, l'espérance en Jésus seul. Tous ceux qui se sont abandonnés en Dieu comprendront ce que je veux dire. Deux jours et deux nuits durant, j'éprouvai de telles souffrances que j'eus l'espoir d'être arrivée à mes derniers moments, et je remerciai Dieu de sa grâce selon tout mon pouvoir. Puis je lui demandai avec ardeur de me prendre à lui, si c'était sa sainte volonté. « Toutefois, Seigneur, que ce ne soit qu'autant que votre gloire en sera augmentée; autrement je consens volontiers à rester pour votre amour dans ce pauvre corps. Seigneur, j'ai vécu bien des jours et des années sans vous avoir jamais porté une aussi lourde offrande. Seigneur, que votre volonté soit faite, et non la mienne, car en toutes choses je suis à vous plus qu'à moi-même. »

Alors je vis dans des hauteurs lointaines les saints se préparer comme s'ils voulaient venir assister à ma fin. Je n'en pouvais toutefois distinguer les personnes, car la lumière qui brillait au milieu d'eux était si puissante qu'il me semblait que j'étais avec eux. C'était à l'occident où le soleil se couche qu'apparaissait cette vision. Du nord étaient venus de mauvais esprits, qui se tenaient là comme pour assister à mon jugement. Ils étaient attachés ensemble, et accouplés comme des chiens qu'on fouette. Ils tendaient le cou vers moi; mais, loin de m'en effrayer, je ne fis que m'en réjouir. Je connus alors qu'ils étaient venus là pour la gloire de Dieu, afin qu'après avoir vu comment Dieu a tiré ses amis de tous les périls qu'ils leur ont fait courir, ils s'en retournent avec leur confusion dans les enfers.

Sur ces entrefaites, il se fit un changement dans mon corps, et je dus rester en cette vie d'exil et d'amertume. J'étais ainsi libre et en sûreté, sans crainte et sans douleur. Hélas! hélas! hélas! puisque je n'ai pu rester dans la bonne mort de Dieu, je ne puis que penser hélas! Si seulement j'avais des forces et l'amour de Dieu, je recommencerais volontiers à le servir. Je le voudrais pour obtenir une bonne fin, je l'ai voulu, et c'est ce que je veux encore.

64.

COMMENT DIEU SERT L'AME.

Voici comment une pauvre mendiante parle à Dieu dans sa prière : « Seigneur, je vous rends grâces de m'avoir avec votre amour enlevé toutes les richesses de la terre, de me vêtir et nourrir aujourd'hui des bienfaits d'autrui ; car s'il y a encore quelque chose de propre qui revête mon cœur de joie, il faut aussi que cela me devienne étranger.

Seigneur, je vous remercie de m'avoir enlevé l'usage de mes yeux, parce que vous me servez avec les yeux d'autrui.

Seigneur, je vous remercie de m'avoir ôté l'usage de mes mains.... [1].

Seigneur, je vous remercie de m'avoir enlevé la puissance de mon cœur, parce que vous me servez avec le cœur d'autrui.

Seigneur, je vous prie pour elles, (les personnes qui m'assistent), et je vous demande de leur donner sur cette terre en récompense votre divin amour, afin qu'elles puissent vous implorer et vous servir avec toutes les vertus jusqu'à une sainte mort.

---

1. La phrase est restée inachevée dans le manuscrit ; il est facile d'y suppléer ainsi : « parce que vous me servez avec les mains d'autrui. »

Tous ceux qui avec un cœur pur ont tout abandonné pour l'amour de Dieu, sont tous des archimendiants qui, au dernier jour, s'asseoiront pour juger avec Jésus notre Sauveur.

« Seigneur, changez, convertissez tout ce que je déplore en moi et chez tous les pécheurs. Seigneur, accordez-moi tout ce que je puis vous demander pour moi et pour toutes les personnes religieuses imparfaites. Pour votre gloire, Seigneur, que votre louange ne se taise jamais dans mon cœur, quoi que je fasse, que je ne fasse pas, ou que je souffre. Amen.

65.

COMMENT DIEU PARE L'AME AVEC LA SOUFFRANCE.

COMME les vierges sont toujours vêtues au gré de leur fiancé, il ne leur manque donc plus que l'habit nuptial, c'est-à-dire, qu'il nous faut souffrir des infirmités, des maladies, des tentations et d'autres chagrins, dont nous trouvons de nombreux sujets dans la sainte Eglise.

Ce sont là les vêtements de noces de l'âme aimante : les habits journaliers, ce sont les jeûnes, les veilles, les disciplines, les confessions, les soupirs, les larmes, les prières, la crainte du péché, la dure contrainte des sens et du corps en Dieu et pour Dieu, la douce espérance, et un amoureux désir sans relâche, un cœur priant aussi sans relâche dans toutes les actions. Ce sont là les habits de travail de l'homme de bien. Quand nous sommes malades, nous portons nos habits de noces ; quand nous sommes en bonne santé, nous portons nos habits de travail.

Voici comment parle le corps souffrant à l'âme exilée : « Quand voudras-tu t'envoler avec les ailes de ton désir aux délicieuses hauteurs, à Jésus, ton éternel amour? Remercie-le, toi ma maîtresse, remercie-le pour moi : quelque vil et indigne que je sois, il a voulu toutefois se donner à moi, quand il vint en la terre d'exil, et prit en lui notre humanité ; il pria alors, demandant de me conserver sans faute dans sa sainte grâce jusqu'à ce que je fisse une sainte fin, lorsque toi, chère âme, tu te séparerais de moi. » *L'âme* : « Prison qui m'est si chère, où je suis enfermée, je te remercie de m'avoir suivie en tout ; bien que j'aie été souvent troublée à cause de toi, tu es venu cependant à mon secours. Au dernier jour tu seras délivré de toute ta misère ; nous n'aurons alors plus à gémir ; nous serons contents de tout ce que Dieu a fait avec nous : sois donc inébranlable aujourd'hui dans ta constance et conçois une douce espérance. »

L'obéissance est un saint lien : elle rattache l'âme à Dieu, et le corps à Jésus, et les sens au Saint-Esprit. Plus la liaison dure, plus l'âme croît en amour. Plus le corps se comporte indignement, plus les œuvres sont indignes devant Dieu et devant les hommes de bonne volonté.

TABLE DES CHAPITRES

N. B. *Les chiffres inclus entre parenthèses indiquent les Livres et numéros correspondants de la version allemande du Codex d'Einsiedeln.*

	Pages.
PRÉFACE.	v
INTRODUCTION. Chapitre premier. Prologue de Frère Henri, Lecteur de l'Ordre des Prêcheurs.	1
II. De l'instruction que cette personne reçut pour entreprendre son livre. (VI. 5. IV. 2.).	4
III. Comment cette sainte femme affligea et châtia son corps. (IV. 2.).	9
IV. Cinq Prophètes éclairent ce livre. (III. 20. IV. 13.).	11
V. Du triple contenu de ce livre. (II. 26.).	13
VI. Du nom et de la perpétuité de ce livre. (*Proœmium* I. 2.).	15

LIVRE PREMIER.

1. Du principe de toutes choses ; de la création de l'homme et de la Rédemption. (V. 20.).	17
2. La joie et le concert de la sainte Trinité. (V. 26.).	18
3. Ineffable vertu du feu divin. (VI. 20.).	19
4. Pour contempler la montagne (de la majesté divine) il faut pratiquer sept vertus. (II. 21.).	21
5. Conseil des personnes divines pour la création du monde. (III. 9.).	22

	Pages.
6. Naissance de Notre-Seigneur Jésus-Christ : noblesse de l'homme. (IV. 14.).	27
7. Prière de la sainte Vierge Marie en vue de l'Incarnation. Naissance de Notre-Seigneur. (V. 23.).	29
8. Quatre choses qui frappent à la porte du ciel. Le sang du Cœur de Jésus-Christ. (VI. 24.).	38
9. Les Saints qui ressuscitèrent avec Notre-Seigneur. (V. 9.).	39
10. Ascension de Notre-Seigneur. (V. 27.).	41
11. Huit journées de la vie de Notre-Seigneur. (I. 45.).	42
12. Passion de l'âme aimante jusqu'à sa résurrection et son ascension. (III. 10.).	42
13. Comment l'âme fidèle se conforme à Jésus-Christ. (I. 29.).	45
14. Comment Notre-Seigneur réside dans la sainte Trinité. (VI. 16.).	47
15. Du désir de l'âme aimante. (II. 3.).	50
16. Mission de la Vierge Marie, et comment une vertu suit l'autre. Comment la sainte Vierge nourrit l'Église. (I. 22.).	53
17. Louanges de Marie. (III. 4.).	57
18. Grande connaissance des choses divines qu'avait la sainte Vierge. (V. 23.).	58
19. Puissance protectrice de la sainte Vierge. (VI. 39.).	59

LIVRE DEUXIÈME.

DES ANGES, DES SAINTS, DE L'ÉGLISE.

1. Ce que chantent les neuf Chœurs. (I. 6.).	61
2. Les excellences des Anges et des hommes comparées. (II. 22.).	62
3. Des bons offices des Anges. (VI. 41.).	63
4. Des voies diverses qui mettent Dieu en rapport avec l'homme (V. 1.).	64
5. DES SAINTS. D'une messe mystique célébrée par S. Jean-Baptiste. (II. 4.).	66
6. Réflexions sur les fonctions de S. Jean-Baptiste dans la vision précédente. (V. 3.).	71

TABLE DES CHAPITRES.

Pages.

7. Où se trouve enseveli le corps de S. Jean l'Évangéliste. (IV. 23.) 73
8. Sur sainte Marie-Madeleine. (VI. 9.) 74
9. Des vertus de S. Dominique. (IV. 20.) 75
10. De l'Ordre des Frères-Prêcheurs. (IV. 21.) . . . 76
11. Des Fils du Père céleste. (V. 24.) 77
12. De sainte Elisabeth et des saints Dominique et François. De saint Pierre, martyr. Les messagers de Dieu. (V. 34.) 81
13. Comment Sœur Mechtilde dans ses souffrances s'associe à Notre-Seigneur et aux Saints. (II. 24.) 84
14. État et rôle de l'Église. Trois sagesses. (IV. 3.) . . 88
15. Du royaume des cieux. (III. 1.) 92
16. Des diverses portes du ciel. (IV. 24.) 101
17. DES SAINTS NON CANONISÉS. De Frère Henri. (IV. 22.) 102
18. De Frère Albert. (V. 28.) 105
19. D'un étudiant qui devint insensé. (VI. 11.) . . . 106
20. De Sœur Hildegunde. (II. 20.) 107
21. De Frère Baudoin. (IV. 26.) 109
22. De Frère Henri qui a mis ce livre en ordre. (V. 12.) . 110

LIVRE TROISIÈME

1. De Diétrich, doyen de Magdebourg. (VI. 2.) . . . 113
2. Où il est question du même doyen de Magdebourg. (VI. 3.) 115
3. Des vertus que doivent avoir les prêtres. (III. 8.) . . 116
4. De la communion des infirmes. (IV. 8.) 117
5. Des offrandes des laïcs. (IV. 10.) 118
6. Des relations des Chrétiens avec les Juifs. (IV. 11.) . 118
7. Du triste état de l'Église (VI. 21.) 119
8. Lutte contre la tentation. (III. 18.) 120
9. De la rémission des péchés. (IV. 6.) 121
10. D'une certaine dévote (Béguine) qui dut se corriger. (VI. 7.) 122
11. D'une Béguine qui n'en avait que l'habit. (IV. 17.) . . 123
12. Des Frères des derniers jours et de l'Antechrist. (IV. 27.) 125

13. Enoch et Elie aux derniers jours. (VI. 15.). 134
14. De la balance que tiendra Jésus-Christ. (V. 3.). . . . 138
15. Comment l'âme parlera au corps au dernier jour. (VI. 35.). 139

LIVRE QUATRIÈME.

1. L'amour excite l'âme paresseuse. (II. 23.). 141
2. Entretien de l'âme et de l'amour. (I. 1.). 144
3. Plaintes de l'âme aimante. (II 25.). 146
4. Contraste dans le corps et dans l'âme par rapport à l'amour divin. (I. 5. 7. 8. 9. 10.). 150
5. Divers entretiens de Dieu et de l'âme aimante. (I. 13. 12. 14. 15. 16. 17. 18. 19. 20. 21. 11. 23. 24. 28. 36. 37. 38. 39. 40. 41. 42. 43.). 151
6. Des voies de l'âme aimante. (I. 44). 155
7. Salutation, prière de la pécheresse. (V. 17. 18.). . . . 160
8. Comment l'âme loue la sainte Trinité. (V. 6. 7.). . . . 162
9. Du parfum spirituel. (III. 2.). 163
10. Dans sa misère elle s'adresse à son consolateur. (III. 5.). 164
11. Action de grâces pour la consolation reçue. (II. 5. 6. 7.). 166
12. Après les dons les verges, après les mépris les honneurs. (III. 16.). 167
13. Des différents degrés d'ascension. (I. 2.). 168
14. Du voyage que fait à la cour l'âme à laquelle Dieu se montre. (I. 4.). . , ... 171
15. Des tourments de l'âme aimante. (I. 3.). 171
16. Entretien avec l'amour divin. (V. 30.). 173
17. Dix qualités de l'amour ; du désir que l'âme a de Dieu. (V. 31.). 175
18. L'office de l'amour béni est multiple. (IV. 19.). . . . 176
19. De quelques formes et affections de l'amour. (II. 11. 14. 15.). 177
20. Quelques effets de l'amour. (IV. 15. 16.). 177
21. Quatre propriétés de l'amour pur. (VI. 30.). 180
22. De deux épouses : l'une du Christ, l'autre du diable. (III 24.). 180

23. De l'ascension et de la descente de la montagne de Dieu. De l'humilité chez l'âme aimante. (v. 4.). 182
24. Des diverses sortes de l'amour divin. (III. 13.). . . . 186
25. C'est par l'amour seul qu'on arrive près du Bien-Aimé. (II. 1. 2.). 187
26. De trois positions d'où il est parlé à l'âme. (VI. 33.). . 188
27. Consolation du Seigneur à l'âme aimante. (VI. 25.). . . 189
28. Entre Dieu et l'âme tout est beau; actions de grâces, etc. (III. 11. 12.). 190
29. L'Époux honore et l'âme est humiliée. (II. 12. 13. 16. 17. 18.). 191
30. Dialogue entre la Connaissance et l'Ame. (II. 19.). . . 194
31. Des vêtements et ornements de l'épouse et de ses serviteurs. (I. 46.). 198
32. Explication de certaines paroles. (VI. 31.). 201
33. Ce qu'elle récitait comme Heures canoniales lorsqu'elle était malade. (I. 30.). 203
34. L'épreuve. Personne ne peut consoler l'épouse que le Fils de Dieu. (IV. 12.). 203
35. Le divin pèlerin. (VI. 33.). 209
36. Consolation de l'âme. (IV. 5.). 210

LIVRE CINQUIÈME.

1. D'un animal qui désigne l'âme. (IV. 18.). 213
2. Le nom de Religieux doit être exalté. (V. 11.) . . . 218
3. Vertu de la prière. (V. 13.). 221
4. Du bon travail. (III. 6.) 223
5. De sept vertus. (V. 2.). 224
6. Mérite de la dévotion au milieu des tribulations. (V. 25.). 226
7. Danger de ne pas suivre l'attrait de la grâce. (V. 29.). 228
8. Devoirs des supérieurs religieux. (VI. 1.). 229
9. De quelques voies de l'âme aimante. (I. 25. 26. 27). . 237
10. Dans quelle disposition on doit faire ses actions. (VI. 12.). 238
11. Tristes effets des péchés véniels. (V. 33.). 239

12. De l'aveuglement avec lequel on se garde de l'amour divin. (VI. 13.). 240
13. Comment nous ressemblerons à Dieu, à Marie et aux Saints. (VI. 32.). 243
14. Utilité de la tribulation. (V. 2.). 245
15. Comment Dieu console dans les tribulations. (I. 31. 32. 34. 35. 36). 246
16. Qualités que doivent posséder les vierges. (IV. 1.). . . 247
17. Comment on doit s'approcher de la Table sainte. (III. 15.). 248
18. Dieu est fort et l'homme est faible. (VI. 38. 40. IV. 7. VI. 17. 18.). 250
19. De la bonne volonté. (VI. 19.). 252
20. Comparaison de deux voies très-différentes. (IV. 4.). . 253
21. Deux espèces de pauvreté. (III. 19.). 255
22. Fausses vertus. (III. 14.). 256
23. Sept ennemis de notre perfection. (III. 7.). 257
24. Enormité du péché, son véritable auteur. (V. 10. 16.). . 258
25. La négligence fait qu'on tombe d'un vice dans un autre. (V. 19.). 259

LIVRE SIXIÈME.

1. Description de l'Enfer. (III. 21.) 261
2. Description du Purgatoire. (III. 21. *ad calc*). 265
3. Délivrance de quelques âmes du Purgatoire. (II. 8.). . 268
4. Nouvelle description du Purgatoire et nouvelle délivrance d'âmes. (III. 15. *ad calc*.). 269
5. Purgatoire des gens d'Église. (V. 14. 15). 272
6. Purgatoire d'un Religieux. (III. 17.) 273
7. Purgatoire d'une femme dévote. (V. 5.). 275
8. L'âme d'un étudiant est délivrée du Purgatoire. (VI. 10.). 277
9. Jésus élevé avec les Saints, Lucifer tombé avec les pécheurs. (VI. 8.). 278
10. Comment nous sommes déjà présents dans le ciel, au purgatoire ou en enfer. (IV. 25.). 280

12. Oraison universelle pour le salut. (V. 35.).	283
13. Louanges de Dieu et prière. (VI. 37.).	286
14. Crainte et discrétion dans l'usage du nécessaire. (VI. 4.).	289
15. Dans quelle disposition on doit être en ses derniers moments. (VI. 6.).	291
16. Dans quelles dispositions la Sœur Mechtilde se prépare à la mort. (VI. 26.).	293
17. Action de grâces. (VI. 27.).	294
18. Adieux aux créatures. (VI. 28.).	294
19. Du cortège qui vient à la rencontre de l'âme. (V. 32.).	295
20. Comment la douceur alterne avec la souffrance. (VI. 20.).	298
21. Conclusion de ce livre. (IV. 28.).	299

LIVRE SEPTIÈME.

1. De la couronne et de la dignité que Notre-Seigneur Jésus-Christ doit recevoir au dernier jour.	301
2. Comment certaine personne au jour des âmes pria pour toutes en général.	307
3. Combien il est utile d'examiner son cœur avec humilité.	309
4. De la verge de Notre-Seigneur.	313
5. Pourquoi le monastère fut une fois menacé.	313
6. Du Chapitre : comment on doit examiner ses fautes. De deux pièces d'or qui sont la bonne volonté et le désir.	314
7. Comment on peut rester uni à Dieu en tout temps.	315
8. Comment on doit chercher Dieu.	317
9. Comment l'âme aimante loue Notre-Seigneur avec toutes les créatures.	319
10. Ce qui suit se passa dans un temps de grand désordre et péril.	320
11. Comment Notre-Seigneur apparut sous la forme d'un pauvre ouvrier.	321
12. Comment on doit résister à la vaine gloire.	322
13. Comment Notre-Seigneur apparut sous la forme d'un pèlerin.	323
14. De l'élection et de la bénédiction de Dieu.	324

	Pages.
15. Comment doit prier l'homme qui aime la vérité.	325
16. Comment on doit désirer et prier.	325
17. Entretien de la Connaissance avec la Conscience.	326
18. Recommandation des sept heures de la Passion de Notre-Seigneur.	328
19. Salutation à Notre-Dame.	331
20. Comment on doit recommander l'*Ave Maria*.	332
21. Comment on doit s'examiner et s'approcher de la table du Seigneur.	333
22. Louange du Père céleste.	335
23. Comment on doit remercier le Fils.	336
24. De l'épanchement d'amour.	336
25. Salutation à la sainte Trinité.	337
26. Comment on doit se réfugier en Dieu dans la tentation.	338
27. Comment une personne de religion doit détourner son cœur du monde.	339
28. Péril dont on fut menacé dans une guerre.	341
29. Une instruction.	342
30. Prière quand on donne la couronne aux Vierges.	343
31. Une plainte.	343
32. Comment nos œuvres brillent d'après celles de Notre-Seigneur.	344
33. Une potion spirituelle.	346
34. Une nourriture spirituelle.	347
35. Des sept psaumes de la pénitence.	348
36. D'un cloître spirituel.	351
37. Des noces éternelles de la sainte Trinité.	354
38. Comment on doit reconnaître et confesser à Dieu ses péchés chaque jour.	356
39. Comment les démons se battent entre eux quand une âme embrasée de l'amour divin quitte ce monde.	357
40. Effusion de l'âme aimante à Notre-Seigneur.	359
41. Comment un Frère-Prêcheur lui apparut.	360
42. Boisson préparée au miel.	361
43. De l'amour simple.	362
44. Cinq péchés et cinq vertus.	362

	Pages.
46. Comment l'âme s'exhorte dans la pauvreté spirituelle.	364
47. D'un péché pire que tous les péchés.	366
48. Comment apparut la vierge de l'amour avec ses compagnes.	367
49. D'un Frère convers.	371
50. Crainte au milieu des faveurs divines.	372
51. Prière contre la négligence.	373
52. Comment l'âme s'incline sous la main de Dieu.	374
53. De la captivité des Religieuses (de Helfta).	375
54. Quatre propriétés de la foi.	377
55. Lettre d'un ami à son ami	378
56. Comment Dieu fait sentir la peine à ses amis.	380
57. Quelques mots sur le paradis.	381
58. Message confié à saint Gabriel.	383
59. Comment le message arrive devant Dieu.	384
60. Comment l'Enfant-Dieu lui apparut.	385
61. Comment on doit se préparer à paraître devant Dieu.	386
62. Comment les vertus servent l'âme leur maîtresse.	387
63. La volonté de Dieu est comme un prince au-dessus de tout.	391
64. Comment Dieu sert l'âme.	393
65. Comment Dieu pare l'âme avec la souffrance.	394

FIN DE LA TABLE DES CHAPITRES.

www.ingramcontent.com/pod-product-compliance
Lightning Source LLC
Chambersburg PA
CBHW070925230426
43666CB00011B/2309